산림정책의 쟁점과 과제

홍형득 · 우수영

민경택 · 박승규 · 배재수 · 사득환 · 양세훈

오수길 · 유정모 · 윤종한 · 허태욱 · 황태연

도서출판 대영문화사

머리말

2021년 한국정책학회에서 연중 주제로 탄소중립을 포함한 다양한 산림정책이슈들에 관한 관련 분야 전문가들의 논의 결과가 이 책으로 나왔다. 산림정책 관련 이론과 실제를 통합하여 다양한 전공의 학자와 정책 영역의 실무자들이 실질 정책을 함께 논의하는 연합학문적 접근을 시도한 것이다. 이러한 노력은 정책학의 태동기부터 주창되어온 패러다임 중의 하나이다.

기후위기 대응과 탄소중립 시대에 갈수록 중요해지는 산림의 역할을 재인식하고, 미래 산림정책의 발전전략을 도출하는 과정에서 한국정책학회의 정체성과 부합하는 방식으로 논의가 이루어졌다. 한국정책학회는 인간 존엄성의 구현이라는 이상을 가지고, 개별 정책 영역에 한정하지 않는 범학문적인 접근과 정책 과정 전반에 대한 이해를 중심으로 개별 정책에 접근하고 있다. 각 세부 주제를 논의하면서도 주제 간 연계를 도모였으며, 정책 과정 전반에 대한 이해를 통해 정책 과정의 각 단계에서 핵심적인 요소와 이해당사자들의 논의 과정에 초점을 맞춰 미래 산림정책을 도출하는 데 기여할 수 있을 것으로 기대하였다.

단순 산림의 보호에서 이용으로, 더 나아가 복지에 이르기까지 산림정책 패러다임의 변화, 그리고 우리 사회에서 산림의 의미를 더 멀리 보고, 넓게 보며, 더 깊이 보는 관점으로 산림정책 문제에 대한 근원적인 진단, 처방, 해결방안을 모색하고자 하였다. 어떤 정책문제도 그 자체가 전체일 수 없다. 산림청 모든 부서로부터 추진 중인 업무와 쟁점들을 듣고, 부분이 아닌 전체를 실제의 정책적·공간적 연관성과 변화의 흐름과 경향 속에 맥락 지향적인 접근을 하고자 하였다는 점에서 더욱 의미가 있다.

우리나라는 국토의 64%가 산으로 이뤄진 산림국가이나 목재자급률은 16%에 불과하고 임업인의 소득은 낮은 수준이다. 국토녹화 성공 이후에도 보전 중심의 산림정책 시행으로 현재 우리나라 산림의 70% 이상이 노령림으로 편중된 상황이다. 산림자원 순환 체계로 산림정책의 패러다임을 전환하고, 탄소중립 실현을 위해 산림의 역할을 제고하며, 산림의 다양한 혜택을 모든 국민이 누릴 수 있도록 사람 중심의 산림정책으로 혁신하는 등의 과제가 놓여 있다. 아울러 국민 대다수가 거주하는 도심 생활권에서도 국민의 삶의 질에 더 기여할 수 있도록 제정된 도시숲법 기반의 정착 등 경제, 복지 및 생태 등으로 산림정책의 범위도 더욱 확대되고 있다.

이 저서에서는 미래 산림정책의 발전전략을 도출하고자 '지속가능한 산림관리(sustainable management of forests)'라는 지속가능발전(sustainable development) 개념과 역사의 가장 전통적인 영역을 다루는 것으로, 기후위기 대응과 탄소중립을 위한 유엔 지속가능발전목표(Sustainable Development Goals: SDGs)를 적극 활용하여 각 세부 주제 간 연계를 강화하고자 하였다. 미래 산림정책 발전전략으로 가장 우선적으로 논의가 필요한 일곱 가지 주제에서 시작하였다. ① 산림정책 발전 방향, ② 탄소중립 사회와 산림의 역할, ③ 도심 내 녹색복지공간 확충을 위한 방안, ④ 목재 이용 활성화를 위한 공공·민간 참여 유도 방안, ⑤ 산림 거버넌스를 통한 산림재해 관리 방안, ⑥ 탄소중립 연계 ODA 확대 방안, ⑦ 산림 분야 공공기관 역할 강화 등 범학문적인 관련 분야 전문가들이 참여하여 초안을 완성하였고, 필요한 논의들을 추가하였다.

연구를 위한 포럼을 운영하면서 기후변화 시대의 여건 변화에 대응하여 산림정책 관련 이해관계자, 외부 전문가, 시민단체, 언론인 등 관련 다양한 주체들의 참여를 통해 세부 주제별로 주제발표와 토론을 통해 미래 산림정책의 공감대를 형성하고 전략을 모색하고자 하였다. 연구범위의 주제를 다루기 위해 총괄책임자가 포럼 전체 운영을 총괄하도록 하고, 각 세부 주제별로 PM을 설정하여 해당 세부 주제의 논의와 취합을 하였다.

이러한 과정을 통해 세부 주제별 쟁점을 발견함으로써 쟁점과 문제 해결을 위한 대안 탐색에 기여할 뿐만 아니라 세부 주제 간 연계구조를 이해함으로써 산림정책 관련 다양한 주체의 협력적 거버넌스를 구축하는 데도 기여할 수 있을 것으로 기대했다. 산림행정 연구자나 정책 전문가에 주로 의존해 왔던 기존의 노력을 더욱 확대함으로써 산림의 중요성과 산림청의 역할을 이해하고, 산림정책의 미래를 함께 논의할 수 있는 연구자, 정책 전문가, 시민단체, 언론 등의 저변을 넓히는 데 이 책이 기여할 수 있을 것으로 기대한다. 이 연구의 진행 과정에 발표와 토론으로 참여해주신 모든 전문가에게 감사드린다. 특히, 2021년 한국정책학회 연구위원장으로서 이 포럼의 운영 과정에서 많은 수고를 해주신 고려사이버대학교 오수길 교수님과 산림청 임영석 혁신행정담당관께 감사의 마음을 전한다.

2022년 5월

홍형득

차례

CHAPTER 11 산림청 탄소중립 정책 홍보전략의 시사점 황태연 · 유정모

C·H·A·P·T·E·R 1

서론

홍형득

제 1 절 산림정책 패러다임 전환의 필요성

기후변화에 관한 정부간 협의체(IPCC)는 「지구온난화 1.5도 특별보고서」에서 "지구온난화가 현재 속도로 지속된다면 2030년과 2052년 사이 지구 온도가 산업화 이전 수준과 비교해 1.5도가량 상승할 가능성이 높다"라고 지적한 바 있다. 여기에는 극한 기온의 온난화, 호우 빈도와 강도의 증가, 가뭄 강도나 빈도의 증가 발생이 포함될 것으로 전망되며, 전 세계적인 코로나바이러스감염증-19(COVID-19) 역시 기후변화의 결과물이라는 지적이 높은 상황이다.

한국의 경우 최근 들어 이상기후 현상이 잦았을 뿐더러 계절마다 이상기후 현상이 나타나는 등 기후변화의 직접적인 영향을 받고 있다. 2020년만 해도 역대 최장기간(54일) 동안 폭우가 지속되는 장마를 겪었는가 하면, 2020년 12월부터 2021년 2월까지 해양 수온은 1998년보다 2.2도, 2020년보다 0.5도가 오른 13도를 기록했다.

산림지역의 경우 고지대의 연평균 기온이 상승하고, 강수량이나 강수일수가 감소하여 산불 위험이 높아지고 있다. 고지대에 살고 있는 구상나무 같은 소위 '바늘잎' 나무들이 기후변화로 인해 죽어가고 있는 것으로 추정되며, 한국의 경우 최근 10여 년 간 구상나무의 고사가 가속화되고 있는 것으로 보고된다. 전북 남원의 연평균 기온은 2012년 11.9도에서 2019년 13.3도로 올랐고, 지리산 반야봉 지역은 4.2도에서 7.7도로 상승하는가 하면, 시기적으로 볼 때, 2월쯤 시작되어 5월 중순쯤 끝나는 산불이 8개월 이상 긴장해서 산불 상황을 주시해야 할 정도로 산불의 연중화 현상도 일어나고 있다.

정부는 2020년 12월 7일 '2050 탄소중립 추진전략'을 발표하고, 탄소중립을 지향하는 국제적인 경제질서의 전환을 맞아 2050년까지 온실가스 순배출(배출량－흡수량)을 '0'으로 만들겠다는 '넷제로(Net-Zero)'를 선언했다. 탄소중립의 3대 정책 방향으로는 경제구조의 저탄소화, 신유망 저탄소산업 생태계 조성, 탄소중립 사회로의 공정전환 등을 제시했다. 또한 이를 실행하기 위한 10대 중점 과제로는 에너지 전환 가속화, 고탄소 산업구조 혁신, 미래모빌리티로 전환, 도시・국토 저탄소화, 신유망 산업

육성, 혁신 생태계 저변 구축, 순환경제 활성화, 취약 산업 · 계층 보호, 지역 중심의 탄소중립 실현, 탄소중립 사회에 대한 국민인식 제고 등을 선정했다.

산림청의 경우 '일자리가 나오는 경제산림, 모두가 누리는 복지산림, 사람과 자연의 생태산림'을 비전으로 한 제6차 산림기본계획을 시행 중에 있으며, '숲에서 찾는 새로운 일상'을 비전으로 한 'K-포레스트(K-Forest)'를 추진하고 있다. K-포레스트는 디지털 · 비대면 기술의 산림 분야 도입, 저상장 시대 산림산업 활력 촉진, 임업인의 소득안전망 구축, 기후위기 시대의 지속가능한 산림관리를 4대 뉴노멀 전략으로 설정했다.

기후변화 대응을 위한 2050 탄소중립이 국내 · 외 중요 이슈로 부각되고 있어 산림의 중요성과 산림청의 역할을 제고할 방안을 적극적으로 모색할 필요가 있다. 산림청의 관련 중점과제는 산림의 탄소 흡수감축 기능 증진으로 기후변화 대응, 국제사회와 그린연대로 K-포레스트 확산, 신산림재해대책으로 기후재난 피해 최소화, 자연과 공존을 위한 산림생태 및 평화체계 구축 등이다.

산림청의 비전과 계획을 충실히 이행하면서도 기후변화 대응과 탄소중립을 위한 미래 지향적인 새로운 정책과제를 발굴하여 산림정책의 여건 변화에 발 빠르게 대응할 필요가 있다. 이를 위해 산림청 공무원은 물론, 외부 전문가, 시민단체, 언론인 등 다양한 목소리를 반영하여 미래 산림정책 발전을 위한 전략을 모색해 나가야 한다.

제 2 절 산림포럼의 운영

산림청은 산림정책의 패러다임 전환을 위한 쟁점과 과제를 모색하고자 2021년 한국정책학회와 연중 공동포럼인 산림포럼을 진행해왔다([표 1-1] 참조). 이 책은 이 포럼의 결과물을 정리한 것이다. 또한 한국정책학회에서 수행하여 2021년 12월 산림청에 제출한 연구과제 「기후변화 대응을 위한 산림정책 발전방안 마련을 위한 전략 연구」(연구책임자: 홍형득)의 결과물이기도 하다.

[표 1-1] 산림포럼 일정 및 주제

산림포럼			주제
포럼명	일시	장소	
한국정책학회 춘계학술대회	2021.4.16	서울더K호텔	기후위기 시대 산림정책의 새로운 패러다임
기후변화 대응 산림정책 발전방안 마련 협의회	2021.5.26	국립산림과학원 산림과학관 국제회의실	1. 산림의 공익적 가치증진을 위한 탄소중립 추진 전략(안) 설명(혁신행정담당관) 2. 산림정책 포럼운영 계획(안) 설명(한국정책학회)
한국정책학회 하계학술대회 (산림정책 1)	2021.6.17	하이원그랜드 호텔 컨벤션타워	도시생태계, 산림재난, 그리고 산림거버넌스
한국정책학회 하계학술대회 (산림정책 2)	2021.6.17	하이원그랜드 호텔 컨벤션타워	산림정책과 ESG 경영
산림청 주요 정책담당자 간담회	2021.8.18	산림청	1. 산림재해: 산불, 산사태, 산림병해충 2. 탄소중립 사회와 산림의 역할 3. 도심 내 녹색복지 공간 확충을 위한 방안 4. 목재 이용 활성화 5. 탄소중립 연계 ODA 확대 방안 6. 공공기관 역할 강화: 임업진흥원, 한국등산트래킹지원센터, 한국수목원정원관리원, 산림복지진흥원
한국정책학회 추계학술대회 (산림청 1)	2021.9.9	호텔인터불고 대구	탄소중립 시대 산림정책의 다각화
한국정책학회 추계학술대회 (산림청 2)	2021.9.9	호텔인터불고 대구	지속가능한 산림경영
한국정책학회 추계학술대회 (산림청 3)	2021.9.9	호텔인터불고 대구	산림정책과 공공가치 창출
한국정책학회 세미나	2021.10.23	난대・아열대 산림연구소	지속가능한 산림경영 및 기후변화 대비 산림자원 관리
최종보고회	2021.11.25	국립수목원 종합연구동 대회의실	1. 개요 설명 2. 최종정리 방향 설명 3. 최종정리 방향에 대한 상호 논의
한국정책학회 동계학술대회	2021.12.3	서울 코엑스 3층	산림정책의 미래

현 시기 미래 산림정책 발전전략을 도출하고자 했던 이 연구는 애초에는 ① 국내・외 주요 이슈를 통한 산림정책 발전 방향, ② 탄소중립 사회와 산림의 역할, ③ 도심 내 녹색복지공간 확충을 위한 방안, ④ 목재 이용 활성화를 위한 공공・민간 참여유도 방안, ⑤ 산림 거버넌스를 통한 산림재해 관리 방안, ⑥ 탄소중립 연계 ODA 확대 방안, ⑦ 산림 분야 공공기관 역할 강화 등의 주제를 다루기로 했다. 이후 한국정책학회의 분기별 학술대회와 협의회 또는 세미나를 진행하면서 발표와 토론을 통한 논의 속에 주제와 내용을 수정하거나 보완할 수 있었으며, 연구진 외에도 포럼 진행 과정에서 여러 필진이 추가로 참여하였다.

산림포럼은 산림청으로서도 유익한 과정이었기를 기대하지만, 무엇보다도 연구진이 산림정책의 여러 쟁점을 학습해가는 과정이기도 했다. 포럼 내내 진지하면서도 즐겁게 발표를 준비했고, 의미 있는 조언을 아끼지 않은 연구자, 발표자, 토론자, 사회자, 그리고 쟁점을 발전시키는 데 크고 작은 조언으로 기여한 포럼 참여자 모두에게 감사를 전하고 싶다. 산림청에서는 주무부서 담당자뿐만 아니라 모든 관련 부서가 모두 연구 과정 내내 도움을 주었고, 주무부서 국장님과 청장님까지도 많은 관심을 가지고 적극적으로 참여함으로써 산림청의 진정성을 느낄 수 있게 해 주었다. 산림 현장에서 만난 직원과 과학자들의 헌신과 열정에서도 깊은 감명을 받았다. 이 모든 과정에서 가장 큰 도움을 주신 산림청 임영석 혁신행정담당관님과 김석문 서기관께도 감사를 드린다.

제 3 절 향후 논의 방향

2000년부터 2016년 사이에 유럽에서 출간된 109개 관련 논문을 분석한 시에시엘스키와 스테렌자크(Ciesielski & Strereńczak, 2017)는 사람들의 선호에 따른 산림의 쟁점을 연구함으로써 산림과 관련된 논의의 쟁점이 더욱 확대되어야 함을 보여주었다. 그들의 분석 결과에서 나타난 쟁점은 다섯 가지로, 첫째, 선호되는 산림 유형과 기능, 둘째, 산림을 접하기 위한 사람들의 비용(시간과 거리), 셋째, 기술적 인프라와 산림관리에 대한 사회의 요구, 넷째, 산림지역에서의 여가 생활을 방해하는 요인들, 다섯째, 여가 목적을 위해 산림에 방문하는 이유와 빈도 등이다. 또한 산림에 대한 인식에 영향을 주는 요인으로는 다음과 같은 요인들을 제시했다. 첫째, 수령이나 수종 구성과 같은 트리 스탠드 요인이다. 둘째, 연령, 배경, 관심사와 같은 사회적 요인이다. 셋째, 산림 운영, 소음, 쓰레기 문제와 같은 활동 관련 요인이다. 이러한 분석은 기후변화에 대한 접근 역시 국민의 인식을 먼저 이해하면서 산림정책의 위상을 판단하는 데서 시작할 필요가 있음을 보여준다. 개발 대 보전, 태양광이나 풍력 대 산림과 농지 등의 쟁점을 고려해 보면, 전체적으로는 긍정적인 방향이더라도 세부 사항에서는 상충되는 인식이 존재하므로 이에 대한 분석부터 시작해야 함을 보여주는 것이라 할 수 있다.

[그림 1-1]은 산림과 산림생태계의 기능과 서비스가 웰빙의 구성요소들과 연계되는 구조를 보여준다. 산림포럼을 통해 도출하고 발전시켜온 각 주제의 쟁점과 과제 내용은 향후 문제 해결을 위한 대안 모색에 기여할 뿐만 아니라 이와 같은 세부 주제 간 연계구조를 이해하는 가운데 산림청 내부의 부서 간 협력과 더불어 산림청 외부와의 협력적 거버넌스를 구축하는 데 기여할 수 있을 것이다. 세계환경개발위원회(WCED)의 「우리 공동의 미래(Our Common Future)」에서 지속가능발전을 위한 행정체제의 변화를 '유연한 행정과 자기교정력의 확보'라고 밝혔듯이, 이 책을 통해 세부 주제에 주로 초점을 맞춰 부서 간 칸막이를 넘어서지 못하는 한계를 극복하는 데 도움이 되기를 기대하며, 행정만의 힘으로 해결하기 어려운 현안에 대해 외부 자원을 확보하는 대안을 마련하는 데 활용될 수 있을 것으로 판단한다.

산림포럼 운영을 통해 기후위기 대응과 탄소중립 시대에 갈수록 중요해지는 산림과 산림청의 역할을 제고하기 위한 미래 산림정책의 발전전략을 도출하고자 한 지난 1년 간의 노력은 정책학의 이상과도 부합하는 방식으로 운영되었다. 정책학은 개별 학문 분야에 한정하지 않는 다학문적이고(multi-disciplinary), 간학문적인(inter-disciplinary) 접근을 추구한다. 즉, 인간 존엄성의 구현이라는 가치와 정책 과정 전반에 대한 이해를 중심으로 개별 정책에 접근하는 것이다. 산림정책 역시 세부 주제를 논의하면서도 주제 간 연계를 도모할 필요가 있는 것이며, 정책 과정 전반에 대한 이해를 통해 정책 과정의 각 단계에서 핵심적인 요소와 이해당사자들의 논의 과정에 초

[그림 1-1] 생태계 기능과 서비스의 웰빙 구성요소와의 연계

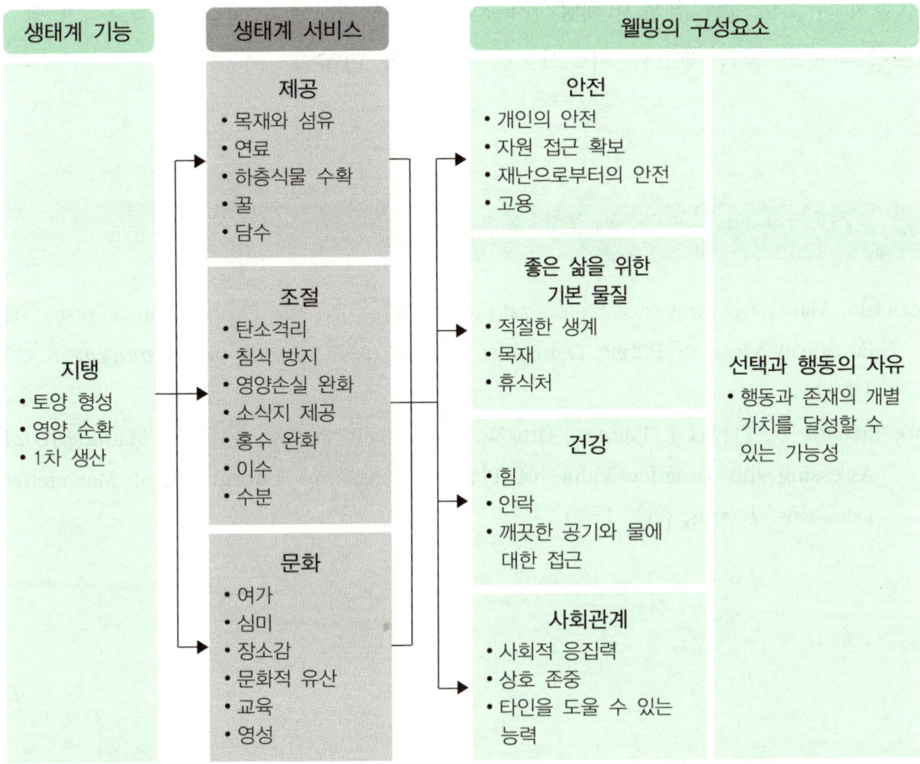

출처: Yao et al.(2021: 4).

점을 맞춰 미래 산림정책을 도출하는 것이 바람직하다.

산림포럼은 산림과학이나 산림행정 연구자나 산림정책 전문가를 중심으로 논의되어왔던 기존의 노력을 더욱 확대함으로써 산림의 중요성과 산림청의 역할을 이해하고 산림정책의 미래를 함께 논의할 수 있는 연구자, 정책 전문가, 시민단체, 언론 등의 저변을 넓히는 데도 기여했다고 자부한다. 산림정책 관련 쟁점과 영역을 좀 더 폭넓게 보면서 산림정책의 선진화에 한걸음 더 나아갈 수 있는 계기를 마련했다 할 것이다.

그러므로 산림포럼 운영 경험 자체가 새로운 정책 플랫폼이자 정책 네트워크로 자리 잡을 수 있을 것으로 기대한다. 산림포럼에서 다룬 세부 주제들은 향후 일상적인 산림정책의 수립과 집행에도 도움이 될 것이며, 이를 통해 광범위한 산림정책공동체

를 형성할 수도 있을 것이다. 개별 정책 영역의 심화, 각 정책 영역과의 연계 및 총괄, 정책 과정 단계별 정책 이해당사자들과 정책 행위자들의 발견 및 상호작용 등 산림포럼 운영의 질적 제고를 지속적으로 모색해볼 만하다.

참고문헌

Ciesielski, Mariusz & Krzysztof Stereńczak(2017). What Do We Expect from Forests?: The European View of Public Demands. *Journal of Environmental Management*, 209: 139-151.

Yao, Richard T., David J. Palmer, Tim W. Payn, Sally Strang, & Colin Maunder(2021). Assessing the Broader Value of Planted Forests to Inform Forest Management Decisions. *Forests*, 662: 1-30.

C·H·A·P·T·E·R 2

탄소중립과 목재산업 활성화

우수영

제 1 절 국내 · 외 목재산업 현황

우리 주변에서 목재는 없어서는 안 되는 중요한 소재이며 재료이다. 세계적으로 많은 국가에서 원목을 생산하고 있다([표 2-1]). 우리나라는 국내에서 소비되는 목재의 대다수를 외국에서 수입해서 사용하고 있다. 특히, 동남아시아의 열대지역에서 생산되는 원목을 수입하여 국내에서 사용하고 있는 실정이다. 선진국인 미국도 상당히 많은 목재를 생산하여 자국에서 소비하고 있다. 그러나 대다수의 선진국은 자국의 나

[표 2-1] 원목생산량이 많은 20개 국가

순위	국가	생산량(m^3)
1	미국(United States of America)	459,128,879
2	인도(India)	351,760,688
3	중국(China)	340,118,881
4	브라질(Brazil)	266,288,000
5	러시아(Russian Federation)	218,400,000
6	캐나다(Canada)	145,167,801
7	인도네시아(Indonesia)	123,756,739
8	에티오피아(Ethiopia)	116,082,277
9	콩고민주공화국(Democratic Republic of the Congo)	91,312,556
10	나이지리아(Nigeria)	76,562,702
11	독일(Germany)	76,167,430
12	스웨덴(Sweden)	75,500,000
13	핀란드(Finland)	63,963,867
14	칠레(Chile)	63,717,133
15	베트남(Viet Nam)	57,335,420
16	프랑스(France)	49,869,370
17	가나(Ghana)	49,852,861
18	우간다(Uganda)	49,507,058
19	멕시코(Mexico)	46,477,135
20	폴란드(Poland)	44,084,030
	합계	2,765,052,827

출처: 국립산림과학원(2021).

무는 벌채하지 않고 주로 외국에서 생산되는 원목을 수입하여 소비하고 있다.

한국은 일본제국주의시대의 산림수탈과 한국전쟁으로 황폐화된 산림을, 산림녹화를 통해서 세계적으로 성공한 조림 성공 국가로 공인받고 있다. 우리들의 아버지, 어머니들의 헌신적인 참여와 담당 행정부서인 산림청의 노력을 통해서 가능하였다. 숲이 우거지고 나무가 많아져서 이제는 나무를 대규모로 식재하여 조성해야 하는 곳이 많지 않다. 이제는 어느 정도 목재를 수확하여 활용하는 "선순환산림경영"이 필요한 단계가 되었다. 그러나 현재 국내 목재산업의 현황은 녹록치 않다.

제 2 절 국산목재자급률을 올려야 하는 이유

우리나라 국내 목재자급률은 16% 정도이다([표 2-2]). 다른 말로 하면 국내에서 소비하는 목재의 84%는 외국에서 수입하는 것이다. 외국에서 수입하는 목재는 어디에서 오는가? 인도네시아를 비롯한 열대국가에서 대다수 수입된다. 최근의 통계를 보면 북반구에 위치한 대다수 선진국의 산림은 축적이 늘어나고 있다. 자국의 목재는 벌채하지 않고 외국에서 목재를 수입하여 사용한다는 이야기다. 우리나라도 예외는 아니다. 이제 선진국가가 되어 가고 있다는 것은 기쁜 일이다. 우리나라는 과거 벌채할 나무가 없었다. 나이가 어리고 수확해서 사용할 정도의 축적량에 이르지 못했다. 그러나 지금은 세계에서 인정하는 산림축적을 가지고 있는 산림 선진국이 되었다. 우리의 산림자원을 선순환구조로 활용할 때가 왔다. 대다수의 목재를 수입하는 열대국가가 당하는 산림의 황폐화는 우리의 환경이 아닌가? 전 지구적으로 보면 열대지역의 산림도 우리 환경에서 중요하게 보존되어야 하는 자원이다. 우리의 환경보호를 위해서 열대국가의 목재만을 사용하는 것은 도덕적으로 맞지 않다. 동남아시아국가의 사람들도 우리와 함께 번영을 누려야 하는 우리의 이웃이다. 인류는 함께 번영해야 한다.

[표 2-2] 주요 국가의 산림자원 이용 현황

구분	한국	일본	독일	미국	오스트리아	뉴질랜드
목재자급률(%)	16.6	36.6	53	71	100	100
제재목비율(%)	13	42	57	38	52	12
산림바이오에너지(%)	10	21	30	15	30	–

출처: 국립산림과학원(2021).

이러한 불편한 진실의 예는 유럽에서도 볼 수 있다. 지중해지역에 코르크참나무(Quercus suber) 숲이 있다. 코르크참나무는 지중해를 중심으로 분포하는 유일한 수목이다. 코르크를 벗겨서 포도주 병마개로 주로 활용한다. 이 참나무는 프랑스, 스페인, 포르투갈, 이탈리아의 지중해지역 산림, 그리고 튀니지, 알제리, 모로코 등의 북아프리카와 지중해와 접하는 지역의 산지에 분포한다. 포도주를 수확하여 병에 보관하는 과정에서 양질의 포도주를 유통하려면 플라스틱 병마개보다는 코르크로 만든 병마개를 사용하여야 한다. 이에 사용되는 코르크는 거의 대다수가 북아프리카국가에서 생산한다. 그러므로 북아프리카국가는 심각한 코르크참나무 산림쇠퇴현상을 경험하고 있으며 과거 100년 전의 면적보다 엄청나게 면적이 감소하였다. 프랑스를 포함한 유럽국가는 코르크참나무 숲을 그대로 놔두고 있어서 오히려 축적이 늘어가고 있다. 그리고 이들 아프리카국가에 연구비를 내서 왜 숲이 쇠퇴하고 있는지를 연구하는 아이러니가 진행되고 있다. 선진국들의 번영 뒤에 북아프리카 산림지역은 사막화되어 가고 있다. 지구 전체 환경을 생각한다면 북아프리카에도 코르크참나무 숲이 건전하게 유지, 관리되어야 한다. 유럽국가에서도 코르크참나무 숲에서 과학적으로 코르크를 생산하면 시간이 지나면 재생된다.

열대지역 목재를 국산재로 대체해가며 우리나라 산림에서 나무를 수확하자는 것은 우리의 산림과 환경을 파괴하자는 것이 아니다. 한국의 숲은 경영과 관리가 필요하다는 것이다. 과학적인 방법으로 숲을 경영하고 관리하다 보면 나무를 수확하는 것도 필요하다. 멸종위기종이 있는 숲, 수자원함량 숲, 산림휴양 숲, 산림재해방지 숲 등은 잘 보전되어야 한다. 한국에서 목재를 수확하는 지역은 이러한 산지가 아니다. 경제림육성을 위주로 하는 지역에서 목재를 수확하여 필요한 곳에 사용하자는 것이다.

제 3 절 주요 목재 가격 변동과 불확실성의 증가

국내 목재생산의 활성화를 이루어야 하는 이유 가운데 국제 목재 가격의 변동과 불확실성이 있다. 목재생산국가들이 자국의 환경보호도 하면서 자국의 목재산업도 활성화하기 위해서 원목을 수출하는 것을 법적으로 강력하게 규제하고 통제하는 경우가 많아졌다. 인도네시아, 말레이시아, 베트남, 페루 등의 국가는 원목 수출을 법으로 막고 있다. 자국에서 목재를 가공하여 수출하라는 것이다. 또한 현지의 생산비용의 상승, 천연림의 고갈 등에 따른 공급량의 부족 등으로 목재 가격의 불확실성이 증가하고 있다. 전 세계 원목 가격은 지속적으로 증가하는 추세에 있다.

제 4 절 국산목재자급률을 올리기 위한 방안

1. 고급재시장의 확충 필요

국산목재는 수입목재 제품보다 품질과 가격에서 불리하다. 제재목 소비에서 국산 원목의 비중은 11%(2019년)에 불과하고, 국산임목에서 제재목 이용은 13%(2019년), 16%(2020년)에 불과하다. 다른 선진국에 비해서 아주 낮은 수준이다. 그리고 대다수 저가인 보드, 펄프, 바이오매스 등에 이용된다. 제재목(주로 특용재급, 1, 2, 3등급, 원주재)은 보드, 펄프 등에 쓰이는 원료재급에 비해서 가격이 2~3배 정도 비싸다([표 2-3]). 우리나라에서 생산되는 제재목의 비율이 낮은 이유는 우리나라는 주벌 수확이 적고 주로 수종갱신, 피해목 등을 벌채하는 수확량이 많기 때문이다. 이러한 환경에서 고급재의 생산을 높이기 위해서는 경제림이나 육성단지를 통해서 목재 수확을 합리적인 관점에서 대대적으로 할 필요가 있다. 또한 목재의 유통구조를 개선하여 좋은 가격을 생산자가 얻을 수 있도록 해야 한다. 국산 제재목은 주로 토목에 많이 이용하는 중인데 건물이나 부가가치가 높은 구조물을 짓는 데 사용할 필요가 있다.

[표 2-3] 원목의 등급별 가격(원/톤)

구분	특용재급	1등급	2등급	3등급	원주재급	원료재급
소나무	397,800	201,300	171,800	153,500	151,500	50,800
낙엽송	155,100	149,600	145,200	139,500	134,200	50,700
잣나무	176,900	143,300	139,000	136,300	134,700	50,300
참나무	-	125,000	104,600	82,800	-	61,700

출처: 국립산림과학원(2021).

탄소 저장 잠재력이 가장 높은 제재목은 다른 1차 목제품보다 내구성이 높아 50년 이상의 장수명 목제품으로 쓰일 수 있는 목재이다. 우리나라에서는 제재목의 58%가 단수명 산업인 토목과 수송으로 각각 33%와 25%가 투입되어 제재목의 이용이 탄소 고정 관점에서 탄소 저장 잠재력이 낮은 산업에서 주로 이용되고 있다([표 2-4] 참조).

[표 2-4] 국산 제재목의 산업별 투입량

산업	목재량(m^3)	탄소량(TC)	비율(%)
토목	137,022	31,378	32.9
수송	104,438	23,916	25.1
건축	102,944	23,574	24.7
가정	6,281	1,438	1.5
농업	6,674	1,528	1.6
기타	59,324	13,585	14.2

출처: 장은경(2021).

2. 공공부문에서 목재 소비 선도

공공건물(관공서, 학교, 체육관, 복지시설 등)의 목조화 및 인테리어의 목조화 등을 추진해야 한다. 민간부문에서는 이러한 제안이 잘 적용 안 될 수 있다. 목재 소비 증대를 위한 랜드마크 목조건물 건축, 목재활용과 사용에 대한 교육 등이 필요하다. 일본은 “공공건물의 목재이용 촉진에 관한 법률(2010년)”로 국산목재 사용을 촉진함으로써 탄소저장, 임업을 통한 농・산촌 활성화 등을 추구하였다. 프랑스의 경우 2022년부터 공공건축물 신축 시 50% 이상을 목재 등 친환경소재를 사용하는 것을 의무화하고 있다. 미국의 경우 목재 같은 친환경소재를 이용하여 건축하는 경우 친환경건축(LEED) 인증 가점을 부여하고 있다. 캐나다의 경우는 정부자금이 투여되는 건축물은 목재를 주 건축자재로 사용해야 하는 법을 적용하고 있다. 이와 같이 선진 외국과 같이 제도적인 정비를 통해서 국산목재 사용의 활성화를 해야 한다. 그러기 위해서 목조건축물을 짓는 데 대한 규제를 대폭 완화하는 것이 동반되어야 한다.

목조건축물이 가능하겠는가 하는 의문을 가질 수 있는데 외국에서는 이미 높은 건물을 목조로 건축하여 탄소를 오랫동안 도시에 고정하는 탄소중립에 기여하고 있다. 산림에서 탄소는 나무를 통해서 고정되고, 나무가 수확되어 목재로서 건축물에 고정될 수 있다면 이것은 탄소중립을 달성하는 데 중요한 기여를 할 수 있는 것이다. 그런 취지에서 외국에서는 이미 건축물을 나무를 활용하여 건축하는 사례가 많이 늘고 있다. 지금까지 알고 있는 가장 높은 목조건물은 오스트리아의 호호빈 빌딩(84미터)인데, 그보다 약간 더 높은 85.4미터 높이의 건물이 완공되었다. 노르웨이의 부르문달에 완공된 뫼사(Mjösa) 타워는 나무로 지어진 빌딩이다([사진 1] 참조). 오스트리아의 호호빈 빌딩(84미터)보다도 높은 목재 건축물로 기록되었다. 단순히 목재로 지어졌다는 의미뿐 아니라 가장 친환경적인 자재와 효율적인 공법, 목재의 취약했던 화재 위험, 내구성 또는 충격 흡수 등에 대한 대안까지 보여준 친환경 자연적인 건물이다. 이 건물은 아파트와 호텔이 복합된 주거형 건물이다. 이 건축물은 미래의 환경을 생각하는 새로운 건설공법과 목재의 다양한 쓰임새를 보여주는 좋은 가능성을 보여준다. 이외에도 유럽의 많은 국가에서 목조건물 건축을 통해서 탄소를 도시에 고정하는 탄소중립에 기여하고 있다.

[사진 1] 뫼사(Mjösa) 타워의 전경
(http://www.nordikhus.com/)

3. 내장재로서 국산목재 활용 확대

원예 분야에서는 실내식물의 개발과 보급을 통해서 실내의 미세먼지, 악취, 공기정화 등의 목적을 달성할 수 있는 여러 가지 실내식물을 개발하여 도시민에게 좋은 반응을 얻고 있다. 최근에는 실내에 공간이 부족하므로 "수직변면녹화시스템"을 개발하여 아파트에 보급하여 원예산업을 활성화시키고 있다. 이와 같이 최근에 아파트 내부 벽면을 도배지로 도배하는 것과 바닥을 장판으로 까는 것을 대신하여 목재로 인테리어를 하는 경우가 늘고 있다. 목재가 주는 안정감, 자연과 같은 친근함, 목재가 가지고 있는 은은한 향기 등이 아파트나 집의 내장재로 인기를 얻고 있다. 일본 사람들이 향기가 나는 편백나무로 목욕통을 만들어서 활용하는 것처럼 아파트가 주 거주 형태가 된 한국에서 인테리어를 국산목재로 장식한다면 국산재가 가지는 우수한 특징과 독특한 느낌을 국민에게 줄 수 있다. 탄소고정으로 인정을 받으려면 국내에서 생산된 목재를 사용해야 한다. 이렇게 활성화되면 주거지의 자연친화적인 조성과 더불어 탄소중립에 기여하는 두 마리 토끼를 잡을 수 있다.

산림에서 생장한 나무를 벌채하여 원목으로 가공하여 생산한 목재(Harvested Wood Products: HWP)는 IPCC(Intergovernmental Panel for Climate Chang) 가이드라인에 의해서 탄소를 고정한 량으로 인정받는다. HWP가 많다는 것은 도시나 우리 생활 주변에 탄소를 고정하고 있는 친환경소재가 많다는 것이 된다. 그러나 우리나라의 경우 현재 국산목재로 탄소를 고정한 량이 다른 국가에 비해서 아주 낮은 실정이다([표 2-5] 참조). 외국목재를 수입하여 목재품, 인테리어, 건축물에 사용하는 것은 그 원목을 생산한 국가의 탄소고정량으로 인정해 주기 때문이다.

[표 2-5] 주요 국가의 HWP 비중

구분	국가온실가스 배출량 대비 비중(%)
뉴질랜드	13.60
미국	1.50
유럽연합	1.06
대한민국	0.17

출처: 산림청(2021).

4. 목재바이오매스자원의 공급 확대

신재생에너지공급의무화(RPS)제도에 따라 목재펠릿, 목재칩 등 목질계 바이오매스 수요가 확대되어 수입량이 늘어나고 있다. 반면에, 국내 목재펠릿 수요량은 RPS 도입 후 발전소 수요가 지속적으로 증가하고 있으나 의무 공급비율 증가에 따라서 위축되고 있다. 그러므로 국내 미이용 산림바이오매스에 대한 가중치를 높여서 국내 산림부산물을 이용하는 목재펠릿 발전연료시장을 활성화하는 것이 필요하다. 산림에너지자립마을 같은 공동체를 통해서 미이용 산림바이오매스에너지를 이용하는 것이 필요하다.

5. 민 · 관이 함께 국내 목재산업 활성화에 협력

국내 목재산업의 활성화를 위해서는 민・관이 같이 협력하는 것이 필요하다. 산림청은 여러 가지 법적인 정비와 규제 완화 등의 노력을 해야 한다. 다행히 목조건축 활성화를 위해서 건축물에 대한 구조 기준 등을 국토교통부와 협의하여 이미 개정하였다. 또한 녹색건축물로서 목조건축의 입지를 확대해 가는 작업 등은 산림청이 다른 유관부처들과 협의하여 발전시켜야 하는 과제 가운데 하나이다. 목재품 소비를 위한 국민참여형 목재이용캠페인 등도 필요하다. 또한 목재품의 생산, 가공, 유통, 공급에 대한 지역별 목재산업 클러스트를 구축하여 지역 특성에 맞는 시스템을 정비하는 것도 필요하다. 기업은 양질의 목재품을 생산할 수 있는 기술개발과 소비자가 플라스틱의 대체재로 목재를 선호할 수 있는 매력 있는 제품을 생산할 수 있도록 노력해야 한다.

참고문헌

국립산림과학원(2021). 임업선진국의 산림자원관리현황. 연구자료 제916호: 147.

산림청(2021). 업무추진계획.

장은경(2021). 목재자원 이용의 생태효율성 연구: 기후변화 완화를 위한 탄소저장효과를 중심으로. 서울대학교 박사논문.

인터넷자료 검색(2021). http://www.nordikhus.com/

C·H·A·P·T·E·R 3

국가 산림의 지속성: 탄소중립과 목재 수확의 양립

배재수

제 1 절 우리나라 산림자원의 변화 추이와 지속성

1945년 광복 이전 한반도의 산림자원은 조선 후기 온돌의 보급과 일제강점기 과도한 목재생산으로 인하여 감소하였다. 조선후기 산림황폐화의 가장 큰 원인은 17세기 이상저온현상(소빙기)의 출현에 따른 가정용 온돌의 확대 보급과 이로 인한 장작과 지엽(枝葉) 소비량의 증가였다. 19세기에는 난대지역인 제주도까지 온돌이 보급되어 사람이 사는 전국 어디서나 온돌을 볼 수 있었다. 온돌이 보급될수록 땔감으로 사용되는 장작과 지엽의 소비량이 늘어갔으며, 인구밀도가 높고 경사도가 낮은 지역의 숲부터 황폐되어 갔다(배재수 외, 2020). 조선 후기로 갈수록 목재와 땔감을 얻기가 어려워질 정도로 산림이 황폐되어 갔음에도 이를 회복하지 못하고 과도하게 산림을 이용하는 시기가 지속되었다.

일제강점기 역시 산림의 지속성 측면에서 다르지 않았다. 산림자원 통계가 처음 구축되었던 1927년부터 1943년까지 한반도의 산림면적은 1.2%(19.8만ha), 임목축적은 23%(63백만m^3)가 줄어들었다. 임목축적은 산림 내 존재하는 나무줄기의 부피를 뜻한다. 1927년 한반도의 ha당 임목축적은 16.6m^{3}이었는데 1943년에는 13.2m^{3}로 감소하였다. 2020년 기준 대한민국 산림의 ha당 임목축적이 165.2m^{3}라는 것을 참고하면 당시 산림의 양적 상태를 가늠할 수 있다. 이 시기 그나마 남아있던 압록강, 두만강 유역의 천연림은 조선총독부의 재정 확보와 1937년 이후 전시체제기에 중요 물자를 공급하기 위해 베어졌다(배재수 외, 2021). 1927~1943년 간 함경도와 평안북도의 임목축적은 36%가 감소하였고, 그 중 함경남도는 같은 기간 임목축적의 반이 사라졌다. 일제강점기 역시 한반도 수준에서 산림자원의 지속성이 감소하는 시기였다.

1945년 남북분단 이후 우리나라의 산림자원은 감소 이후 정체를 유지하다가 1970년대부터 증가 추세로 반전하였다. 한국의 산림변천을 다룬 선행연구(Bae et al., 2012)는 1955년에 이르러 산림면적(입목지)이 감소에서 증가로 전환되었으며, 임목축

* 이 글은 한국정책학회 정책논단(2021년 9월)에 게재된 원고를 바탕으로 통계자료 등을 보완한 글이다.

적 역시 1970년대 이후 지속적으로 증가하였음을 밝혔다. 입목지 면적은 1927년 396만ha에서 2015년 609만ha로 54% 증가하였다. 총임목축적은 1927년 78백만m^3에서 2020년 10억 38백만m^3로 13배 증가하였다. 산림이 가장 황폐된 시기였던 1953년과 2019년을 비교하면, 입목지 면적은 83%, 총임목축적은 약 29배나 증가하였다.

[그림 3-1] 우리나라 산림의 임목축적(stock) 추이(1927~2019)

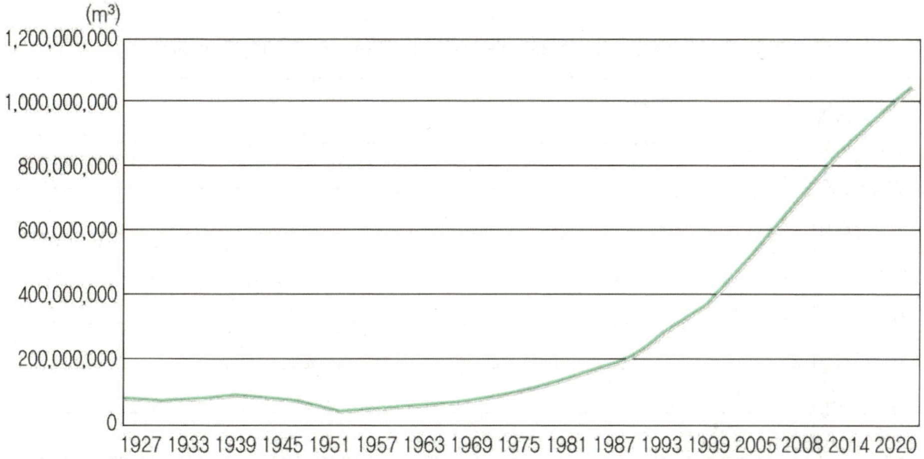

출처: 『조선총독부통계연보』(1927~1942), 『조선중앙연감』(1948), 『임업통계연보』(1968~2021), Bae et al. (2012)을 바탕으로 작성.

1970년대 이후 대한민국 총임목축적의 빠른 증가는 국가산림계획에 맞추어 나무를 심고 가꾸어온 결과이다. 산림청이 농림부에서 내무부로 이관된 1973년부터 1987년까지 두 차례에 걸쳐 실시된 「치산녹화계획」을 통해 전국 산림면적의 약 1/3인 206만ha에 나무를 심었다. 1960~1980년대에는 산림녹화를 위해 나무를 심는 것은 '선(善)'이고 '애국'이며 나무를 벌채하는 것은 '악(惡)'이고 '범죄'라는 인식이 있었다. 정부는 국가 수준에서 매년 자라나는 나무 생장량의 20% 이내에서 벌채를 허가하였고, 수종에 따라 일정 시기 이전에는 나무를 베지 못하도록 '기준벌기령'을 도입하였다.

하지만 우리는 산림자원의 총임목축적(stock)에 관심을 두었을 뿐 순임목축적(flow)의 변화는 중요하게 다루지 못하였다. 우리나라의 총임목축적은 1960년대 이후 현재까지 지속적으로 증가하였지만, 산림에서 매년 나무가 자라난 양인 순임목축적은 2007년 이후 빠르게 감소하고 있다. 총임목축적의 변화만을 보면 우리 산림의 지속성은 계속 증가하지만 순임목축적의 변화를 보면 그 지속성을 유지할 수 있는 잠재력은 가파르게 줄어들고 있다. 마치 인구 증가율(flow)이 빠르게 감소하여 2029년부터 총인구(stock)마저 감소할 것으로 전망하고 있는 인구 변화(통계청, 2020)와 비슷한 모습이다.1) 지금과 같은 상태가 계속된다면 우리가 지난 60년 간 노력하여 조성한 산림자원의 지속성이 감소할 가능성이 크다.

[그림 3-2] 우리나라 산림의 순임목 생장량(flow) 추이(1928~2019)

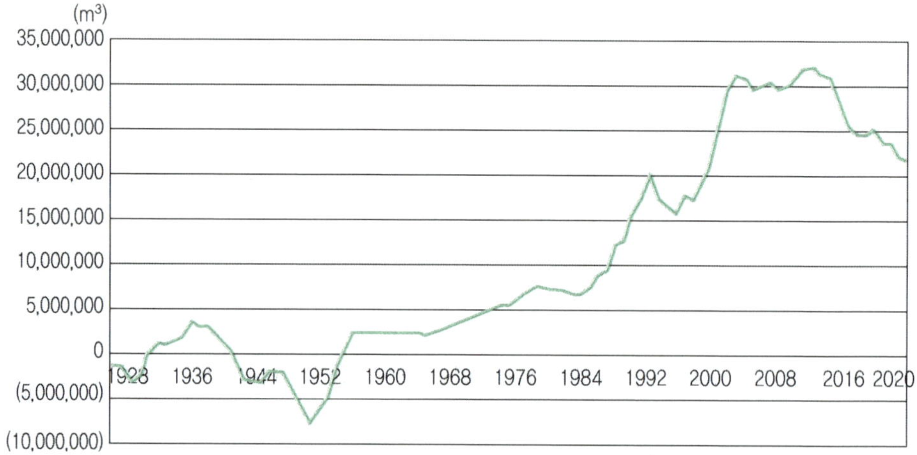

출처: 『조선총독부통계연보』(1927~1942), 『조선중앙연감』(1948), 『임업통계연보』(1968~2021), Bae et al. (2012)을 바탕으로 작성.

1) 2020년 12월 통계청의 전망보다 빠르게 사망자 수가 출생아 수보다 많아지면서 인구의 자연 감소하는 데드크로스(Dead Cross)가 발생하였다.

제2절 우리나라 산림 상태와 순흡수량 변화 추이

산림의 온실가스 흡수 측면에서 매년 자라나는 임목축적의 감소는 우리에게 시사하는 바가 크다. 산림은 유엔기후변화협약(UN Framework Convention on Climate Change: UNFCCC)이 인정하는 온실가스 흡수원이다. 산림을 잘 가꾸고 관리하면 대기 중 온실가스를 더 많이 흡수할 수 있다. 하지만 최근 우리나라 산림의 온실가스 순흡수량은 빠르게 줄어들고 있다. 국가 온실가스 통계(환경부, 2020)에 따르면 우리나라 산림의 온실가스 흡수량은 2008년 61백만 톤(tCO_2)으로 정점을 찍은 이후 2018년 46백만 톤까지 감소하였다. 2018년 산림의 온실가스 흡수량은 국가 온실가스 총배출량인 7억 2,760만 톤의 6.3%를 차지하며, 이를 당시 탄소배출권 가격인 25,000원을 적용하여 환산한 경제적 가치는 1조 1,500억 원 규모이다.

흡수량 감소의 원인은 산림의 순임목축적이 줄어들고 있기 때문이다. 산림의 온실가스 흡수량은 매년 생장을 통해 흡수되는 전체 이산화탄소량(=총흡수량)에서 산지전용, 목재 수확 등 각종 벌채로 배출되는 이산화탄소량(=벌채배출량)을 뺀 '순흡수량'으로 계산된다. 순흡수량은 순임목축적을 이산화탄소량으로 환산한 것으로, 우리나라 산림의 온실가스 흡수량이 감소하는 시기는 순임목축적이 줄어들기 시작한 때와 정확히 일치한다.

지난 20년 간의 주요 임업통계를 살펴볼 때 산림의 순임목축적을 감소시킬 수 있는 산지전용이나 산불, 병해충 등의 피해 면적은 크게 변화하지 않았다. 목재 수확 역시 총임목축적의 0.5%에 미치지 못하는데, OECD 27개 국가 가운데 25위를 차지할 정도로 낮은 수준이다. 2019년 우리나라에서 생산한 목재생산량은 427만m^3로, 총 목재수요량 2,755만m^3의 16%에 불과하다. 즉, 목재수요량의 84%는 국외에서 수입하여 충당하고 있다.

우리나라 산림의 순임목축적이 줄어드는 까닭은 산림의 불균등한 영급 분포와 많은 산림이 생장량의 정점을 지나 감소하는 단계에 있기 때문이다. 온대지역에 속하는 우리나라 산림은 나이가 20~30년생일 때 생장이 가장 왕성하고 그 이후로 점차 감소한다. 사람이 스무 살 전까지 왕성하게 자라다 이후 성장이 줄거나 멈추는 것과 다르지 않다. 우리나라는 1970~1980년대 집중된 녹화사업의 결과로 2020년에는 31~50년생에 해당하는 4~5영급의 산림면적이 전체 산림의 3/4을 차지한다. 반면, 20년생 이하(1~2영급)의 산림면적은 6%에 불과하다. 만약 현재와 같은 상태가 유지된다면 30년 후인 2050년에는 51년생(6영급) 이상 산림면적 비율이 70% 이상으로 증가하게 된다. 이로 인해 우리나라 전체 산림에서 매년 자라는 ha당 임목 생장량도 현재 $4.3m^3$에서 절반 이하인 $1.9m^3$로 줄어들 전망이다.

[그림 3-3] 우리나라 산림의 영급구조 변화 추이와 전망

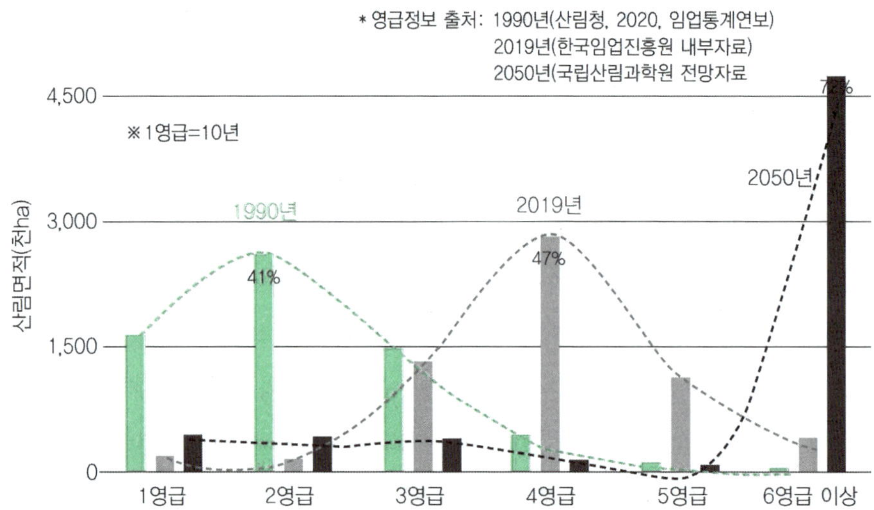

출처: 한희 외(2021).

온실가스 흡수원으로서 산림의 지속성을 유지・증진하는 것은 산림의 생장 능력을 얼마만큼 지속 가능하게 유지하는가에 달려 있다. 즉, 산림이 현재보다 더 잘 자라거나 최소한 현재의 생장량을 유지할 수 있도록 관리하는 것이 중요하다. 온실가스 흡수원 관점에서 보면 현재 우리나라 산림은 지속성이 감소하고 있는 상태이다.

산림의 생장량이 줄어들고 있는 지금의 추세를 전환시키기 위해서는 산림관리 방식의 새로운 접근이 필요하다. 일반적으로 목재 수확은 산림에 저장된 탄소를 대기 중으로 배출하는 활동으로 평가된다. 하지만 산림에서 목재를 적절하게 수확하면 그

자리에 다시 후계림을 키워 장기적으로 지속 가능하게 온실가스를 흡수할 수 있다. 수확된 목재는 제품으로 이용되면서 일정 기간 탄소를 저장한다. 기후변화협약은 국내에서 생산된 목재의 탄소저장량만 국가 온실가스 계정에 포함하는 것을 인정하고 있다. 목재의 수확 과정에서 수집되는 미이용 산림바이오매스는 화석연료 에너지를 대체할 수 있다. 따라서 재생가능한 자원인 목재를 수확하는 활동은 필요한 목재자원을 사회에 공급할 뿐만 아니라 온실가스 흡수원으로서의 산림을 다양하게 활용할 수 있는 수단이다.

[그림 3-4]는 산림흡수원 관리를 위한 '산림탄소경영'의 개념을 보여준다. 대상은 우량한 목재생산 공급을 목표로 지정한 경제림육성단지(234만ha)를 대상으로 한정한다. 산림탄소경영의 목표는 흡수량이 줄어들고 있는 우리나라의 산림 상태와 산림경영에 필요한 시간의 장기성을 고려하여 산림의 총흡수량을 최대로 하는 것이다. 이를 위해 목재생산을 적절하게 늘려, 순환경제원칙(circular economy principle)과 부가가치에 따른 단계적 이용원칙(cascading principle)에 따라 산림의 온실가스 흡수 및 저장, 대체효과를 극대화시키는 것이다. 이러한 목표 달성을 통해 궁극적으로 산림의 총흡수량을 늘리고 배출되는 온실가스를 줄임으로써 산림의 순흡수량과 목재제품의

[그림 3-4] 산림탄소경영의 개념도

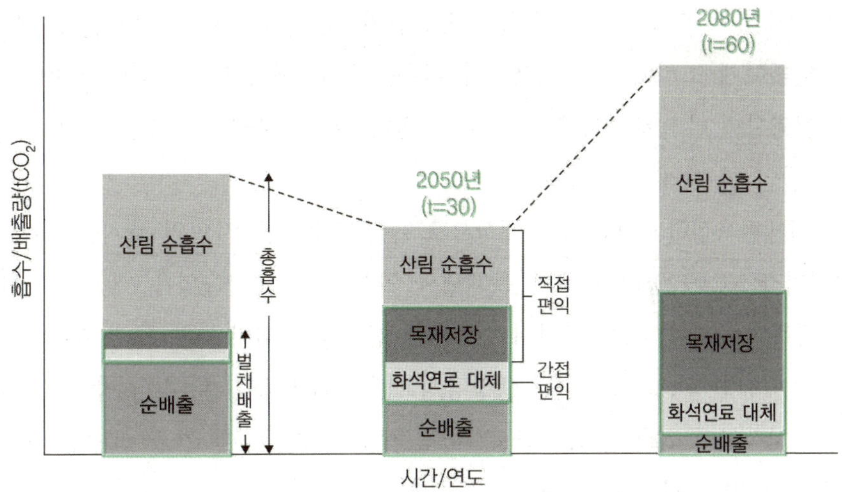

출처: 한희 외(2021).

저장량, 화석연료를 대체하는 효과 모두를 늘릴 수 있다. 목재 수확을 줄여 단기적으로 배출량을 감소시키는 접근 방식은 특정 영급에 산림이 집중되어 있고, 순임목 생장량이 줄어드는 우리나라의 경우 근본적인 해결책이 아니다. 오히려 이 시점에서는 장기적으로 목재 수확을 늘려나가는 대안이 산림에 점차 쌓여 가고 있는 자원을 순환시키고, 산림의 불균형한 영급구조 개선으로 산림의 순흡수량과 저장량을 동시에 개선시킬 수 있다.

제 3 절 산림탄소경영 모델: 산림의 온실가스 순흡수량과 목재 수확의 양립

목재생산 확대와 산림의 순흡수량을 동시에 증진시키는 산림탄소경영의 목표를 달성하기 위해서는 '산림자원 순환경제'가 전제되어야 한다. 산림자원 순환경제는 산림자원의 조성과 육성, 생산과 소비를 단편적으로 바라보았던 기존 자원이용 방식의 대안으로서 등장한 개념이다. 산림자원 순환경제는 재생가능한 산림자원의 생산·유통·소비를 통합적으로 선순환시키는 데 중점을 둠으로써 수확된 목재가 시장에서 가치 있게 이용될 수 있는 기반을 조성한다.

산림탄소경영이 임업 현장에서 실현되기 위해서는 지역에서 생산된 산림자원이 지역에서 알뜰하게 소비되고, 목재생산과 이용을 통한 혜택이 산주와 지역주민들에게 돌아가 지역사회 발전에 기여할 수 있어야 한다. 이런 측면에서 [그림 3-5]는 산림탄소경영모델의 한 사례를 보여준다.

최근 경제림육성단지 1만ha를 대상으로 '산림탄소경영' 사업의 효과를 모의한 결과, 사업기간(2021~2080년) 동안 목재생산 확대로 영급 불균형을 개선하고 산림의 연간 생장량과 흡수량 역시 장기적으로 기존 산림경영 대비 크게 늘릴 수 있는 것으로 나타났다(한희 외, 2021). 연간 생장량의 경우 2040년부터 두 경영 방식 간 차이가 벌어지기 시작하여 2080년에는 산림탄소경영을 실시했을 때 기존 산림경영보다 약 2.7배 높은 연간 생장량에 도달할 수 있었다.

특히, 산림탄소경영 사업은 목재생산의 확대로 사업 초기 흡수량 감소가 발생하지

[그림 3-5] 산림탄소경영모델의 모식도

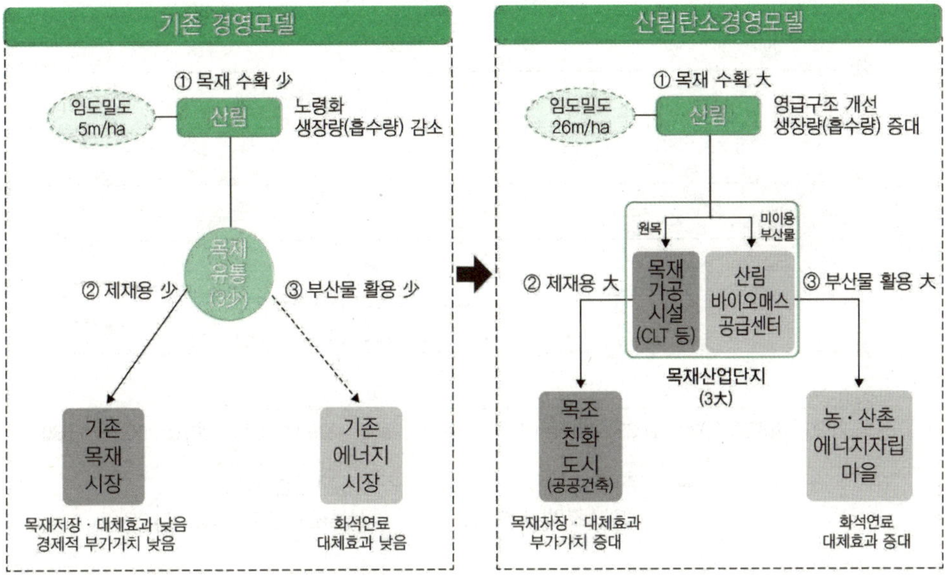

출처: 한희 외(2021).

만, 2050년이 되면 사업을 통한 순흡수량이 기존 산림경영 시의 순흡수량을 넘어서고, 2060년 이후에는 기존 산림경영의 총흡수량보다 높아지는 것으로 분석되었다. 이러한 결과는 목재생산과 산림의 순흡수량을 동시에 높일 수 있는 산림경영의 가능성을 보여준다. 이 밖에도 산림탄소경영 사업은 건축자재 활용을 늘려 목재제품의 탄소저장량과 목재제품 이용에 따른 대체효과도 크게 증가시키는 것으로 나타났다.

이와 같은 사업의 효과를 담보하기 위해서는 수확된 목재와 산림바이오매스 자원을 통합적으로 이용하여 탄소저장 및 대체효과를 함께 높이는 것이 중요하다. 특히, 개별 사업에서 소비할 수 있는 지역 수요를 고려하여 사업을 설계하고 수요 확대를 통해 사업을 키워 경제성을 확보해 나가는 것이 필요하다. 사업의 경제성을 높이기 위해서는 산림경영기반시설(임도)을 적극적으로 확대하고 저비용·고효율의 산림작업기술을 개발하여 산림사업 비용을 줄여야 한다. 무엇보다 산림의 온실가스 흡수 기능을 내부화하여 산주의 산림탄소경영모델 사업에 참여할 수 있도록 지원해야 한다.

또한 산림작업이 생태계에 주는 피해를 줄일 수 있는 안전장치(safeguards)의 마련

[그림 3-6] 산림탄소경영 사업에 따른 총흡수량 및 순흡수량의 변화

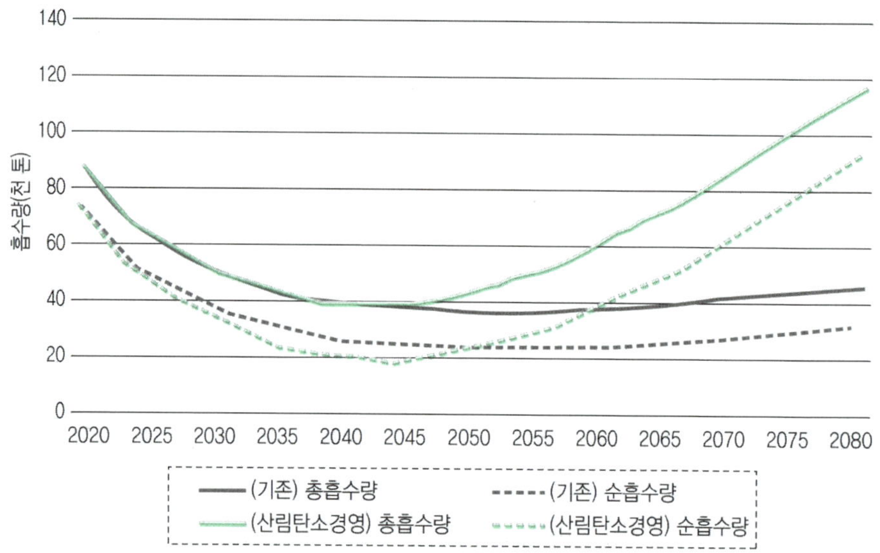

출처: 한희 외(2021).

도 필요하다. 최근 2050 산림부문 탄소중립 추진전략(안)을 다룬 논의에서 '산림의 탄소 기능만 중요한가?'라는 문제 제기와 함께 탄소중립에 기여하는 산림정책 역시 탄소뿐만이 아니라 생물다양성의 보전 기능을 충분히 고려해야 한다는 의견이 강하게 표출되었다. 목재생산을 주목적으로 하는 사유림과 경제림육성단지라 할지라도 기후변화와 생물다양성을 함께 다룰 수 있는 안전장치가 필요하다. 결국 환경과 경제, 공익과 사익을 실제 임업 현장에서 균형 있게 다룰 수 있는 정책 대안이 이전보다 더욱 강하게 요구되고 있다.

산림을 더욱 풍요롭게 하고 장기적으로 기후위기에 대응한 탄소중립을 실현하는데 산림의 기여를 높이는 것은 우리의 당면 과제이다. 우리나라의 산림 특성을 고려하면 기후변화에 대응한 탄소중립과 산림산업을 활성화하기 위한 목재 수확은 양립할 수 있다. 즉, 산림과 임업을 분리하여 사고하는 것이 아니라 산림과 임업의 지속성을 조화롭게 발휘하도록 산림을 관리하는 것이 국가 산림자원정책의 목표가 되어야 한다. 실제 이 둘이 양립하려면 목재뿐만 아니라 기후변화와 생물다양성을 현장에서 통합적으로 다룰 수 있는 산림경영 방식의 개발과 목재 수확을 늘릴 수 있는 수요

창출이 필요하다. 또한 목재 수확은 부정적인 것이 아니라 우리가 늘 사용하는 목재와 펄프·종이를 공급하는 경제활동이라는 인식으로 전환될 필요가 있다. 최근 모두베기 논란으로 촉발된 산림과 임업에 대한 사회적 관심 역시 산림과 임업의 지속성을 함께 고민하고 대안을 모색하는 좋은 계기가 되리라 믿는다. 이 모두 우리가 걸어본 적 없는 새로운 길이자 도전 과제이다.

참고문헌

배재수·김은숙·장주연·설아라·노성룡·임종환(2020). 『조선후기 산림과 온돌: 온돌 확대에 따른 산림황폐화』. 국립산림과학원 연구신서, 제119호.

배재수·노성룡·김태현(2021). 『일제강점기 산림정책과 산림자원의 변화: 빈약한 산림자원, 과도한 목재생산』. 국립산림과학원 연구신서, 제122호.

통계청(2020). 『2019년 장래인구특별추계를 반영한 내·외국인 인구전망: 2017~2040년』. 통계청 보도자료(2020.10.15).

한희 외(2021). 『산림탄소경영모델의 사업 효과와 정책적 활용방안』. NIFoS 산림정책이슈, 제150호.

환경부(2020). 『국가 온실가스 인벤토리 보고서』.

Bae et al.(2012). Forest transition in South Korea. *Land Use Policy*, 29: 198-207.

C·H·A·P·T·E·R 4

포스트 코로나 시대 도시공간의 특성에 따른 도시숲 조성방안

윤종한

제 1 절 서론

21세기 들어 기후변화를 비롯한 다양한 원인에 따른 코로나19 등의 신종 전염병이 확산하면서 포스트 코로나 시대의 삶의 방식은 이전과 같은 방식으로 돌아가기 어려울 것이라는 전문가들의 전망이 나오고 있다. 방역을 위한 사회적 거리두기와 격리 등의 조치가 일상화되면서 코로나 상황이 종료된 후에도 잠재적인 전염병에 대비하기 위해 도시공간의 구조 변화가 있을 것으로 예상된다.

전염병의 확산과 사회적 거리두기 등의 방역조치는 도시민들의 삶에 있어서 전염병의 확산으로부터 비교적 안전한 야외 장소의 수요를 증가시키고 있다. 특히, 건강과 환경오염물질 감소 측면에서 효과가 있는 도시숲에 대한 수요를 증가시키고 있다.

한국의 도시민 1인당 생활권 도시숲 면적은 11.51m^2로 2017년보다 14% 이상 증가하는 등 증가 추세에 있으나, 이는 1인당 총 도시숲 면적인 256.62m^2의 4.5% 수준으로 도시지역의 전체 도시숲 조성면적과 비교해 볼 때 도시민들이 실제로 생활공간에서 휴식과 활동을 하기에는 미미한 수준이다(산림청, 2020: 11). 외국과 비교해 봐도 한국인 1인당 생활권 도시숲 면적은 파리(13m^2), 뉴욕(23m^2), 런던(27m^2) 등 세계 주요 도시들에게 미치지 못하는 수준이다(김영환, 2018).

따라서 도시숲을 지속적으로 확충해 나갈 필요가 있으며, 특히 포스트 코로나 시대 도시공간 변화의 수요와 특성에 부응하는 방향으로의 도시숲 확충방안이 마련될 필요가 있다. 이에 이 글은 다음과 같은 연구질문을 제기한다. 포스트 코로나 시대에 변화하는 도시공간의 특성에 맞추어 도시숲을 조성하기 위해서는 어떠한 방안이 있는가?

연구질문에 답하기 위해 이 글은 문헌과 도시숲 정책 관계자들에 대한 인터뷰를 통해 자료를 수집하고 분석해 포스트 코로나 시대 도시숲 확충방안을 제시한다. 문헌으로는 도시숲과 관련된 문헌뿐 아니라 포스트 코로나 시대의 특성, 미래 도시공간의 변화, 그리고 포스트 코로나 시대의 변화에 적합한 도시숲의 조성방안에 대한 문헌을 종합적으로 분석하도록 한다. 더불어, 도시숲 정책을 수립하고 집행하는 정부 및 지방자치단체 관계자들과의 인터뷰를 통해 도시숲 조성정책의 현황을 파악하고 현실 적합성있는 도시숲 조성방안을 제안하도록 한다.

이 글에서 문헌분석과 인터뷰를 통해 포스트 코로나 시대 도시숲 조성방안을 제시하는 것은 기존의 도시숲 조성방안과 관련한 연구에서 제시된 다양한 방안을 포스트 코로나 상황에 부합하도록 종합, 재구성 및 보완하여 제시하는 실천적 의미가 있다고 할 수 있을 것이다.

이 글은 다음과 같은 순으로 구성된다. 첫째, 도시숲에 대한 개념과 기능 등 이론적 배경을 설명하고 한국의 도시숲 조성 현황을 분석한다. 둘째, 도시숲에 대한 선행연구를 검토해 도시숲 정책 관련 연구의 추세를 분석한다. 셋째, 포스트 코로나 시대의 도시공간의 특성을 설명한다. 넷째, 도시숲의 유형을 분류하고 포스트 코로나 시대 도시공간 특성에 부합하는 도시숲의 유형과 조성방안을 제안한다.

제2절 도시숲의 개념, 기능 및 가치

도시숲은 "도시지역에 위치한 숲(산림)으로서 도시공원과 녹지에 조성한 숲"이라고 정의할 수 있으며, 공원, 정원, 가로수 등의 산림을 총칭한다고 할 수 있다. 이때 '도시'란 행정구역상 '시'만 의미하는 것은 아니며, '구'와 '군' 등의 인구밀집 지역도 포함한다고 할 수 있다(변우혁 · 김기원, 2010: 19). 한편 도시숲 정책을 담당하는 산림청은 도시숲 개념을 "「자연공원법」 제2조에 따른 공원구역은 제외하고, "도시에서 국민의 보건 · 휴양 증진 및 정서함양과 체험활동 등을 위하여 조성 · 관리하는 산림 및 수목"으로 정의하고 있다(도시숲 등의 조성 및 관리에 관한 법률, 2021).

도시숲은 환경 보전, 경관구성, 재난방재, 보건휴양, 도시경제 활성화 등 다양한 기능을 한다.[1] 환경적으로 도시숲은 지하수 함양과 물의 순환, 생산자로서의 녹색식물 등의 생육공간 제공, 야생동물의 서식지 제공, 생태계의 기반이 되는 토양환경의 보

1) 도시숲의 기능에 대한 내용은 변우혁 · 김기원(2010: 43-73)과 김민지(2020)의 설명을 요약 · 정리한 것이다.

전 등을 통해 도시생태계를 지속가능하게 유지하는 역할을 수행한다. 또한 도시의 온도와 습도를 조절해 쾌적한 도시환경을 만들고, 거센 바람을 차단해 시민들에게 안락함을 제공한다. 도시숲은 환경오염도 저감한다. 숲은 공기를 정화하는 기능이 있어 미세먼지 등의 오염이 희석된다. 나무는 소음도 완화하고 수질오염도 정화한다.

도시숲은 경관구성 기능도 있어 인공적인 도시환경 속에서 자연과 계절의 변화를 느끼고 감상하게 한다. 생명의 역동성을 인식하게 하는 것이다. 도시숲의 재난방제 기능으로는 수량을 일정하게 유지시키고 토양유실을 방지함으로써 산사태와 홍수 등을 예방한다. 재난이 발생한 경우에 공원과 같은 도시숲은 이재민 수용 및 대피장소로서도 활동될 수 있다. 휴양 및 보건 기능도 도시숲이 시민에게 제공하는 유용한 서비스라 할 수 있다. 개방된 공간이 부족한 도시에서 도시숲은 시민들이 편안하게 쉬고 여가를 즐길 수 있는 휴양장소가 된다. 큰 음향을 수반하는 음악회나 페스티벌, 캠핑, 스포츠와 같은 활동적인 동적 여가행위와 산책, 독서, 명상, 체조 등 정적인 여가행위를 할 수 있는 공간을 제공한다. 도시숲의 보건 기능은 산림욕이나 숲치유 등을 통해 잘 알려져 있다. 숲은 피톤치드나 음이온 같은 물질을 발산하여 호흡기 질환이나 폐결핵, 고혈압, 골다공증, 우울증 등을 완화시키는 보건 효과를 가진 것으로 알려져 있다.

도시숲은 교육 기능과도 접목된다. 도시숲 자체가 교육을 수행하는 기능이 있는 것은 아니지만 교육활동을 할 수 있는 인프라의 기능을 수행할 수 있다. 전통적으로는 신라의 화랑들이 명산을 찾아다니며 호연지기와 실력을 함양한 전통이 있으며, 현대에는 숲학교와 숲유치원 등의 숲에서 진행하는 교육 프로그램이 개발되어 숲속에 있는 자연환경과 사물을 통해 창의성과 사회성을 기를 수 있게 되었다. 그 외에도 생태학습장이나 숲해설과 같은 프로그램을 통해 자연을 직접 접하며 이해할 수 있다. 도시숲은 이러한 숲을 활용한 교육 프로그램을 진행할 수 있게 하는 교육 인프라로서의 기능을 수행하게 되는 것이다(변우혁 · 김기원, 2010: 43-73).

도시숲의 산림자원은 도시환경을 보다 쾌적하게 개선함으로써 지가 상승, 숲을 활용한 사업의 매출 증가, 숲과 관련된 직업에의 고용 증대 등의 경제적 효과를 야기한다. 따라서 도시숲이 조성된 지역경제 활성화에 기여하며, 도시숲을 조성 및 관리하면서 생산 및 폐기되는 목재는 관련된 사업을 활성화할 수 있다(김민지, 2020: 15).

제3절 한국의 도시숲 조성 현황

한국의 도시숲 면적은 총 1,212천ha로 도시면적(2,810천ha) 전체의 약 46%를 차지하고 있다.[2] [그림 4-1]에서 보듯이 광역지방자치단체별로는 강원도와 경기도 도시지역의 도시숲 면적이 가장 넓으며 경북과 전남이 뒤를 잇고 있다. 강원도 도시지역의 경우에는 다른 지역에 비해 최소 2배에서 최대 11배 이상 도시숲의 절대적인 면적이 많은 것으로 나타난다.

[그림 4-1] 광역지방자치단체별 도시지역 도시숲 면적

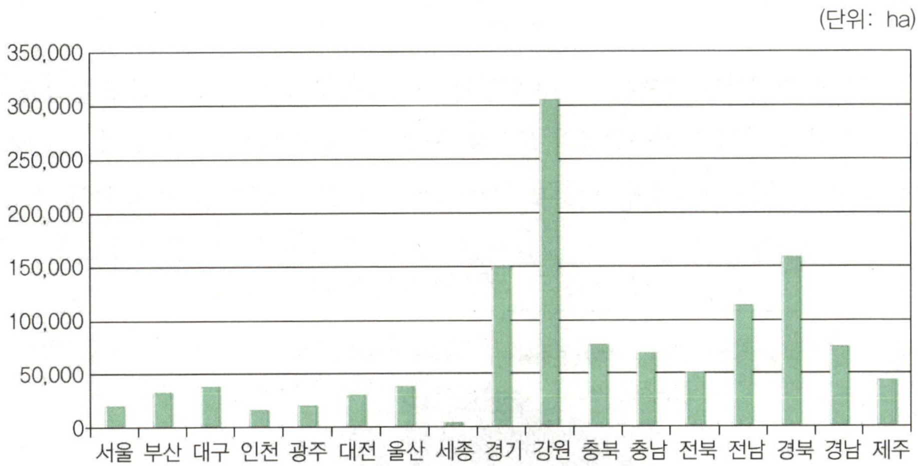

출처: 산림청(2020).

도시지역의 행정구역상 면적 대비 도시숲의 면적을 나타내는 도시숲 면적률도 [그림 4-2]와 같이 강원도가 제일 높은 것으로 나타난다. 한편 울산, 대구, 충북, 대전 등의 지역과 강원도와의 차이는 도시숲 면적에서의 차이에 비해 크지 않은 것으로 나타난다.

2) 한국의 도시숲 조성 현황은 산림청(2020)의 「전국 도시림 현황 통계」의 자료에 근거한 것이다.

[그림 4-2] 광역자치단체별 도시지역 도시숲 면적률

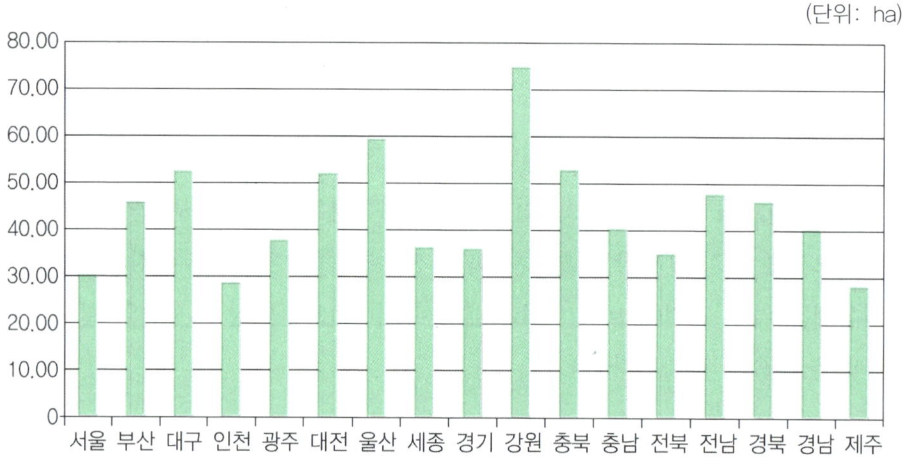

출처: 산림청(2020).

도시숲을 구성하는 내역은 도시공원법과 산림자원법 두가지 법에 의해 파악될 수 있다. [그림 4-3]의 도시공원법의 도시숲 구성내역에 의하면 근린공원이 54.84%로 가장 많은 비중을 차지하며, 완충녹지가 14.28%, 유원지 8.51% 순으로 이어진다.

[그림 4-3] 도시공원법에 의한 도시숲 내역

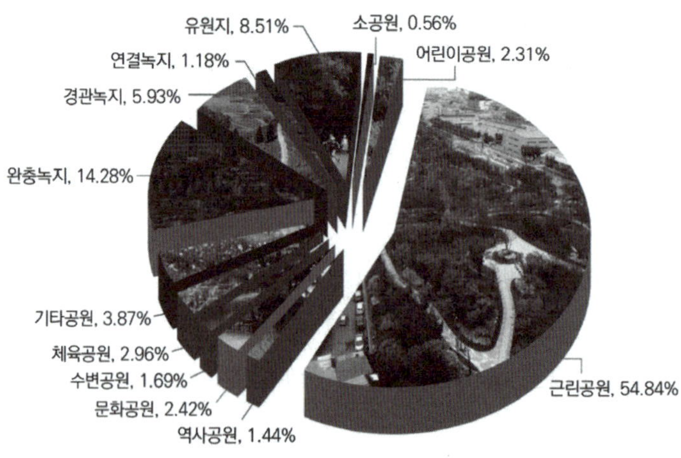

출처: 산림청(2020).

한편 [그림 4-4] 산림자원법에 의한 도시숲 내역에 따르면 가로수 등 도로변 녹지의 비율이 31.59%로 가장 높으며, 국・공유지 녹화지 21.91%, 하천변 녹지 18.56%의 순으로 도시숲이 조성되어 있다.

[그림 4-4] 산림자원법에 의한 도시숲 내역

출처: 산림청(2020).

도시숲의 현황을 파악하는 데 있어서 도시숲의 면적 및 구성내역과 더불어 중요한 것은 생활권 도시숲의 개념이다. 생활권 도시숲은 "도시민이 이용함에 있어 별도의 시간 및 비용에 대한 부담이 낮고, 실생활에서 쉽게 접근・활용할 수 있는 도시숲"으로 정의된다(산림청, 2020: 5). 생활권 도시숲의 개념은 포스트 코로나 시대 재택근무와 사회적 거리두기 등으로 인해 주택과 직장 인근의 녹색공간을 필요로 하는 사회적 수요에 부합하는 도시숲 개념이라고 할 수 있다.

[그림 4-5]에서 볼 수 있듯이 한국의 1일당 생활권 도시숲 면적은 2019년에 11.51m^2로 2017년의 10.07m^2보다 14% 이상 증가하는 추세에 있다. 그러나 이는 1인당 총 도시숲 면적인 256.62m^2의 4.5% 수준에 불과해 도시지역 전체의 도시숲 조성면적과 비교하면 도시거주자들이 생활공간에서 이용하기에는 충분하지 않은 수준이라 할 수 있다(산림청, 2020). 세계 주요 도시들의 1인당 생활권 도시숲 면적과 비교

[그림 4-5] 연도별 생활권 도시숲 증감추이

(단위: m^2)

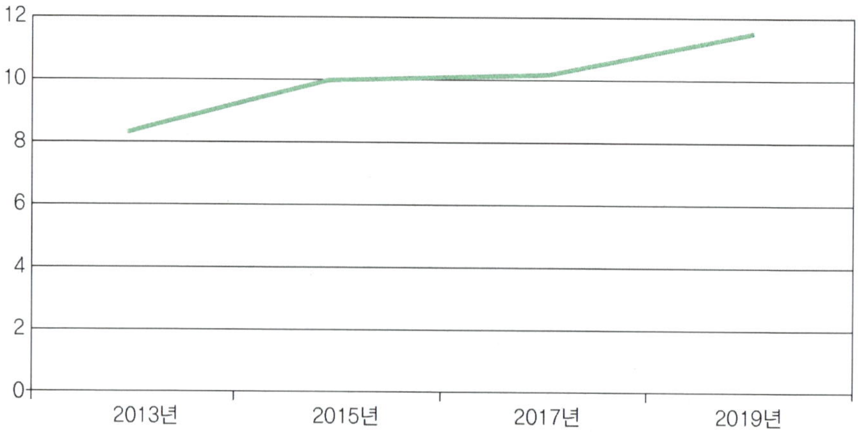

출처: 산림청(2020).

해 보더라도 파리(13m^2), 뉴욕(23m^2), 런던(27m^2) 등으로 한국의 생활권 도시숲 면적은 상대적으로 부족한 수준이라 할 수 있다(김영환, 2018).

한국의 1인당 생활권 도시숲 면적을 광역지방자치단체별로 보면 [그림 4-6]에서 볼 수 있듯이 전남이 22.04m^2로 가장 크고, 세종 21.16m^2, 강원 21.02m^2도 전남과 큰 차이가 없는 것을 알 수 있다. 그 외 전북, 울산, 경남, 충북, 경북 등도 1인당 생활권 도시숲 면적이 15m^2 이상으로 나타난다.

1인당 생활권 도시숲 면적이 가장 적은 곳은 서울과 경기지역으로 한국의 총 도시지역 인구 중 47%가 거주하는 수도권 지역의 1인당 생활권 도시숲 면적이 가장 적은 것으로 나타난다. 서울의 경우 6.87m^2이고, 경기는 8.37m^2로서 한국의 1인당 생활권 도시숲 면적 평균인 11.51m^2에 비해 매우 부족해 수도권 지역의 도시숲 확충이 한국의 도시숲 조성정책에 있어 시급한 과제임을 알 수 있다.

[그림 4-6] 1인당 생활권 도시숲 면적

(단위: m^2/인)

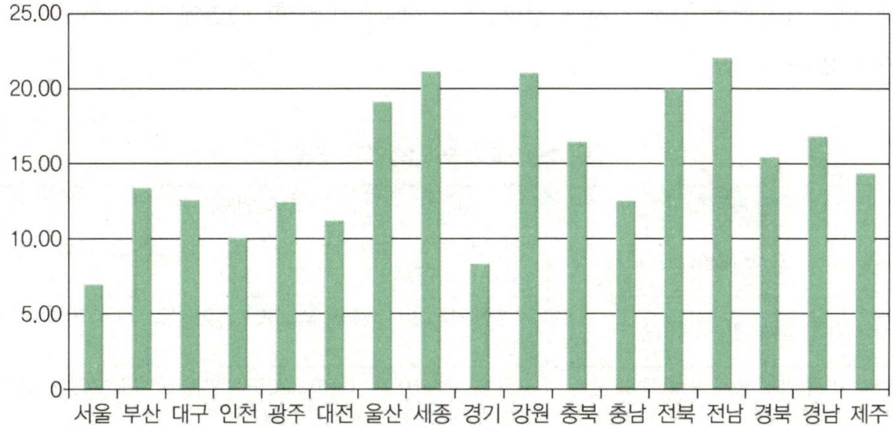

출처: 산림청(2020).

제4절 도시숲에 대한 연구 프로그램

도시숲의 개념은 1894년 미국에서 처음으로 언급된 후 1960년대에 도시환경에서의 나무와 관련된 문제들에 대해 학제 간 접근 방식으로 발전되었다. 이후 1980년대에 유럽에 도시숲의 개념이 소개되고 영국에서 "Forest of London"과 같은 프로젝트를 통해 도시의 사회, 경제, 그리고 생태계 재생을 위한 수단으로서 나무심기와 관리를 하면서 많은 관심을 끌어 영국과 아일랜드 전역에서 다양한 도시숲 관련 프로젝트가 시행되기 시작하였다(주성돈, 2019).

도시숲의 개념이 학술적으로 연구된 것은 실제로 도시숲이 본격적으로 조성되기 시작한 2000년대 이후에 본격화되었다. 2001년에는 유럽 산림연구소(EFI)의 프로젝트 센터로서 유럽 도시숲연구정보센터가 설립되었다(주성돈, 2019).

한국에서는 2000년대 중반부터 도시숲에 대한 연구가 본격화되어 현재까지 [표 4-1]과 같이 도시숲의 조성 및 복원방안 제시, 도시숲 유형 분류, 도시숲 이용행태 및 탐방객의 특성과 의식조사, 해외사례 연구, 도시숲 법 · 제도 검토, 도시숲의 미세먼지 저감효과 분석, 숲이 환경감수성, 스트레스, 정서지능, 학습몰입, 성적, 정신건강, 육체건강, 가족관계 등에 미치는 영향 등 도시숲의 다양한 측면에 대해 연구가 이루어지고 있다.

[표 4-1] 도시숲 선행연구 분류

연구주제	저자(연도)
도시숲 확대, 조성, 복원방안 제시	온수진(2020), 변우혁 · 김기원(2010), 김영환(2018), 여운상(2011), 김민지(2020)
도시숲 유형 분류 및 적용방안	권형정(2020), 이동근 외(2009), 이상채 외(2020), 이상채(2021)
도시숲 이용행태 분석, 탐방객 특성, 의식조사, 선호도	강은지 외(2014), 이연희(2009), 이연희 외(2009), 이주형(2011), 이향숙(2021) 전보배(2017)
해외사례(영국, 독일, 미국)	김정화 · 김용국(2019), 배상원(2004), 배상원(2005), 이연희 외(2008), 주성돈(2019), 김민지(2020)
도시숲 법 · 제도 검토	장영지 외(2017)
도시숲의 미세먼지 저감효과	김태희 외(2019), 김평래 외(2019), 배연 · 정수종(2019), 황은진 외(2020)
환경감수성, 스트레스, 정서지능, 학습몰입, 성적, 정신건강, 육체건강, 가족관계, 숲에 대한 태도에 미치는 영향	박경자(2015), 이현진(2019), 김희란(2019), 박순현 · 박봉주(2018), 왕금옥 외(2021), 이주형 · 이숙정(2014)

출처: 도시숲에 대한 학술문헌 검토를 통해 분류 및 작성함.

이 글은 포스트 코로나 시대 도시숲 조성방안에 대한 것이므로 도시숲 연구프로그램 중 도시숲 확충 및 조성에 관한 문헌 위주로 검토하도록 한다.

김민지(2020)는 미국의 도시숲 정책과 모델을 분석하여 시사점으로서 기업의 사회공원프로그램과의 연계, 자발적 시민참여 주체 육성을 통한 민관파트너십, 그리고 도시숲 부지매입을 위한 매칭펀드 지원을 도시숲 확충 및 조성방안으로 제안한다.

김정화 · 김용국(2019)은 영국의 공원녹지정책의 사례를 통해서 런던에서는 모든 신개발사업에서 녹색공간을 위한 녹색도시기금과 같은 지역공동체 기금을 조성하고 투자를 위한 녹색지표를 개발했음을 밝히고, 우리나라도 근린 단위의 공원결핍지수를 개발해 녹지로부터 소외된 계층이 도시숲에 접근할 수 있도록 도시숲 조성을 할 것을 제안한다.

변우혁 · 김기원(2010)은 도시숲의 이론을 검토하면서 도시숲의 확충방안으로서 도시신탁숲, 녹지활용계약, 녹지실명관리제(그린오너제) 등의 확충방안이 있음을 제시한다. 여운상(2011)은 뉴욕, 베를린, 캔버라, 도쿄 등 세계의 도시숲 상황을 검토한 후 부산을 위한 도시숲 조성방안을 제시한다. 대규모 도시숲 공원을 도시의 중심에 배치해 녹지축을 통해 도시의 곳곳을 연결, 군부대 이전지나 복개하천, 폐철도, 쓰레기 매립장 등 사용하지 않는 도시기반시설이나 버려진 공간을 활용해 도시숲 확충, 녹지총량관리제 도입, 옥상녹화 및 벽면녹화, 도심 노후 공업지역에 도시숲 조성, 바닷가에 방풍림 조성, 하천 복원사업 시 수변림 조성 등 다양한 방안을 제안한다.

온수진(2020)은 공원 조성 시 창의적인 방식으로 숲을 활용해야 한다고 주장한다. 공원에 숲놀이터와 숲유치원을 조성하고, 공원에 정원을 도입하여 주민과 기업, 그리고 학교 등의 지역사회가 각각의 정원을 조성하고 관리에 참여하는 방안을 제안한다. 또한 도로 중앙에 가로수와 중앙분리대 녹지를 복원함으로써 도시숲을 확충하고, 교차로 교통섬에도 파라솔 대신 키 큰 그늘목을 심을 것을 제안한다.

이상의 도시숲 조성방안에 관한 연구들은 해외사례를 통한 시사점을 제안하거나 창의적인 발상을 통해 도시숲을 확충할 수 있는 다양한 방안들을 제시하고 있다. 비록 연구를 통한 제안들이 모두 정부정책으로 채택되어 실시되지는 않고 있으나 도시숲을 조성 관련 정책수립 시 고려할 수 있는 다양한 선택지점을 제시한 것은 기존 연구의 기여라 할 수 있다.

한편 기존의 도시숲 조성방안에 대한 연구들은 코로나19와 같은 팬데믹 상황이 발전하기 이전의 도시공간구조를 전제로 한 연구여서 팬데믹이 빈번히 발생할 가능성이 있는 포스트 코로나 도시공간의 특성에는 적합하지 않을 수도 있을 것이다. 도시공간 전문가들은 포스트 코로나 시대에는 도시공간구조가 현재와는 다른 모습으로 변화할 가능성을 예측하고 있기 때문이다. 이에 이 글에서는 포스트 코로나 시대의 예측되는 도시공간의 특성을 검토하고, 변화하는 도시공간의 특성에 적합한 도시숲 유형을 분류한 후 포스트 코로나 시대의 공간 특성에 적합한 도시숲 조성방안을 제시한다.

제5절 포스트 코로나 시대 도시공간의 특성

2000년대 이후 사스, 메르스와 같이 호흡기에 의한 유행병이 발생하기 시작하고, 2020년 초 이후에는 코로나19 바이러스가 전국적인 수준으로 유행하게 됨으로써 사회적 거리두기와 같이 개인의 활동 영역이 제한되고 온라인쇼핑, 온라인수업, 재택근무 등과 같은 비대면 활동이 급격히 증가하는 새로운 사회적 현상이 나타나고 있다. 사실 코로나19로 인한 사회변화는 완전히 새로운 현상이라기보다는 지난 수십 년 간 진행되어 오던 디지털화, 비대면화, 개인화, 파편화 등의 변화 방향과 동일한 방향이며, 팬데믹은 그러한 사회변화를 촉진하는 것으로도 볼 수 있다(유현준, 2021: 11). 사회적 거리두기와 디지털 기술을 활용한 비대면 활동 등의 변화하는 사회현상은 결국은 산업과 도시공간구조의 변화를 촉진할 것이라고 예측되고 있다

전문가들은 코로나19가 종식되더라도 향후 유사한 유행병이 발생할 가능성을 배제할 수 없으므로 도시공간의 구조가 팬데믹 가능성에 대응하기 적합한 구조로 변화할 것이라 주장한다. 전문가들이 예측하는 포스트 코로나 시대의 도시공간구조는 다음과 같이 정리해 볼 수 있다(유현준, 2021; 조경진·서영애, 2021).

첫째, 포스트 코로나 시대에는 비대면 활동의 증가로 인해 집에서 생활하는 시간이 늘어나면서 도보로 10분 이내로 접근가능한 공원의 필요성이 증가할 것이다. 즉, 공원이 생활에 있어 중요한 사회적 인프라로 대두될 수 있다는 것이다.

둘째, 집 근처 녹지에 대한 수요 증가는 도시건축물의 형태에도 변화를 가져올 수 있을 것이다. 팬데믹으로 인한 자가격리자에게 집이 위치한 건물이나 인근에서 녹지공간에 접근할 수 있도록 새로운 형태의 건축물이 공급될 수 있을 것이다.

셋째, 온라인쇼핑 등 비대면 소비의 증가로 배달 등 물류교통량이 증가하고 사람과 차량의 이동이 감소할 수 있다. 그에 따라 기존 도로의 사용량이 감소할 수 있고, 비어진 도로는 새로운 공간을 만들어낼 수 있을 것이다.

넷째, 비대면 소비의 증가는 기존의 쇼핑의 중심이 되는 지역 또는 온라인 위주로 전환되는 업종의 건물에 대한 수요를 감소시켜 대형 할인점 등 기존의 상업지역이나

건물이 공동화될 가능성이 있다. 대형 쇼핑몰의 사양화 및 공동화는 온라인쇼핑과 같은 비대면 활동이 일찍부터 발전해온 미국과 같은 국가에서는 이미 일어나고 있는 현상으로서, 우리나라에서도 코로나19와 같은 팬데믹을 경험하면서 점차 발생할 수 있는 것이다.

다섯째, 도시 내 공간의 규모는 사회적 거리를 유지하면서 필요한 시설을 갖춘 콤펙트형으로 변화할 수 있을 것이다.

여섯째, 사회적 거리두기로 인해 도시구조가 점차 분산형으로 변화할 수 있을 것이다. 비대면 활동과 재택근무의 증가는 도시 내에 위치하던 주택보다는 도시 외각의 넓은 주택을 선호하도록 할 수 있기 때문이다.

일곱째, 다른 한편으로는 비대면 활동과 관련된 새로운 일자리와 산업 관련 시설 – 예를 들면, 클라우드 저장창고 – 이 도심으로 집중될 가능성도 있는 것으로 예측되고 있다.

요약하자면, 포스트 코로나 시대의 도시구조는 신종 전염병을 극복하기에 유리한 방향으로 설계 및 재구조화될 가능성이 있으며, 그러한 재구조화는 디지털 기술을 활용한 비대면 활동으로 사회적 거리두기가 용이한 콤팩트화와 분산화의 방향으로 진행될 것으로 예측되고 있다. 그 결과 격리된 개인이 집 근처에서 접근가능한 생활권 도시숲과 녹지가 있는 건축의 수요가 증가하고, 도시의 교통량은 감소하며 도심의 쇼핑 관련 건물도 감소할 수 있다. 도시의 주택수요가 감소함에 따라 도시 외각의 주택에 대한 선호는 증가할 수 있다.

제6절 포스트 코로나 시대 도시공간 특성에 따른 도시숲의 유형

포스트 코로나 시대에는 변화하는 도시구조의 특성에 맞도록 도시숲 조성 전략과 정책을 수립해야 할 것이다. 즉, 변화가 예측되는 도시구조의 특성별로 적합한 도시숲의 유형이 있을 것이며, 도시구조의 각각의 특성에 부합하는 도시숲 유형을 적용해 조성해야 할 것이다. 여기서는 도시숲의 유형에 대해 간략히 논의한 후 어떠한 도시숲의 유형이 포스트 코로나 시대의 어떠한 변화 양상에 적합한 방식인지를 매칭하는 방식으로 포스트 코로나 시대의 도시숲 조성방안에 대해 논하도록 하겠다.

우선, 도시숲의 유형에 대한 기존의 분류를 보면 학계의 연구결과와 도시숲 조성 현장에서 활용되는 산림청의 분류는 다소 차이를 보이고 있음을 알 수 있다.

도시숲의 조성 및 관리를 위해 도시숲을 유형화한 이동근 외(2009)는 도시유형화 지표에 대한 요인분석을 통해 도시숲을 대규모형 도시숲, 징검다리형 도시숲, 평지형 도시숲, 주거지 인접형 도시숲으로 분류하였다. 이러한 분류는 도시숲의 공간적 유형에 따라 서비스 권역을 파악하고 생태네트워크를 구축하는 데 도움이 될 수 있도록 분류한 것이라 할 수 있다. 이때 대규모형 도시숲은 핵심지역, 징검다리형과 평지형, 그리고 주거지인접형 도시숲은 거점 및 점적인 요소로서 네트워크의 기능을 수행할 수 있다는 것이다.

이상채(2021)는 '숲속의 전남' 육성계획을 통해 조성된 참여숲을 분석해 참여숲의 유형을 기능에 따라 생활숲(쉼터형, 경관형), 소득숲, 그리고 기타 숲으로 구분했다. 이때 생활숲은 주민들이 휴게공간 등으로 이용가능한 공간이며, 소득숲은 견과류숲 등의 생산 위주의 숲과 산업용재 공급기반의 경제숲을 의미한다. 그리고 기타 숲은 생활숲과 소득숲 외의 관광자원과 연계되는 등의 독특한 유형을 말한다.

한편 도시숲 정책을 수립 및 집행하는 주무기관인 산림청은 도시숲을 기능에 따라 분류하고 있는데, 홈페이지와 도시숲 등의 조성 및 관리에 관한 법률(2021)상의 분류가 일치하지 않아 도시숲 분류에 있어 일관성이 없어 보인다.

산림청의 홈페이지의 '도시숲 소개'에서는 도시숲을 자연적인 도시숲(도시 내 산림, 수목원 등 보전 및 관리 중심), 인공적인 도시숲(명상숲, 마을숲, 비오톱, 가로숲, 특수공간숲), 그리고 목적형 도시숲(도시바람길숲, 미세먼지 차단숲)으로 분류하고 있다. 그러나 같은 홈페이지의 '도시숲의 종류와 역할'에서는 도시숲을 도시산림공원, 생활환경숲, 가로수/가로숲, 학교숲, 전통마을숲, 그리고 경관숲으로 분류하고 있어 도시숲에 대한 분류의 일관성이 없다고 할 수 있다. 또한 2021년에 제정된 도시숲 등의 조성 및 관리에 관한 법률에서는 도시숲을 마을숲, 경관숲, 학교숲 등의 생활숲과 가로수로 분리하고 있어 홈페이지와 일치하지 않는다. 따라서 산림청은 도시숲에 대한 분류를 보다 일관성있게 할 필요가 있으며, 이 글에서는 학계의 도시숲 유형에 대한 연구결과와 산림청의 도시숲 유형분류를 보완 및 종합해 [표 4-2]와 같이 도시숲 유형 분류를 제안한다. 제안된 분류는 이동근 외(2009)의 기능별 분류에 보전숲을 추가해 산림청의 분류와 매칭이 되도록 통합한 것이다. 동시에 이상채(2021)의 공간적 분류도 기능적 분류와 함께 파악할 수 있도록 하였다.

[표 4-2] 도시숲의 유형에 대한 종합적 분류

<table>
<tr><th>기능별 분류</th><th>도시숲 유형</th><th>정의</th><th>공간별 분류</th></tr>
<tr><td rowspan="3">생활숲</td><td>학교숲(명상숲)</td><td>초·중등교육법에 따른 학교와 그 주변지역에서 학습환경 개선과 자연학습 교육 등을 위하여 조성·관리하는 도시숲</td><td>주거지 인접형</td></tr>
<tr><td>(전통)마을숲</td><td>숲문화의 보전과 지역주민의 생활환경 개선을 위하여 마을 주변에 조성·관리하는 산림과 수목</td><td>주거지 인접형</td></tr>
<tr><td>생활환경숲</td><td>도시의 공한지, 공공공지, 주택 및 공동주택 주변, 병원 및 요양소 주변, 공장 및 공단의 주변, 인공지반 및 건물 등의 공간에 조성·관리하는 도시숲</td><td>주거지 인접형
평지형</td></tr>
<tr><td rowspan="3">보전숲</td><td>도시산림공원</td><td>국민의 건강증진과 숲 체험활동 활성화를 위해 생활권 및 주변의 토지와 산림에 조성·관리하는 도시숲</td><td>대규모형</td></tr>
<tr><td>수목원</td><td>산림을 수집·보존·연구·전시하고 관람객에게 교육 및 휴양서비스를 제공하는 시설</td><td>대규모형</td></tr>
<tr><td>경관숲</td><td>휴양관광지, 하천, 연안 등과 인접한 우수한 산림경관자원의 보전·형성 등을 위해 조성·관리하는 산림과 수목</td><td>평지형</td></tr>
<tr><td rowspan="2">소득숲</td><td>특용수숲</td><td>약용이나 식용 등 특별한 용도로 사용하기 위하여 기르는 나무로 이루어진 숲</td><td>평지형</td></tr>
<tr><td>견과류숲</td><td>견과류 나무로 이루어진 숲</td><td>평지형</td></tr>
<tr><td rowspan="3">기타 숲</td><td>가로수/가로숲</td><td>도로를 따라 조성되어 도시숲과 도시숲을 이어주는 숲</td><td>징검다리형</td></tr>
<tr><td>미세먼지 차단숲</td><td>미세먼지를 발생원으로부터 생활권으로의 확산을 차단하고 양질의 공기공급과 흡수를 위해 농도를 저감하는 숲</td><td>평지형</td></tr>
<tr><td>도시바람길숲</td><td>산림에서 생성된 양질의 공기를 주민생활공간으로 공급하는 통로로서 도시 생활환경 개선을 위해 도시 내·외곽 산림의 신선하고 깨끗한 공기를 도심으로 유도·확산할 수 있도록 연결된 숲</td><td>징검다리형</td></tr>
</table>

주: 도시숲 유형의 정의는 산림청 홈페이지와 국립산림과학원(2019), 국어사전을 참조함.
출처: 이동근 외(2009), 이상채(2021), 산림청 홈페이지의 도시숲 분류를 재구성.

제 7 절 포스트 코로나 시대 도시공간의 특성에 따른 도시숲의 유형별 조성방안

포스트 코로나 시대 도시공간의 특성에 따른 도시숲 조성방안은 도시숲 조성방안에 대한 기존 연구에서 제시한 방안, 도시숲 정책을 담당하는 중앙부처와 지방자치단체의 담당자와의 인터뷰 내용[3], 도시공간 전문가들의 포스트 코로나 시대 도시숲 조성과 관련한 의견, 그리고 도시숲 조성방안에 대한 아이디어를 종합해 제시하도록 한다. 앞에서 정리한 포스트 코로나 시대 도시공간의 특성별 도시숲 조성방안과 유형은 다음과 같다.

첫째, 재택근무가 확대되면서 증가하는 집주변 녹지수요에 대응한 도시건축물 형태 변화와 관련된 도시숲 조성방안으로는 재개발과 재건축을 통한 숲 조성 공간 확보, 아파트의 개인 발코니를 통한 사적인 정원 확보와 아파트 내 정원의 개방화 등의 방안이 제시될 수 있다(유현준, 2021).

재개발과 재건축을 통한 도시숲 조성공간 확보는 개발업자들이 재개발과 재건축을 통한 수입을 확보할 수 있도록 재개발과 재건축에 대한 규제를 완화하되 대신 1층에는 시민들이 자유롭게 사용할 수 있는 작은 공원이나 도시숲을 조성할 수 있도록 하자는 아이디어이다.

이 방안은 재개발과 재건축 정책을 담당하는 중앙정부부처와 지방자치단체, 그리고 도시숲 조성을 담당하는 산림청과의 협업이 필요한 제안이라 할 수 있겠다. 이 방안의 도시숲의 기능별 유형으로는 생활환경숲, 공간별 유형으로는 주거지 인접형에 속한다.

아파트의 개인 발코니를 통한 사적인 정원 확보와 아파트 내 정원의 도시숲화에 대한 제안은 현재 상당수의 신설 아파트 1층에 정원이 있으나 아파트 외부인은 정원을 사용하지 못하는 점에 대한 대안이라 할 수 있다. 아파트의 개인 발코니를 나무를 심을 수 있을 정도로 폭이 넓고 흙의 깊이가 확보되도록 건설함으로써 아파트 주민

3) 도시숲 정책의 주무부처인 산림청과 지방자치단체인 성남시에서 도시숲을 담당하는 공무원 2명과 2021년 11월에 인터뷰를 실시하였다.

들의 사적 정원공간을 확보하고 대신 1층의 정원은 누구나 사용할 수 있도록 개방형으로 만들자는 제안이다.

이 방안도 산림청, 국토교통부, LH 등과의 협력이 필요한 제안이라 할 수 있으며, 도시숲 유형에서는 기능별로는 생활환경숲, 공간별로는 주거지 인접형에 속한다.

둘째, 비대면 활동의 증가로 교통량이 감소함에 따른 변화와 관련해서는 사람들의 이동은 증가하나 비대면 소비로 물류교통량은 오히려 증가할 수 있다는 것을 고려해야 한다. 따라서 물류교통량 증가에 대한 적절한 대책이 시행되면서 감소하는 교통량에 다른 도시숲 조성방안이 논의되어야 할 것이다. 이와 관련해 유현준(2021)은 물류수송을 지하터널을 통해 지하화할 것을 제안한다. 지하터널은 자율주행로봇 전용 지하물류터널로 개발함으로써 지상의 도로에는 교통량이 감소하게 되고, 이에 따라 차선을 줄이면 녹지를 위한 여유공간을 조성할 수 있다는 것이다. 여유공간에는 중앙분리대를 확충하여 선형의 녹지숲을 조성하거나 도로변에 가로수길을 조성, 또는 선형공원이나 도시숲길을 조성함으로써 도시의 생태녹지네트워크를 구축할 수 있을 것이다. 또한 거점광장에 도시숲을 조성할 수도 있을 것이다.

이 방안은 산림청과 도로공사, 국토교통부, 지방자치단체 등의 협조가 필요할 것이며, 도시숲의 기능적 유형으로는 가로수/가로숲, 공간적 유형으로는 징검다리형에 속한다고 할 수 있다.

셋째, 비대면 소비와 업무가 활성화됨에 따라 대형 상업시설 등이 가상공간으로 이동하고 기존의 도시 내 건물이 공동화되어 새로 조성된 오프라인 공간을 도시숲이나 공원 등의 녹지공간으로 대체할 수 있을 것이다. 또한 공공적 성격의 도시 기능도 오프라인 공간으로 이동함으로써 도시숲 조성이 가능한 오프라인 공간을 만들 수 있을 것이다. 이렇듯 기존의 공간을 친환경적으로 개발하거나 도시숲을 조성하기 위해서 기존 공간의 용도를 상업시설에서 복합용도지구 등으로 지정해야 할 것이다(조경진·서영애, 2021).

또한 이 방안을 효과적으로 실행하기 위해서는 지방자치단체에서 부지를 매입하기 위한 자금을 산림청 등의 중앙정부 부처가 매칭펀드 등의 형태를 통해 지원하거나, 지역공동체를 통한 도시숲 관련 녹색기금조성, 또는 기업으로부터의 ESG(environmental, social and corporate governance) 경영 차원에서의 협조를 유도하는 등의 방안을 고려하여야 할 것이다. 이 방안은 도시숲의 기능별 유형으로는 생활환경숲, 공간적 유형으로는 평면형에 해당한다.

넷째, 도시 내 공간 규모가 사회적 거리를 유지하면서도 필요한 시설을 갖춘 콤팩트 형으로의 변화함에 따라 유휴지역이 되는 공간을 도시숲이나 생태공원, 하천공원 등으로 지정할 수 있을 것이다(조경진 · 서영애, 2021). 이때 숲과 공원이 환경뿐 아니라 경제적으로 중요한 사회적 인프라라는 점을 시민들에게 널리 홍보해 숲의 기능과 가치에 대한 의식의 전환을 유도해야 할 것이다. 공간구조의 변화로 인해 유휴지역이 되는 공간을 숲으로 조성하는 것에 대한 지역주민들의 지지가 충분히 있을 때 도시숲 조성사업의 기획과 추진이 원활하게 될 수 있기 때문이다.

이 방안은 도시숲의 기능적 유형으로는 마을숲과 생활환경숲, 공간적 유형으로는 주거지 인접형이나 평지형이 될 수 있다.

다섯째, 도시공간이 분산형으로의 변화함에 따라 분산형 네트워크 도시의 개별 단위인 마을에는 자족적이고 에너지 자립적인 구조가 요구될 수 있다(조경진 · 서영애, 2021: 55). 마을 단위에서의 자족생활권과 에너지 자립은 친환경적인 생산과 소비를 추구하는 생태마을의 핵심개념이다. 따라서 마을 수준에서의 숲 조성 수요가 증가할 수 있으며, 마을 단위에서의 효과적인 숲 조성과 관리를 위해서는 지역공동체의 참여와 협력이 필요하다. 그러므로 지역사회에서 민관파트너십을 통해 숲 조성과 관리에 기여할 수 있도록 마을 수준에서의 숲 조성 사업에 대한 교육과 참여프로그램을 운영할 수 있는 중간지원조직을 지원 및 육성해야 할 것이다(김민지, 2020).

이 방안은 도시숲의 기능적 유형으로는 마을숲과 생활환경숲, 공간적 유형으로는 주거지 인접형이나 평지형이 될 수 있을 것이다.

여섯째, 비대면 활동과 관련된 새로운 일자리와 산업시설이 도시 내 집중될 가능성에 대해서는 일정 규모 이상의 신규 건축물에 대해 건축비용의 일정 비율에 해당하는 녹지 또는 수목을 확보하는 것을 의무화하는 방안을 고려할 수 있을 것이다. 이는 현재 건축물의 건축비의 1퍼센트에 해당하는 비용을 미술작품 설치에 사용하도록 의무화하는 소위 "1퍼센트법(문화예술진흥법 제9조)"과 유사한 방안이라 할 수 있다. 개개의 건물에 일정 수준의 녹화가 이루어질 경우 도시숲을 통한 생태녹지네트워크를 구축이 보다 효과적으로 이루어질 수 있을 것이다. 특히, 위험물 저장 및 처리시설이나 장의사, 쓰레기 매립장 등 사회적으로 기피되는 시설의 경우 건물 주위에 숲 조성이 된다면 기피시절에 대해 반대하는 지역주민과의 갈등을 해결하는 데 도움이 될 수 있을 것이다. 숲의 기능에 대한 설명에서 살펴봤듯이 숲은 환경, 경관, 보건, 휴양 기능을 제공할 뿐 아니라 기피시설 입주 시 지역주민이 우려하는 지대와 주택의 경제적 가치의 손실도 일정 수준 줄여주거나 경우에 따라서는 오히려 경제적 가치를 증가시키는 역할을 할 수 있기 때문이다.

이 방안은 도시숲의 기능적 유형으로는 생활환경숲, 공간적 유형으로는 주거지 인접형에 속한다.

지금까지 제시된 포스트 코로나 시대 도시구조의 특성에 따른 도시숲 조성방안 이외에도 기존 연구에서 제시된 바 있으나 아직 시행되지 않고 있는 도시신탁숲, 녹지활용계약, 녹지실명관리제(그린오너제), 또는 녹색총량제 등의 제도들도 사회와 도시구조의 변화에 따라 지속적으로 검토되어야 할 것이다.

추가적으로 고려할 점은 이 글에서 제시한 포스트 코로나 시대의 도시 특성에 따른 도시숲 조성방안은 산림청뿐 아니라 여러 중앙부처 간 및 지방자치단체와 협업이 필요하며, 효과적인 민관 거버넌스도 요구되는 방안이라는 점이다. 따라서 여러 이해관계자들을 포괄하며 동시에 효율적이고 일관성있게 도시숲을 조성하고 관리하기 위한 행정체제가 필요하다. 그러나 현재 도시숲과 관련한 제도 중 도시숲법은 산림청이, 공원녹지법은 국토교통부가 운영하고 있어 행정적인 비효율을 초래하고 있다. 도시숲의 이론적 개념에 의하면 도시공원은 도시숲에 포함되나 제도적으로는 도시공원과 도시숲이 개별법으로 분리되어 있어 도시공원이나 녹지 내에 도시숲을 조성할 경우 복잡한 행정 절차로 인해 사업이 지연될 수 있기 때문이다. 이와 같은 비효율은 지방자치단체 수준에서도 도시숲 관련 업무를 수행할 때 상호연계가 되어야 할 도시공원과 도시숲 조성업무가 분리되어 있어 효율적으로 도시숲을 조성하는 데 장애가 되고 있다.[4] 따라서 도시숲과 공원녹지를 통합적으로 관리할 수 있는 행정체계가 필요하며 포스트 코로나 시대에 생활권 도시숲에 대한 수요가 증가하는 것을 고려할 때 장기적으로 숲에 대한 조성과 관리를 전문성을 통해 효과적으로 할 수 있는 산림

4) 도시숲과 도시공원업무의 분리에 따른 비효율성에 대한 판단은 도시숲 관련 중앙부처와 지방자치단체 담당자와의 인터뷰 결과 및 관련 내부자료에 대한 검토에 근거했다.

청을 중심으로 제도와 조직을 일원화할 필요가 있다.

제 8 절 결론

이 글은 포스트 코로나 시대 도시공간의 특성에 따라 도시숲이 어떻게 조성되어야 할지에 대한 방안을 탐색하였다. 문헌을 통해 포스트 코로나 시대 도시공간의 특성과 도시숲의 유형을 파악해 종합적으로 정리하고, 포스트 코로나 시대 도시공간의 특성에 적합한 도시숲 조성방안을 도시공간 및 도시숲 전문가들의 의견, 정책실무자들과의 인터뷰, 그리고 도시숲 조성에 대한 아이디어를 통해 제시하였다.

이 글은 도시숲 조성방안과 관련해 정책학이나 행정학 분야의 문헌뿐 아니라, 포스트 코로나 시대라는 사회적 현상과 도시공간구조에 대한 문헌을 학제적으로 검토하고 종합하여 포스트 코로나 시대에 적합한 다양한 도시숲 조성 아이디어를 통합적으로 제안하였다는 점에서 의미가 있다고 할 수 있다.

한편 도시숲 조성에 대한 비교적 큰 그림을 파악하는 것 위주로 연구를 진행하여 도시숲 조성방안의 구체적인 내용까지는 다루지 못한 점은 이 글의 한계라 할 수 있다. 또한 문헌에 대한 분석과 종합 위주의 연구이어서 새로운 사례의 발굴에도 계량적인 측면에의 분석에도 미흡했다고 할 수 있을 것이다.

향후 도시숲 조성에 대한 연구는 이 글에서 다룬 다양한 유형의 도시숲과 제안된 정책대안 각각에 대해 보다 구체적인 수준에서의 분석 및 평가를 할 수 있을 것이다.

참고문헌

강은지 · 홍정식 · 이슬비 · 김용근(2014). 서울시 생활권 도시숲의 유형과 규모에 따른 이용행태 비교 연구: 봉제산 · 아차산을 중심으로. 『한국환경생태학회지』, 28(1): 90-98.

국립산림과학원(2019). 2019 신규사업[미세먼지 저감] 도시숲 조성사업 지침.

권현정(2020). 도시재생 활성화를 위한 도시 숲 유형분류. 동국대학교 석사논문.
김민지(2020). 도시숲 조성·관리 연구. 산림청.
김영환(2018). 신기후체제 대응을 위한 도시 숲 확대 조성, 이슈와 전망. 『숲과 문화』, 27(4): 21-23.
김정화·김용국(2019). 영국의 포용적 도시재생을 위한 공원녹지 정책 사례 연구. 『한국조경학회지』, 47(5): 78-90.
김태희·유신이·함수한·최수민·박찬열·조재형(2019). 고농도 미세먼지 발생시 도시숲의 미세먼지 저감효과분석. 『한국기상학회 학술대회 논문집』.
김평래·김태희·오정학·박찬열(2019). 도시숲에서 PM10과 PM2.5의 저감효과에 관한 연구. 『한국대기환경학회 학술대회논문집』, 2019(11): 175-175.
김희란(2019). 도시숲과 학교숲 체험 활동이 고등학생의 숲에 대한 태도, 심리적 안녕감, 스트레스에 미치는 영향. 『한국환경생태학회지』, 33(3): 341-353.
도시숲 등의 조성 및 관리에 관한 법률(2021).
박경자(2015). 도시숲 체험 프로그램이 고교생들의 환경감수성, 학업스트레스 및 학업성적에 미치는 영향. 『한국인간식물환경학회지』, 18(6): 515-521.
박숙현·박봉주(2018). 도시 숲을 활용한 주말 산림치유 프로그램이 가족응집력과 가족관계 향상에 미치는 영향 및 부모 만족도. 『한국산림휴양학회지』, 22(4): 49-58.
배상원(2004). 후라이브르크 도시숲. 『숲과 문화』, 13(2): 14-19.
배상원(2005). 뒤셀도르프의 도시숲. 『숲과 문화』, 14(4): 10-12.
배연·정수종(2019). 대기모델링을 활용한 도시숲의 미세먼지 저감효과 평가. 『한국기상학회 학술대회 논문집』, 2019(10): 358-358.
변우혁·김기원(2010). 『도시숲 이론과 실제』. 이채.
산림청(2020). 전국 도시림 현황 통계.
여운상(2011). 도시숲 복원을 통한 쾌적안전 도시 실현. 『BDI 정책포커스』, 114: 1-12.
온수진(2020). 『2050년 공원을 상상하다: 공원이 도시를 구할 수 있을까』. 한숲.
왕금옥·이미미·이은진·이현홍·박봉주(2021). 도시숲 활용 산림치유 프로그램이 여성노인의 골격근량, 내장지방량 및 우울에 미치는 영향: 안성 비봉산을 사례로. 『Journal of Recreation and Landscape』, 15(1): 35-42.
유현준(2021). 『공간의 미래: 코로나가 가속화시킨 공간 변화』. 을유문화사.
이동근·김은영·송원경·박찬·최혜영(2009). 도시숲 조성 및 관리를 위한 도시숲 유형화 및 적용방안. 『한국환경복원기술학회지』, 12(5): 101-109.
이상채(2021). 주민참여형 도시숲 유형에 따른 조성계획 연구. 전남대학교 박사논문.
이상채·박세영·손학기·한소영·권윤구·김은일(2020). 주민참여형 도시숲 조성 유형 및 특성 분석. 『한국경관학회지』, 12(1): 1-15.
이연희(2009). 도시숲으로서 북한산 국립공원의 탐방객 특성에 관한 연구. 『한국산림휴양학회지』, 13(1): 53-61.
이연희 · 김기원 · 변우혁(2009). 광주광역시 도시숲 제석한 이용자의 이용행태 및 의식조사. 『인간식물환경학회지』, 12(6): 45-56.
이연희 · 김기원 · 변우혁 · 윤여창(2008). 유럽 도시숲의 활용 사례에 관한 연구: 스위스, 오스트리아, 독일 사례를 바탕으로. 『한국산림휴양학회 학술발표회 자료집』, 2008(10): 36-41.
이주형(2011). 독일 도시숲의 이용실태와 치유기능에 대한 인식조사. 『한국산림휴양학회지』, 15(3): 81-89.
이주형 · 이숙정(2014). 대학생의 도시숲 체험과 정서지능, 학습몰입, 진로스트레스의 관계 분석. 『한국산림휴양학회지』, 18(1): 35-44.
이향숙(2021). 도시숲에서 산림치유프로그램 개발을 위한 이용객의 특성 및 선호도: 진주시 도시숲 이용객을 중심으로. 경상국립대학교 석사논문.
이현진(2019). 도시노인의 정신건강 영향요인과 도시숲의 치유적 활용. 『환경논총』, 64: 204-205.
장영지 · 이승은 · 오충현(2017). 도시숲의 조성 및 관리를 위한 법제도 검토. 『환경생태학회 학술대회논문집』, 100.
전보배(2017). 도시숲의 산림복지서비스에 대한 이용자 인식 분석. 전북대학교 석사논문.
조경진 · 서영애(2021). 『코로나19 이후 공원녹지 패러다임의 변화. 도시의 미래: 포스트 코로나 도시가 바뀐다』. 대한국토 · 도시계획학회. 기문당.
주성돈(2019). 영국과 미국의 도시숲 정책과 프로그램 연구. 『정부와 정책』, 12(1): 57-78.
황은진 · 조희지 · 백우승 · 김재태 · 동종인(2020). 도시숲이 도시지역 초미세먼지(PM2.5) 농도에 미치는 영향 분석. 『한국대기환경학회 제63회 학술대회논문집』, 182.

CHAPTER 5

도시숲 조성이 미세먼지 저감에 미치는 실증영향 분석

박승규

제1절 서론

2019년 에너지밸리포럼은 2015년 기준으로 일산화탄소(CO), 황산화물(SO_X), 질소산화물(NO_X), 미세먼지(PM10), 초미세먼지(PM2.5), 암모니아(NH_3), 포름알데히드(VOC)로 인한 대기오염으로 중국과 인도 210만 명이 사망하였으며, 한국은 2060년 100만 명당 1,000명이 대기오염으로 사망할 것으로 예측하였다. 2015년 기준 오염물질 배출량은 질소산화물(25.5%), 포름알데히드(22.2%), 일산화탄소(17.4%), 미세먼지(5.1%), 초미세먼지(2.2%) 순으로 나타났으며(국립환경과학원 오염물질 배출량, 2015), 또한 최근 미세먼지에 대한 우려 증가와 함께 국민들이 체감하는 '생활에 대한 불만족도(82.5%)'를 증대시키는 대기오염 물질은 미세먼지, 초미세먼지로 환경문제에서 사회문제로 확산되고 있다(통계청 사회조사, 2018). 더불어, 지난 10년 간 중국의 도시화 및 산업화의 진전에서 대기오염 발생 원인을 찾는 국외의 연구(Xia et al., 2014; Hu et al., 2014; Huang et al., 2018) 외에 국내 미세먼지 및 초미세먼지의 발생 원인으로 인구 증가, 석탄 및 광산업, 제조업 생산에 대한 산업별 영향, 풍향 및 강수량 변화에 대한 기후변화가 주요 원인으로 논의되고 있다.

반면, 최근 미세먼지의 발생은 중국 산업발전과 편서풍에 영향을 받는 해당 국가 간 지리적인 문제가 아닌 국가적인 문제로만 일축되고 있어 향후 발생할 수 있는 국가 간 갈등을 사전에 방지하기 위해서도 미세먼지 발생의 과학적인 근거가 필요한 실정이다. 특히, 최근 급격하게 증가한 미세먼지의 발생량 증가는 중국의 급격한 성장에 의한 산업별 영향으로 주로 고려되고 있다. 그럼에도 불구하고, 국내 미세먼지의 발생에 대한 명확한 근거를 찾기는 어려운 실정이다. 또한 응우옌 외(Nguyen et al., 2010)는 한국의 미세먼지 증가는 중국 환경 변화에 의한 것으로 제시하고 있지만 국내에서는 이에 대해 명확한 근거를 제시하지 못하고 있다. 심지어, 국민들이 체감하고 있는 미세먼지에 대한 원인에 대해서는 국외 환경 변화에 의한 영향 외에 국내 환경영향에 의해 발생되는 것으로 주장하였으며, 주요 오염 원인을 공장 및 배출 산업, 도로오염원으로 지목하였다(Vellingirl et al., 2015; Jin et al., 2017; Wang et al.,

2019; Yang et al., 2019). 그럼에도 불구하고, 지역과 오염유발 원인별 구분으로 미세먼지의 원인을 파악함으로써 오염유발 원인별 기여 정도를 제시한 연구는 상대적으로 많지 않다.[1] 또한 산림청의 주도에 의한 도시숲 조성은 도시 내 대기오염 정화 역할을 함에도 불구하고 예산의 제약으로 인하여 지속적인 신규 조성으로 연계되지 못하고 있다.

따라서 이 글은 미세먼지의 발생 원인을 에너지원별 사용량, 지역성장, 인구변화, 도시숲 조성으로 확대하여 어떤 에너지원에 의해서 미세먼지 발생량이 변화되는지와 도시숲 조성으로 인해 변화되는 미세먼지 배출에 대한 근거를 지역별로 제시하고, 발생 원인의 변화에 따른 미세먼지 발생 기여도를 추출하는 것을 연구의 목적으로 하고 있다. 이를 분석하기 위하여 국립과학원의 광역시・도별 미세먼지 발생량을 사용하여 지역별로 차별화되어 발생하는 미세먼지 발생량 및 발생 원인의 기여도를 로그평균디비지아지수(Logarithmic Mean Divisia Index: LMDI)를 활용하여 분해하였다. 또한 석탄, 석유, 가스, 전기 에너지원별 가격과 사용량에 대한 수요 변화를 반영하여 석유가격 감소 변화에 따른 에너지원 간 사용량, 지역내총생산, 인구, 도시숲 조성 변화의 관계를 적용하여 기존 LMDI 방식을 변형하여 적용하였다. 이 글의 제2절에서는 미세먼지 관련 연구 및 주요 방법론에 대한 선행연구를 검토하였으며, 제3절에서는 기초 자료 및 분석, 자기회귀과정(AR(1)), LMDI를 활용한 분석결과를 기술하였다. 제4절에서는 도시숲 조성으로 인한 미세먼지 발생 원인의 기여도 변화 결과 요약과 연구의 한계를 제시하였다.

1) 미세먼지 및 초미세먼지 발생 원인에 대해서 일반적으로 자동차 원료 구분, 도로오염원, 산업적인 측면이 주원인으로 인식되고 있다. 반면, 실질적인 오염 원인에 대한 파악을 위해서 건물, 산업, 수송에 대한 발생 원인 현황에 대한 파악이 필요하지만 이 중 건물 및 수송에 대한 통계가 부족한 실정이다.

제2절 현황 및 선행연구 검토

1. 도시숲 개념 및 현황

도시숲은 국민의 보건휴양 · 정서함양 및 체험활동 등을 위하여 조성 · 관리하는 산림 및 수목으로 공원, 학교숲, 산림공원, 가로수(숲) 등을 의미한다. 도시숲은 법적, 물리적 공간개념 이상으로 환경 · 생태적인 측면과 함께 문화적, 전통적, 공동체(community) 측면을 포괄하는 개념으로 사용할 수 있기 때문에 문화와 공동체라는 의미를 내포하며 일반시민들에게 친근한 용어인 숲을 사용하는 것이 바람직할 수 있다. 따라서 도시숲은 일반시민들이 쉽게 접근할 수 있는 실천적, 문화적인 참여활동을 포괄한다는 측면에서 도시숲의 조성 및 보전 · 관리 과정에 시민들의 참여를 지향하는 용어로 사용된다.

[그림 5-1] 도시숲 개념

푸른 도시의 전경 | 담소를 나누고 있는 사람들 | 도시숲을 산책하는 시민들 | 도심속의 숲

출처: 산림청(https://www.forest.go.kr).

또한 도시숲은 자연적인 도시숲, 인공적인 도시숲, 목적형 도시숲으로 유형 및 기능에 따라 구분된다. 자연적인 도시숲은 도시 내 산림, 수목원 등 보전 및 관리 중심, 인공적인 도시숲은 명상숲, 마을숲, 비오톱, 가로숲, 특수공간숲 등, 목적형 도시숲은 도시바람길숲, 미세먼지 차단숲로 사용 목적에 따라 구분된다.

[그림 5-2] 도시숲 구분

울산대공원에 조성된 도시숲

도심의 숲에서 바라본 고층빌딩

경상남도 김해시 삼계 공원에 조성된 도시숲

도시의 가로수와 어우러져 있는 도시빌딩들

출처: 산림청(https://www.forest.go.kr).

2018년 전국의 도시숲 공급 개소는 2015년 대비 약 15% 감소한 것으로 나타났으며 면적은 6% 감소하였다. 특히, 광역시에서의 도시숲 공급 개소가 감소하였으며, 특히, 광주, 울산, 대구에서 감소하였다. 반면, 면적기준으로는 광역시 외 광역도에서도 도시숲 신규 공급이 감소하였으며, 경기, 충북, 충남, 전북 순으로 감소하였다. 이러한 특성은 도시숲에 대한 공급이 어느 정도 누적된 것을 의미하여 신규 공급에 대한 감소로 연계되었다.

이러한 도시숲의 공급은 국비와의 직접적인 연계를 통해 공급이 이루어지고 있으며, 산림청의 지방자치단체 도시숲·산림공원 조성 현황 통계자료(2005~2020)에 의하면, 17개 시·도에 공급된 도시숲은 총 4,254개, 4,482ha이며, 총 6,165억 원이 투

[그림 5-3] 연도별·지역별 도시숲 신규 조성 변화 추이

(단위: 개소, ha)

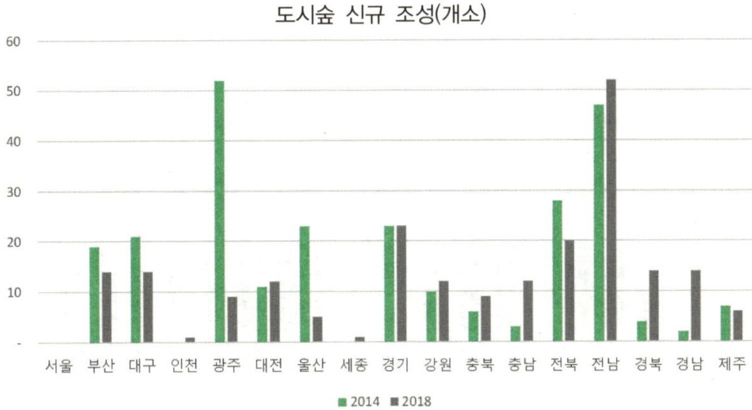

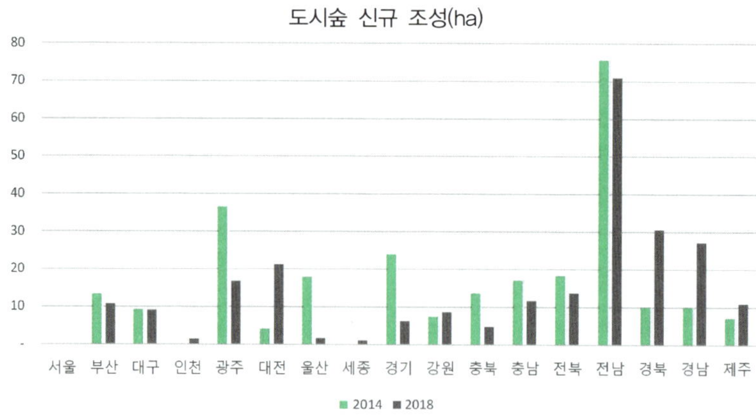

입되었다. 특히, 투입된 예산과 개소 및 면적에 대한 상관성은 각각 84.4%, 81.5%로 국비에 의존하여 도시숲이 조성되고 있는 것으로 나타났다. 더불어, 도시숲 개수 증감과 PM10 증감 변화를 고려할 경우에는 PM10 증감과 도시숲공급(개수)는 −0.12의 상관성을 나타내며, 도시숲 공급(면적) 증감과 PM10 증감은 −0.34 상관성을 나타내어 상반된 결과를 제시하고 있다. 따라서 도시숲 조성은 단적으로 PM10의 감소와 연계되는 것으로 나타났다.

또한 도시숲 신규 조성(ha)에 따른 PM10 배출량(ton) 변화를 고려할 경우 2018년

[그림 5-4] 2005~2020 지역별 누적 도시숲 및 국비

(단위: 개소, 백만 원)

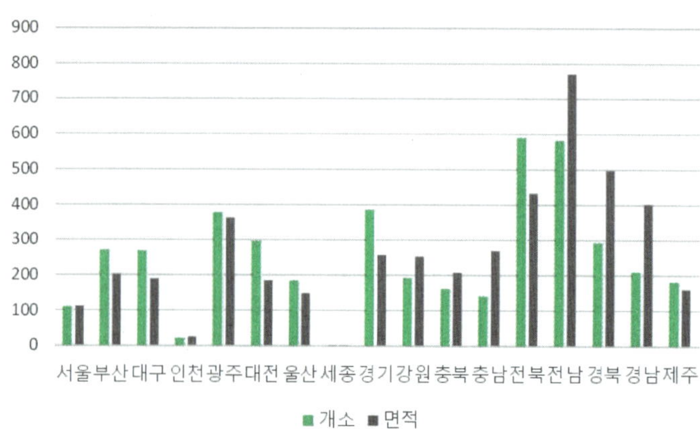

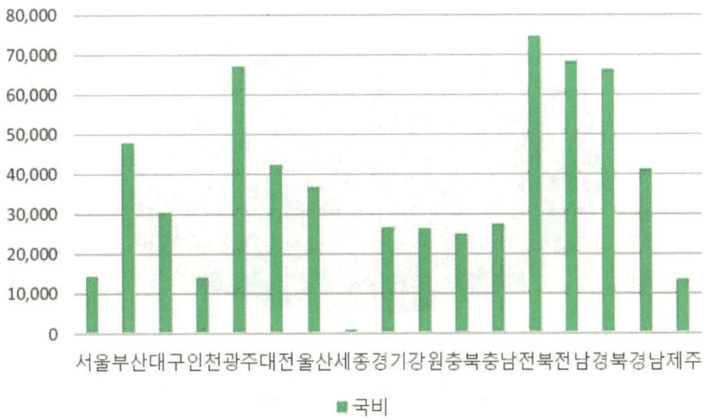

주: 저자 작성.

대비 2014년 PM10 변화에 대한 고려가 필요하다. 특히, PM10이 주로 증가한 광역시는 서울시(9.63%), 세종시(6.06%)이며, 광역도에서는 전북(6.83%), 제주도(6.78%) 순으로 PM10(ton)이 증가한 것으로 나타났다. 광역시 중 PM10 증가가 가장 많은 서울시의 경우에는 도시숲에 대한 신규 조성이 이루어지지 않았으며, 도시숲의 신규 조성 개소 및 면적이 감소한 부산시, 대구시, 광주시에서의 2014년 대비 2018년 PM10 증가가 큰 것으로 나타났다. 이러한 특성은 광역도에서도 동일한 것으로 나타났으며,

[그림 5-5] 연도별 · 지역별 누적 도시숲 및 국비

(단위: 개소, ha, %/100)

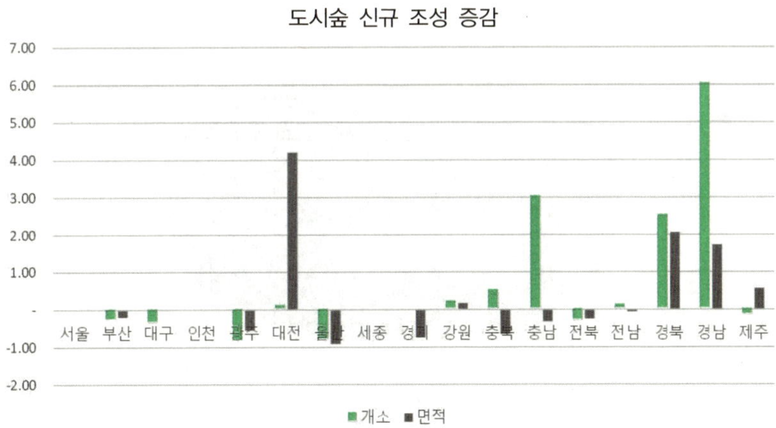

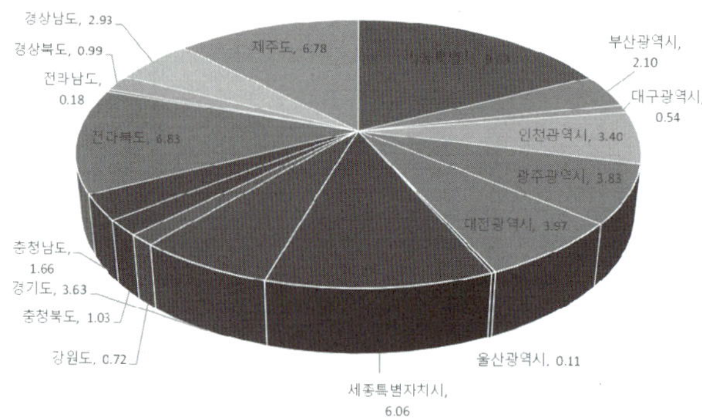

주: 저자 작성.

전북의 경우는 2014년 대비 2018년 도시숲 신규 조성의 개소 및 면적이 각각 0.29%, 0.25% 감소한 반면, 전북의 PM10은 6.83% 증가하여 광역도에서 가장 크게 증가하였다. 반면, 광역도는 대부분 도시숲의 신규 조성 개수가 증가하여 PM10이 감소하는 것으로 나타났다. 따라서 도시숲의 신규 조성 변화에 따라 PM10 발생이 감소하는 특성이 나타나 도시숲의 대기오염 저감에 대한 역할이 확인되었다.

도시숲 조성 변화에 따른 PM10 증감 변화를 2014년, 2018년 연도별 비교를 통해 파악할 경우는 보다 극명한 PM10 배출 추이를 파악할 수 있다. 특히, 경북, 전남의 PM10 배출 감소는 도시숲 조성의 증가에 의한 것으로 나타났으며, 경기도, 충남의

[그림 5-6] 연도별 · 지역별 PM10 배출 변화 추이

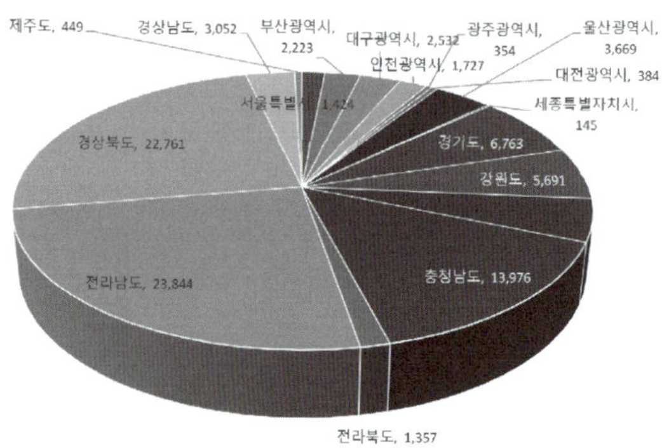

[2014년]

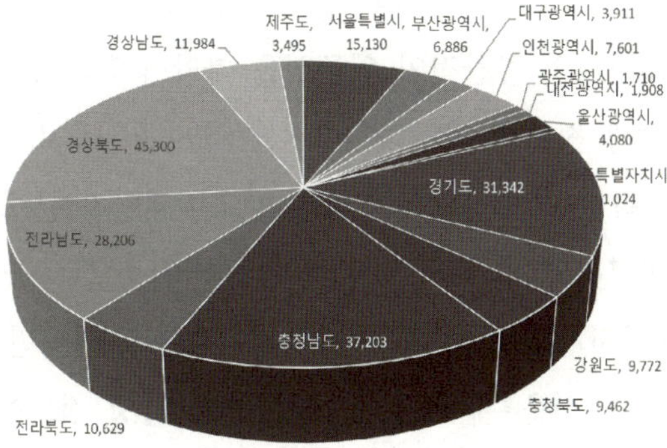

[2018년]

주: 저자 작성.

PM10 배출 증가는 이와 반대되는 도시숲 조성 감소에 기인하는 것으로 나타났다.

2. 선행연구 검토

최근 미세먼지에 대한 관심 및 미세먼지의 부정적인 영향 증대로 미세먼지 피해 발생 국가를 대상으로 미세먼지에 대한 연구가 진행되었으며, 주로 미세먼지 분포 변화, 지역 성장과 연계되어 발생하는 미세먼지, 계절성 관점의 미세먼지 유발, 시점(spatio-temporal)별 영향, 미세먼지 발생의 결정 요인 등으로 구분되어 연구되었다. 도시 성장과 연계하여 미세먼지의 분포 특성 및 정도가 고려되어 도시 성장에 따른 미세먼지 증가가 연구되었다. 왕 외(Wang et al., 2015)는 토지, 경제, 인구, 기반시설, 공공서비스, 환경부분으로 구분된 도시발전지수를 도출하여 도시 발전에 따른 이산화탄소 발생과의 인과관계를 도출하였으며, 이산화탄소 저감을 위한 적정 도시화 규모를 산출하여 기존 연구와 차별되었다. 왕 외(Wang et al., 2019)는 국가의 개발 정도[2]에 따른 도시화와 초미세먼지와의 관계를 고려하여 국가 발전 유형별 초미세먼지의 발생 원인을 도시화, 교통 발전, 산업화, 제조업 산업 증대로 파악하였다. 또한 도시화와 미세먼지의 성장에 지리적인 접근성이 추가적으로 고려되어 연구되었다. 양

2) 그는 국가의 개발 정도에 따라 1998~2014년 국가를 저개발(underdeveloped), 개발도상국(developing), 개발국(developed)으로 구분하였다.

외(Yang et al., 2018)는 초미세먼지의 지리적 및 시점별 변화를 Moran's I 및 BiLISA를 활용하여 초미세먼지의 공간적인 의존성을 파악하였으며, 국가별 성장 단계에 따른 초미세먼지의 발생 정도를 파악하였다. 션 외(Shen et al., 2019)는 초미세먼지의 발생을 도시화와 급속한 경제성장과 연계하여 초미세먼지 분포와 계절별 미세먼지의 변화를 지역별로 비교하였다. 특히, 공간종속성을 기준으로 공간종속성이 높은 내륙지역에서는 초미세먼지가 발생하며, 연안지역에서는 초미세먼지 발생에 공간종속성이 상대적으로 낮은 특성을 제시하며 초미세먼지 발생 정도에 따른 차별화된 대응정책의 필요성을 주장하였다. 미 외(Mi et al., 2019) 역시 공간자기상관을 사용하여 지리적인 집적으로 인한 연도/월/일별 초미세먼지의 발생 특성을 제시하였다.

미세먼지를 포함한 대기오염의 원인을 경제성장 측면에서 파악한 연구 역시 이루어졌다. 로사노와 구티에레스(Lozano & Gutiérrez, 2008)는 이산화탄소 발생의 원인을 인구, GDP, 에너지소비에서 도출하였으며, 비모수 자료포락분석(Non-parametric DEA)을 사용하여 경제성장에 대한 최적 이산화탄소 발생 정도를 도출하여 기존 연구와 차별되었다. 슈에 외(Xue et al., 2014)는 벡터자기회귀모형을 활용하여 경제성장에 따른 화석에너지 소비와 이산화탄소의 관계를 지역별로 차별화하여 도출하였다. 관 외(Guan et al., 2014)는 인구 증가, 효율성, 생산 및 소비구조, 1인당 GDP에 대한 사회경제적 변화에 따른 초미세먼지의 영향을 환경투입산출표를 사용하여 분석하였다. 장경수・여준호(2015)는 중국 경제성장에 따른 한국이 영향을 오차수정모형으로 분석하여 중국 실질 GDP 증가에 따른 한국 미세먼지 농도 변화를 제시하였다.[3]

미세먼지의 영향 산출 외에 미세먼지 발생의 시점별 및 공간적 특성과 변화가 시간과 공간으로 구분되어 연구되었다. 벨링걸 외(Vellingirl et al., 2015)는 미세먼지 외 대기오염 물질 CO, SO_2, NO_X의 발생 원인을 교통과 산업화에서 찾았으며, 추가적으로 아시아의 먼지(dust), 화산폭발, 중국, 러시아, 일본의 산업화를 미세먼지의 주요 원인으로 파악하였다. 왕 외(Wang et al., 2016)는 Moran's I를 적용하여 경제, 도시화, 건설업 발전의 공간적인 집적과 미세먼지 발생을 연계하였다. 진 외(Jin et al., 2017)는 화력발전소, 바이오매스(biomass burning) 연료 사용, 초미세먼지 유발 건축

3) 그의 연구는 환경개선 노력 정도에 따라 감소하는 환경오염 정도를 도출하여 기존 연구와 차별되었다.

자재 사용에 따른 중국 서부와 중부의 초미세먼지 발생 차이를 카토그램(cartogram)을 사용하여 제시하였다. 얀 외(Yan et al., 2018)는 미세먼지 집적 정도를 공간자기상관을 활용하여 지리적 특성과 시점별 특성을 연계하였다. 또한 미세먼지의 확산 정도에 따른 연구로 미세먼지가 대도시에만 국한되지 않는 특성 역시 고려되었다(Hu et al. 2014). 더불어, 도시화와 함께 녹지 변화를 사용하여 대기오염에 대한 상쇄요인이 고려되었지만 대기오염 저감에 대한 효과는 크지 않았다(Cho & Choi, 2014). 따라서 시점별 변화에 따른 미세먼지 발생 정도, 미세먼지 발생에 따른 지역별 발생량 변화로 미세먼지의 발생 현황에 대한 연구는 활발히 이루어진 반면, 지역별 발생 원인에 대해서는 추가적인 연구의 필요성이 제시되었다.

따라서 미세먼지의 발생 원인에 대한 원인을 도출하기 위한 시도가 이루어졌으며, 사회 · 경제 · 환경적 요인 등에 대한 고려가 이루어졌다. 미세먼지의 결정 요인으로 고려된 계절성에 대해서 벨링걸 외(Vellingirl et al., 2015)는 일별 미세먼지 및 초미세먼지의 관측 패턴을 활용하여 계절(봄철, 겨울철), 풍속, 온도에 따라 미세먼지와 초미세먼지의 발생량이 높아지는 계절성의 존재 특성을 파악하였다. 박순애 · 신현재(2017)는 초미세먼지의 발생 요인을 국외 요인(중국과의 접근성, 월별 서풍계형 풍향 일수 비율)과 국내 요인(경유 소비량, 석탄화력 발전 거래량, 화학, 시멘트 제조업 생산지수)으로 구분하였다. 타이 외(Tai et al., 2010)는 초미세먼지의 발생 원인으로 기상변화(월별 및 계절별 영향, 풍속, 풍향, 온도, 습도)를 고려하였으며, 응우옌 외(Nguyen et al., 2010)는 미세먼지의 발생 특성을 한국의 산업화, 중국 먼지 발생 정도, 일본 화산활동에 의한 대기 내 수은 포함 정도와 연계하였다. 자오 외(Zhao et al., 2012)는 Hierarchical partitioning method로 일별 공기질의 결정 요인을 파악하였으며, 지역 및 영향 요인으로 그룹화하여 기존 연구와 차별되었다. 한 외(Han et al., 2014)는 지역을 공간적 벨트(belt)로 구분하여 인구, 도시화지역 규모, 2차 제조업 비율을 초미세먼지의 원인으로 규명하였다. 판 외(Fang et al., 2015)는 도시화에 따른 지역별 특성을 변수화하여 대기질 특성을 Global 및 Local Moran's I, OLS, SAR(spatial autoregressive), GWR(geographically weighted regression)로 분석하였다. 진 외(Jin et al., 2017)는 1인당 GDP를 사용한 Kuznets 곡선을 도출하여 산업별(에너지 소비, 바이오매스 사용, 교통, 화력발전소, 비철금속용해(non-ferrous metal smelting), 쓰레기소각, 화학제품, 건축재료, 금속) 차이에서 초미세먼지의 원인을 파악하였다. 르두 외(Ledoux et al., 2017) 역시 초미세먼지 발생 원인을 유리 및 금속 가공 산업 활성화에서 도출하였으며, 해당 산업의 발전에 따라 초미세먼지 발생의 80% 이상이 설명되었다. 초미세먼지의 원인으로 양 외(Yang et al., 2018)는 산업별 부가가치, 도시화율, GDP 변화율을 고려하였으며, 지 외(Ji et al., 2018)는 인구, 1인당 GDP, 산업구조, 에너지 집중도(1인당 GDP 중 에너지 사용), 도시화 정도, 지역 및 시간 더미를 고려하였다. 양 외(Yang et al., 2019)는 1인당 소비, 산업 간 관계, 인구, 소비패턴, 초미세먼지 발생 집중도, 거주자의 소비를 초미세먼지 발생 원인으로 지목하며, 구조분해 방법으로 초미세먼지의 원인을 산업 측면으로 확장하여 고려하였다. 또한 미세먼지의 시점별 및 지역별 분포 변화, 그리고 결정 요인을 추가적으로 고려하여 초미세먼지의 발생 및 분포 원인에 대한 연구 역시 이루어졌다. 황 외(Huang et al., 2018)는 건기의 주강(Pearl river)의 기상변화와 산업적인 요인에서 초미세먼지의 발생 원인을 파악하여 초미세먼지의 화학적인 구성요인과 발생 지역의 산업 특성이 유사한 특성을 파악하여 기존 연구와 차별되었다.

또한 미세먼지의 시점 및 공간적 변화, 원인 및 영향 분석, 구성 요인의 기여도 분석, 경제에 대한 영향 분석을 위해서 다양한 방법 및 모형이 활용되었다. 시아 외(Xia et al., 2014)는 미세먼지의 시점별 변화 정도를 연/월/일별 시점 변화(temporal variation)로 제시하였으며, 한 외(Han et al., 2014)는 LISA, GMI(Global Moran's I), LMI (Local Moran's I)로 미세먼지의 Hotspot 분석을 적용하였다. 특히, SAR, SEM(spatial error model), GWR로 미세먼지의 결정 요인을 파악하였다. 더불어, 구조분해(structural decomposition analysis: SDA)[4]를 사용하여 미세먼지의 구성요인 기여 정도의 파악이 이루어졌으며(Jin et al., 2018), 환경투입산출표(environmental input-output table: EIO) 구축으로 미세먼지의 파급효과가 산출되었다(Guan et al., 2014). 리앙 (Liang et al., 2018), 김의준・문승운(2018)은 각각 생산 및 소비 기반 대기오염 및 미세먼지의 배출량 산정에 국가 간 및 지역 간 다지역산업연관표를 사용하였다. 최한

4) 미세먼지의 발생 원인 도출 방법은 지표에 의한 IDA(index decomposition analysis) 방식과 산업 간 관계를 활용한 구조적인 방법에 의한 SDA(structural decomposition analysis) 방식으로 구분된다.

주 · 이기훈(2006)은 산업연관표와 SDA의 혼합으로 이산화탄소 유발계수 및 배출량을 산출하였다. 더불어, 장경수 · 여준호(2015)는 오차수정모형으로 미세먼지의 경제적인 연계성을 파악하였으며, 미세먼지 발생을 시계열 및 지역 간 특성과 연계하여 자기회귀조건부이분산모형(autoregressive conditional heteroscedasticity: ARCH) 및 Networking analysis 역시 적용되었다(Huajiao et al., 2019).

미세먼지에 대한 기존 연구는 도시의 성장 관점에서 미세먼지에 대한 고려, 시점별 변화, 미세먼지 발생 원인, 미세먼지의 기여 정도로 크게 구분될 수 있다. 대부분의 연구는 미세먼지 유발 지역에 대한 고려를 국가를 대상으로 연구되어 미세먼지의 직접적인 발생 지역에 대한 원인 분석 외에 미세먼지의 간접적인 영향권에 포함된 지역의 실정을 총합으로 제시하였다. 또한 미세먼지 발생 변화 및 차이에 대한 지역적 특성을 고려하여 미세먼지의 영향에 대한 연구가 이루어졌다. 반면, 국외의 다양한 연구에도 불구하고 미세먼지 자료 부족으로 국내의 연구는 미온적으로 이루어져, 산업과의 연계를 통한 파급 정도, 국가 성장과 지역 구분, 미세먼지 발생 결정 요인의 기여도 변화, 미세먼지 발생을 완화시키는 저감정책에 대한 추가 연구가 필요하다.

제3절 분석자료 및 모형

1. 분석자료

이 글은 도시숲 조성을 포함한 지역내총생산, 인구변화에 의한 미세먼지 발생 변화를 국가 수준의 원인 파악에서 지역별 특성을 고려함으로써 광역시 · 도로 확장하여 파악하는 것을 연구의 목적으로 한다. 따라서 총량적인 미세먼지 발생량 파악에서 지역별/에너지원별, 지역내총생산, 인구 차별성, 도시숲 조성을 고려하여 미세먼지의 발생을 분해(decomposition)하였다.5) 이를 파악하기 위하여 국가미세먼지정보센터의

5) 미세먼지 및 초미세먼지 발생은 대기의 공기흐름 중 주로 편서풍에 영향을 받는 것으로 연구되고 있다(Tai et al., 2010; 박순애 · 신현재, 2017). 따라서 17개 시 · 도에 대한 지역의 구분 및 권역 설정은 자칫 의미가 미약할 수 있다. 반면, 이 글의 시부 및 도부의 권역 설정은 17개 해당

[표 5-1] 기초통계분석

구분	단위	최댓값	최솟값	평균	표준편차
PM10	$\mu g/m^3$	56	34	44	5
	ton	45,300	145	9,498	10,865
석탄	toe	84,047,351	14	15,963,289	25,452,869
석유	toe	10,443,460	6,365	1,406,593	2,342,706
가스	toe	55,134,954	5,277	7,541,037	12,804,796
전력	toe	2,793,641,488	2,921,814	405,296,267	683,462,079
GRDP	백만 원	1,854,037,341	9,261,543	263,616,124	434,783,180
POP	명	51,849,861	210,884	7,753,440	12,712,966
도시숲	ha	264	–	38	66
	개소	256	–	36	59

국가대기오염 물질 배출량 서비스에 의한 시·도별 1999~2018년 미세먼지, 2014~2018년 산림청 도시숲 조성사업으로 구분하여 차별적인 자료를 활용하였다.

2. 분석모형

1) 미세먼지의 로그평균디비지아지수 분해

미세먼지에 대한 영향 요인은 다양한 측면에서 도출이 가능하지만 미세먼지 발생량 결정 요인 분석이 주로 사용되며, 지역 및 지리적인 접근성을 고려한 공간계량 측면, 구성요인에 대한 구조적인 분해 방법 등이 활용되었다. 지역 내 미세먼지를 배출하는 산업의 특성을 반영하기 위해서 지역과 산업을 연계하여 미세먼지의 발생 원인을 추출하는 것이 필요하다. 반면, 현행 통계시스템에서는 광업 및 제조업 대상, 전체 산업 대상으로 에너지소비량이 대분류 산업 중심으로 제공되고 있어 세부 산업별로 구분하여 미세먼지의 변화량 원인을 파악하기에는 한계가 있다. 따라서 이 글은 일정 기간 동안 발생한 미세먼지의 발생량과 지역별/에너지별 집중 요인/도시숲 조성의 관계를 로그평균디비지아지수(Logarithmic Mean Divisia Index: LMDI)에 적용하여 기존 LMDI를 확장함으로써 미세먼지 발생량에 대한 결정 요인 도출 및 기여도를 파악

시도 미세먼지와 도시숲 조성사업을 17개 시·도를 국가, 시부, 도부로 권역을 설정하였다.

하였다. 이를 통해 이 글은 에너지별 및 지역별로 상이한 미세먼지 발생 정도를 고려함으로써 지역의 에너지 사용을 반영한 미세먼지 구성 원인을 에너지별 미세먼지 발생 집적도, 에너지별 사용 집중도, 에너지 집적도, 경제성과, 인구로 구성하여 구성요인별 영향 정도를 파악하였다. 더불어, 도시숲 조성으로 인해 감소하는 미세먼지 배출에 대한 실증적인 결과를 도출하였다. 두 시점 t, $t-1$의 미세먼지 배출량에 대한 지역별 및 에너지원별 구성은 식(1)로 분해가 가능하며, 식(1)은 미세먼지 발생 구성요인의 발생 비율을 고려하여 식(2)로 전개된다.[6]

$$PM_{10} = \frac{PM_{10}}{e_i}\frac{e_i}{E_t}\frac{E_t}{GRDP}\frac{GRDP}{POP}\frac{POP}{forest}forest \tag{1}$$

$$= EI_i \cdot EC_i \cdot ETI \cdot EO \cdot EPOP \cdot forest$$

PM_{10}	: 미세먼지	EI_i	: i에너지원 대비 발생 집적도
e_i	: 에너지원별 소비량	EC_i	: 총에너지 대비 i에너지원 집적도
E_t	: 총에너지 소비량	ETI	: 지역내총생산 대비 총에너지원 집적도
$GRDP$	: 지역내총생산	EO	: 인구 대비 경제적 성과
POP	: 주민등록인구	$EPOP$	: 도시숲 대비 인구 성장
$forest$	: 도시숲 신규 조성	i	: 에너지원(석탄, 석유, 가스, 전력)

$$\frac{PM_{10}^t}{PM_{10}^{t-1}} = \frac{EI_i^t}{EI_i^{t-1}}\frac{EC_i^t}{EC_i^{t-1}}\frac{ETI^t}{ETI^{t-1}}\frac{EO^t}{EO^{t-1}}\frac{POP^t}{POP^{t-1}}\frac{forest^t}{forest^{t-1}} \tag{2}$$

지역(r)을 고려하여 두 시점 간 미세먼지의 변화($\triangle PM_{10}^t$)에 미치는 영향은 LMDI를 이용한 분해로 부문별로 구성되며, $w_{10,r}^t = (PM_{10,r}^t - PM_{10,r}^{t-1})/(\ln PM_{10,r}^t - \ln PM_{10,r}^{t-1})$로 정의하여 식(2)의 양변에 적용하면 미세먼지의 변화에 영향을 미치는 지역별/부문별/에너지원별/도시숲 조성별 기여 정도가 식(3)으로 전개된다. 또한 지역별 미세먼지 발생에 미치는 에너지원(i)에 따른 부문별 기여 정도는 식(4)로 산출된다. 따라서 지

6) 미세먼지는 에너지원별(i) 대비 차별적인 발생집적도(EI) 분해가 가능하며 총에너지원 대비 에너지원 집적도(EC), 지역내총생산 대비 총에너지원 집적도(ETI), 인구 대비 경제적 성과(EO), 도시숲 조성 대비 인구($EPOP$)는 지역별(r)로 일정한 비율을 나타낸다.

역별 미세먼지를 구성하는 부문들의 합은 지역(r)을 구성하는 17개 지역을 합산함으로써 각 부문들의 국가 전체 미세먼지 구성 부문으로 산출된다.

$$\begin{aligned} \triangle PM_{10,r} &= PM_{10,r}^{t} - PM_{10,r}^{t-1} \\ &= \triangle EI_{ir} + \triangle EC_{ir} + \triangle ETI_{r} + \triangle EO_{r} + \triangle POP_{r} + \triangle forest_{r} \\ &= w_{10,r}^{t} \begin{bmatrix} \ln \dfrac{EI_{ir}^{t}}{EI_{ir}^{t-1}} + \ln \dfrac{EC_{ir}^{t}}{EC_{ir}^{t-1}} + \ln \dfrac{ETI_{r}^{t}}{ETI_{r}^{t-1}} + \\ \ln \dfrac{EO_{r}^{t}}{EO_{r}^{t-1}} + \ln \dfrac{POP_{r}^{t}}{POP_{r}^{t-1}} + \ln \dfrac{forest_{r}^{t}}{forest_{r}^{t-1}} \end{bmatrix} \end{aligned} \tag{3}$$

$$\begin{aligned} CR_{r} &= (\triangle EI_{ir} + \triangle EC_{ir} + \triangle ETI_{r} + \triangle EO_{r} + \triangle POP_{r} + \triangle forest_{r}) / \triangle PM_{10,r} \\ &= CR_{EI_{ir}} + CR_{EC_{ir}} + CR_{ETI_{r}} + CR_{EO_{r}} + CR_{POP_{r}} + CR_{forest_{r}} \end{aligned} \tag{4}$$

제 4 절 분석결과

이 글은 시・도별, 시부 및 도부, 국가 전체의 미세먼지 발생의 원인을 에너지원별로 구분하여 미세먼지(PM10) 발생의 에너지원별 및 도시숲 조성에 따른 기여 정도를 파악하는 것을 목적으로 하고 있다.[7)] 국가/시부・도부/광역시・도/에너지원별/도시숲 조성별 미세먼지 발생 변화는 식(1)~(4)를 활용하여 에너지원별 미세먼지 발생 집적도(EI), 총에너지원 대비 에너지원 집적도(EC), 지역내총생산 대비 총에너지원 집적도(ETI), 주민등록인구 대비 지역내총생산에 대한 경제적 성과(EO), 인구변화($\triangle POP$), 도시숲 조성($\triangle forest$)의 기여 정도로 구분된다. 또한 연차별 차이로 인한 시점 변화를 고려하기 위하여 2014~2018년 미세먼지의 지역별 발생 차이를 고려하였다. [표 5-2]의 2014년 대비 2018년 국가의 에너지원별 미세먼지(PM10) 발생 집적

7) 미세먼지 발생의 시점별 기여 요인 분석은 상대적인 발생 크기(extent)의 기여부문을 도출하기 위하여 구분하여 적용하였다. 반면, 미세먼지의 시・도별 구분과 시・도별 에너지원별 소비 통계의 부정합성으로 인하여 2014~2018년으로 기간이 제한되어 고려됨으로써 미세먼지 기여 요인에 대한 수렴성을 파악하기에는 근본적인 통계자료의 한계가 있다.

[표 5-2] PM10 배출농도(평균 감소)와 도시숲 관계

(단위: %/100)

구분	에너지원 대비 집적도(EI)				에너지원 집적도(EC)				총 에너지 집적 (ETI)	경제적 성과 (EO)	인구 변화 (POP)	도시숲 효과 (Forest)
	석탄	석유	가스	전력	석탄	석유	가스	전력				
국가	1.22	-0.31	2.11	1.39	0.17	1.70	-0.72	0.00	0.24	-0.59	-0.41	0.37
시부	0.26	-0.93	1.76	1.58	1.29	2.48	-0.21	-0.02	-0.02	-0.62	-1.45	1.54
서울	-	2.41	1.82	1.83	-	-0.57	0.02	0.00	0.41	-1.58	0.33	-
부산	0.54	1.70	1.08	1.46	0.91	-0.25	0.37	-0.01	-0.19	-0.36	-0.66	0.76
대구	-0.03	0.06	1.26	1.12	1.14	1.05	-0.15	-0.01	0.24	-0.48	0.05	0.08
인천	0.56	-0.93	0.51	1.05	0.43	1.92	0.49	-0.06	0.35	-0.30	18.12	-18.16
광주	-	-5.91	-0.36	-0.03	-	5.87	0.33	-0.01	2.59	-1.68	-9.28	9.41
대전	-	-3.55	3.12	1.38	-	4.92	-1.74	-0.01	0.21	-0.78	10.92	-10.73
울산	0.15	-0.92	2.52	1.60	1.46	2.53	-0.92	-0.00	-0.65	-0.04	-8.71	8.79
세종	-	3.97	-0.92	1.82	-	-2.24	2.65	-0.09	2.71	5.70	80.68	-89.82
도부	1.34	0.12	2.28	1.31	-0.01	1.21	-0.95	0.01	0.38	-0.57	-0.07	-0.07
경기	4.46	-3.68	3.36	2.52	-1.93	6.21	-0.83	0.01	-0.29	-0.87	-9.07	8.71
강원	3.90	2.88	3.37	0.73	-2.97	-1.96	-2.44	0.19	0.47	-0.41	0.53	-0.51
충북	0.34	2.97	2.07	1.95	1.60	-1.03	-0.13	-0.01	0.03	-0.92	-5.27	5.22
충남	1.63	3.44	3.00	2.64	0.94	-0.87	-0.43	-0.07	-0.17	-1.10	-5.42	5.13
전북	4.30	-4.85	0.95	0.60	-3.68	5.48	-0.32	0.03	0.67	-0.46	-1.50	1.66
전남	1.33	-0.28	1.95	0.39	-0.85	0.75	-1.47	0.09	1.03	-0.63	-0.26	0.39
경북	1.34	-0.58	1.16	0.39	-0.92	1.00	-0.74	0.03	0.67	-0.18	7.63	-7.53
경남	-0.53	-0.98	1.10	0.49	0.95	1.40	-0.68	-0.07	0.73	-0.16	5.94	-5.94
제주	-	-0.81	10.17	2.36	-	2.83	-8.14	-0.34	-0.49	-0.22	1.60	-1.91

주: LMDI 방식에 의한 지역별/에너지원별 미세먼지에 대한 발생 기여율 산출 총합은 1이며, 이에 의한 단위는 %/100이기 때문에 기여율 변화는 %p/100로 나타내진다.

(*EI*)은 가스, 전력, 석탄, 석유 에너지 소비 순으로 미세먼지가 발생하는 것으로 분석되었으며, 국가의 총에너지 대비 에너지원별 집적도(*EC*)는 석유, 석탄, 전력, 가스 순으로 큰 것으로 나타났다. 따라서 국가 차원에서의 미세먼지 발생은 석탄, 가스, 전력의 경우에는 총에너지원 대비 개별 에너지원 집적(*EC*)보다 에너지원별 미세먼지 발

생 집적(*EI*)의 기여가 큰 것으로 나타났다. 또한 인구 대비 지역내총생산 성장과 인구변화에 의해 미세먼지는 발생하는 것으로 나타났다. 반면, 지역내총생산 대비 총에너지 소비가 미세먼지 발생에 기여하는 정도(*ETI*)는 양(+)적인 기여를 하는 것으로 분석되어 경제성장으로 인한 기여(*EO*)와 인구변화(△*POP*)에 대한 기여를 고려할 경우에는 경제적인 성과(*EO*), 인구변화(*POP*), 지역내총생산 대비 총에너지원 집적도(*ETI*) 순으로 미세먼지 발생에 기여하였다. 특히, 도시숲의 조성은 미세먼지의 평균

[표 5-3] PM10 배출량(절대량 증가)과 도시숲 관계

(단위: %/100)

구분	에너지원 대비 집적도(EI)				에너지원 집적도(EC)				총 에너지 집적 (ETI)	경제적 성과 (EO)	인구 변화 (POP)	도시숲 효과 (Forest)
	석탄	석유	가스	전력	석탄	석유	가스	전력				
국가	0.96	1.26	0.78	0.92	-0.03	-0.33	0.14	-0.00	-0.05	0.12	0.08	-0.07
시부	1.10	1.27	0.89	0.92	-0.18	-0.35	0.03	0.00	0.00	0.09	0.20	-0.22
서울	-	0.95	0.97	0.97	-	0.02	-0.00	-0.00	-0.02	0.06	-0.01	-
부산	1.12	0.82	0.98	0.88	-0.23	0.06	-0.09	0.00	0.05	0.09	0.17	-0.19
대구	1.37	1.34	0.91	0.96	-0.41	-0.38	0.05	0.00	-0.09	0.17	-0.02	-0.03
인천	1.08	1.36	1.09	0.99	-0.08	-0.36	-0.09	0.01	-0.06	0.06	-3.37	3.38
광주	-	1.36	1.07	1.05	-	-0.31	-0.02	0.00	-0.14	0.09	0.49	-0.49
대전	-	1.44	0.80	0.96	-	-0.47	0.17	0.00	-0.02	0.07	-1.05	1.03
울산	3.16	5.88	-2.86	-0.53	-3.69	-6.41	2.32	0.00	1.64	0.10	22.10	-22.30
세종	-	0.92	1.05	0.98	-	0.06	-0.07	0.00	-0.07	-0.15	-2.16	2.41
도부	0.93	1.19	0.72	0.93	0.00	-0.26	0.21	-0.00	-0.08	0.12	0.02	0.01
경기	0.65	1.47	0.76	0.85	0.20	-0.63	0.08	-0.00	0.03	0.09	0.92	-0.88
강원	-0.63	-0.06	-0.33	1.15	1.67	1.10	1.37	-0.11	-0.26	0.23	-0.30	0.29
충북	1.19	0.45	0.70	0.73	-0.45	0.29	0.04	0.00	-0.01	0.26	1.49	-1.47
충남	0.95	0.82	0.85	0.88	-0.07	0.07	0.03	0.00	0.01	0.08	0.41	-0.39
전북	0.73	1.48	1.00	1.03	0.30	-0.45	0.03	-0.00	-0.06	0.04	0.12	-0.14
전남	0.69	2.22	0.10	1.58	0.81	-0.71	1.40	-0.08	-0.98	0.60	0.24	-0.37
경북	0.93	1.34	0.97	1.13	0.20	-0.22	0.16	-0.01	-0.14	0.04	-1.65	1.63
경남	1.19	1.24	0.99	1.06	-0.12	-0.17	0.08	0.01	-0.09	0.02	-0.73	0.73
제주	-	1.21	-0.04	0.84	-	-0.32	0.93	0.04	0.06	0.03	-0.18	0.22

주: LMDI 방식에 의한 지역별/에너지원별 미세먼지에 대한 발생 기여율 산출 총합은 1이며, 이에 의한 단위는 %/100이기 때문에 기여율 변화는 %p/100로 나타내진다.

감소에 기여하는 것으로 나타남으로써 도시숲의 조성으로 인해 전체적으로 미세먼지가 감소하는 것으로 나타났다.

[표 5-3]의 2014년 대비 2018년 국가의 에너지원별 및 도시숲 조성에 따른 미세먼지(PM10) 배출량의 절대적인 증가는 에너지 발생 집적(EI)은 석유, 석탄, 전력, 가스 소비 순으로 초미세먼지가 발생하는 것으로 분석되어 에너지원에 따라 에너지집적(EI)이 차별되어 나타났다. 국가의 총에너지 대비 에너지원별 집적도(EC)는 가스에 의해서 미세먼지 집적에 기여하는 것으로 나타나 석탄, 석유, 전력은 에너지원별 발생 집적(EI)으로 미세먼저 발생에 기여하는 반면, 가스는 총에너지 대비 에너지원별 집적도(EC)에 의한 기여율이 에너지원별 발생 집적(EI)보다 큰 것으로 나타났다. 또한 인구 대비 지역내총생산 성장과 인구변화에 의해 미세먼지는 발생하였으나, 지역내총생산 대비 총에너지 소비로 인한 초미세먼지 발생 기여(ETC)는 부(−)적인 기여를 하여 미세먼지의 에너지원별 발생 기여와 유사했다. 반면, 미세먼지 발생에 기여하는 경제성장으로 인한 기여(EO), 인구변화로 인한 기여($\triangle POP$)로 인해 미세먼지 발생의 원인을 파악할 수 있었다. 반면, 도시숲의 조성에 의해서는 국가 전체에서는 −0.07, 시부와 도부는 각각 −0.22, 0.01로 도시숲의 조성으로 인해 광역시에서 발생하는 미세먼지를 저감하는 효과가 확인되었다. 따라서 도시숲 조성과 광역시·도의 미세머지 발생에 대한 역의 관계가 파악되어 도시숲 조성으로 인한 환경 개선 효과가 나타났다.

제 5 절 결론

미세먼지 발생에 대한 원인을 에너지원별 발생 집적(EI), 총에너지 대비 개별 에너지원 집적(EC), 지역내총생산 대비 총에너지원 집적(ETI), 인구 대비 경제성과(EO), 인구변화(POP), 도시숲 조성($forest$)로 구분하여 미세먼지 발생에 미치는 영향을 부문별 기여율로 환산이 가능하다. 반면, 개별 에너지원인 석탄, 석유, 가스, 전력 소비는 상호 대체적인 관계가 존재하여, 기존 로그평균디비지아(LMDI) 분해 방식에 의한 부문별 기여율 산출 외에 개별 에너지원의 가격 변화에 의한 소비량 변화를 반영하고 개별 에너지원, 지역내총생산, 인구변화, 도시숲 조성 간 관계를 고려하는 것이 필요하다. 따라서 이 글은 미세먼지 발생에 미치는 지역별/에너지원별/도시숲 조성별 영향을 도출함으로써 기존 LMDI 분해 방식을 확장하였다. 이를 위해 국가 수준의 미세먼지에 대한 영향을 지역 차원으로 구분하였으며, 지역별 미세먼지 발생 정도를 미세먼지 종류별, 17개 지역별, 에너지원(석탄, 석유, 가스, 전력)별, 도시숲 조성별로 차별적으로 추정하여 기존 연구와의 차별화를 도모하였다.

도시숲 조성은 미세먼지의 평균 감소 정도에 미치는 영향이 양(+)으로 도출됨으로써 미세먼지의 평균 배출 농도를 촉진시키는 것으로 나타났다. 이러한 특성은 시부에서 보다 큰 것으로 나타났으며, 광역시에서의 도시숲 조성으로 인하여 미세먼지가 감소하는 것으로 나타났다. 더불어, 미세먼지의 절대적인 증가량을 파악하기 위한 도시숲 조성과 미세먼지 배출량의 관계에서도 도시숲의 조성은 미세먼지 배출량에 부(−)적인 영향을 주는 것으로 나타남으로써, 도시숲 조성의 긍정적인 효과가 실증적으로 파악되었다. 이러한 특성은 에너지원별로 증가하는 미세먼지에 대한 효과를 상쇄키시는 도시숲의 부가적인 영향이 파악되어 도시숲의 긍정적인 영향이 도출되었다.

이 글은 모수적 또는 비모수적 방법으로 미세먼지의 발생 원인을 도출한 기존 연구 중 비모수적인 방법인 로그평균디비지아 분해법을 사용하여 에너지원 및 도시숲 조성 특성에 따른 미세먼지의 결정 요인을 지역내총생산 및 인구변화와 함께 고려하였다. 특히, 로그평균디비지아 분해법에 반영하여 확장함으로써 미세먼지의 결정 요인의 산출과 함께 도시숲의 역할을 정량적으로 산출하였다. 반면, 이 글에서 고려하지 않은 산업 간 투입 및 산출 관계를 적용하여 환경투입산출표를 활용함으로써 미세먼지 발생으로 인한 영향력 측정과 IDA 방식을 사용한 이 글과는 다른 측면인 구조분해(structural decomposition analysis: SDA)에 의한 미세먼지 발생 원인에 대한 파악이 추가적으로 필요한 것을 의미한다(Guan et al., 2014). 더불어, 가장 근원적인 한계라고 할 수 있는 미세먼지 발생 원인은 국내 원인 외에 중국으로부터의 영향을 반영하여 구조적인 영향 분석을 추가적으로 확인하는 과정이 필요하다.

참고문헌

김의준 · 문승운(2018). 미세먼지의 지역별 생산기반 배출량과 소비기반 배출량. 『한국지역개발학회지』, 31(1): 101-122.

박순애 · 신현재(2017). 한국의 초미세먼지의 영향요인 분석: 풍향을 고려한 계절성 원인을 중심으로. 『환경정책』, 25(1): 227-248.

장경수 · 여준호(2015). 한국과 중국의 경제성장이 한국의 미세먼지에 미치는 영향분석. 『환경정책』, 23(1): 97-117.

최한주 · 이기훈(2006). 환경 혼합 산업연관모형을 이용한 산업별 이산화탄소 배출량 추정과 변화 요인 분석. 『자원환경경제연구』, 15(1): 27-50.

Cho, H. & M. J. Choi(2014). Effects of compact urban development on air pollution: Empirical evidence from Korea. *Sustainability*, 2014(6): 5968-5982.

Fang, C., H. Liu, G. Li, D. Sun, & Z. Miao(2015). Estimating the impact of urbanization on air quality in China using spatial regression models. *Sustainability*, 2015, 7, 15570-15592.

Guan, D., X. Su, Q. Zhang, G. P. Peters, Z. Liu, Y. Lei, & K. He(2014). The socio-economic drivers of China's primary PM2.5 emissions. *Environmental Reserach Letters*, 9(2014): 1-8.

Han, L., W. Zhou, W. Li, & L. Li(2014). Impact of urbanization level on urban air quality: A case of fine particles (PM2.5) in Chinese cities. *Environmental Pollution*, 194 (2014): 163-170.

Huang, Y., T. Deng, Z. Li, N. Wang, C. Yin, S. Wang, & S. Fan(2018). Numerical simalations for the sources apportionment and control strategies of PM2.5 over Pearl River Delta, China, Part Ⅰ: Inventory and PM2.5 sources apportionment. *Science of Total Environment*, 634(2018): 1631-1644.

Hu, J., Y. Wang, Q. Ying, & H. Zhang(2014). Spatial and temporal variability of PM2.5 and PM10 over the North China plain and the Yangtze river delta, China. *Atmospheric Environment*, 95(2014): 598-609.

Jin, Q., X. Fang, B. Wen, & A. Shan(2017). Spatio-temporal variations of PM2.5 emission in China from 2005 to 2014. *Chemosphere*, 183: 429-436.

Ji, X., Y. Yao, & X. Long(2018). What causes PM2.5 pollution? Cross-economy empirical analysis from socioeconomic perspective. *Energy Policy*, 119: 458-472.

Ledoux, F., A. Kfoury, G. Delmaire, G. Roussel, A. E. Zein, & D. Courcot(2017). Contributions of local and regional anthropogenic sources of metals in PM2.5 at an urban site in northern France. *Chemosphere*, 181: 713-724.

Liang, S., Y. Wang, C. Zhang, M. Xu, Z. Yang, W. Liu, H. Liu, & A. S. F. Chiu(2018). Final production-based emissions of regions in China. *Economic Systems Research*, 30(1): 18-36.

Lozano, S. & E. Gutiérrez(2008). Non-parametric frontier approach to modelling the relationships among population, GDP, energy consumption and CO_2 emissions. *Ecological economics*, 66(2008): 687-699.

Mi, K., R. Zhuang, Z. Zhang, J. Gao, & Q. Pei(2019). Spatiotemporal characteristics of PM2.5 and its associated gas pollutants, a case in China. *Sustainable Cities and Society*, 45: 287-295.

Nguyen, H. T., M. Y. Kim, & K. H. Kim(2010). The influence of long-range transport on atmospheric mercury on Jeju Island, Korea. *Science of the Total Environment*, 408(2010): 1295-1307.

Shen, Y., L. Zhang, X. Fang, H. Ji, X. Li, & Z. Zhao(2019). Spatiotemporal patterns of recent PM2.5 concentrations over typical urban gglomerations in China. *Science of the Total Environment*, 655(2019): 13-26.

T., Amos P. K., L. J. Mickley, & D. J. Jacob(2010). Correlations between fine particulate matter(PM2.5) and meteorological variables in the United States: Implications for the sensitivity of PM2.5 to climate change. *Atmospheric Environment*, 44(2010): 3976-3984.

Vellingril, K., K. H. Kim, C. J. Ma, C. H. Kang, J. H. Lee, & I. S. Kim(2015). Ambient particular matter in a central urban area of Seoul, Korea. *Chemosphere*, 119(2015): 812-819.

Wang, S., C. Fang, Y. Wang, Y. Huang, & H. Ma(2015). Quantifying the relationship between urban development intensity and carbon dioxide emissions using a panel data analysis. *Ecological Indicators*, 49(2015): 121-131.

Wang, Q., M. Kwan, K. Zhou, J. Fan, Y. Wang, & D. Zhan(2019). The impacts of urbanization on fine particulate matter (PM2.5) concentrations: Empirical evidence from 135 countries worldwide. *Environmental Pollution*, 247: 989-998.

Wang, Z. & C. Fang(2016). Spatial-temporal characteristics and determinants of PM2.5 in the Bohai Rim urban agglomeration. *Chemosphere*, 148, 148-162.

Xia, T., J. Wang, K. Song, & L. Da(2014). Variations in air quality during rapid urbanization in Shanghai, China. *Landscape and Ecological Engineering*, 10: 181-190.

Xue, B., Y. Geng, K. Müller, C. Lu, & W. Ren(2014). Understanding the causality between Carbon Dioxide emission, fossil energy consumption and economic growth in developed countries: An empirical study. *Sustainability*, 2014(6): 1037-1045.

Yan, D., Y. Lei, Y. Shi, Q. Zhu, L. Li, & Z. Zhang(2018). Evolution of the spatiotemporal pattern of PM2.5 concentrations in China: A case study from the Beijing-Tiangjin-Hebei region. *Atmospheric Environment*, 183: 225-233.

Yang, D., C. Ye, X. Wang, D. Lu, J. Xu, & H. Yang(2018). Global distribution and evolvement of urbanization and PM2.5(1998-2015). *Atmospheric Environment*, 182: 171-178.

Yang, J., D. Song, D. Fang, & F. Wu(2019). Drivers of consumption-based PM2.5 emission of Beijing: A structural decomposition analysis. *Journal of Cleaner Production* (2019). doi: 10/1016/j/jclepro.2019.02.109

Zhang, Y., C. Shuai, J. Bian, X. Chen, Y. Wu, & L. Shen(2019). Socioeconomic factors of PM2.5 concentrations in 152 Chinese cities: Decomposition analysis using LMDI. *Journal of Cleaner Production*, 218: 96-107.

Zhao, J., S. Chen, H. Wang, Y. Ren, K. Du, W. Xu, H. Zheng, & B. Jiang(2012). Quantifying the impacts of socio-economic factors on air quality in Chinese cities from 2000 to 2009. *Environmental Pollution*, 167(2012): 148-154.

C·H·A·P·T·E·R 6

국내 목재산업 활성화

민경택

제 1 절 서론

기후변화 대응은 인류가 당면한 가장 큰 환경문제로서 세계가 공동으로 대응해야 하는 과제이다. IPCC 4차 보고서(2007)는 기후변화 대응에서 산림부문이 유연성과 비용 효과성이 가장 높은 대안이라 지적하며 구체적 방법으로 신규 및 재조림, 산림경영, 국산목재제품 관리, 목질계 에너지의 화석 연료 대체 등을 제시하였다. 나무는 생장과정에서 대기의 탄소를 흡수하여 저장하고, 나무를 제품화하여 사용하면 탄소 저장을 지속할 수 있고 에너지로 사용하면 화석연료를 대체할 수 있다. 목재는 다른 물질재료보다 에너지 사용과 탄소배출이 적어 대체효과도 매우 크다.

한편, 파리협정의 발효(2016.11)와 함께 신기후 체제가 출범하면서 우리 정부는 「2030년 국가 온실가스감축 기본로드맵 수정안」을 확정하고 국가감축기여(INDC)를 제출하였다. 우리나라는 지난 8월 탄소중립위원회에서 '2050 탄소중립 시나리오 초안'을 발표하였는데, 흡수원에서 약 24백만 톤(CO_2 eq)을 감축하는 것으로 하였다.

산림의 탄소흡수 기능을 유지·증진하려면 산림 성장을 촉진하여야 하는데, 나무를 '심고-가꾸고-베고-이용하고-심고'의 산림 순환을 유지하는 것이 중요하다. 즉, 산림의 선순환을 통해 산림 생태계의 건강성을 유지하고 안정적인 목재생산을 지속하는 것이다.

나무는 적절히 이용하면 안정적으로 생산할 수 있다는 의미에서 재생가능한 자원이다. 목재 건중량의 50%는 탄소이므로 목재제품을 적절하게 이용하는 것은 산림이 흡수한 탄소를 그대로 유지하는 것이며 탄소를 사회에 저장하는 방법이다. 목재제품의 적절한 이용은 다시 산림경영을 자극하고 산림의 탄소흡수원 능력을 제고한다. 목재 사용은 철강, 콘크리트, 알루미늄 등을 대체할 수 있으며 제조하는 데 훨씬 적은 에너지를 사용한다. 목재 가공의 온실가스 배출량은 철강의 1/350, 알루미늄의 1/1,500이며, 목조주택 제조의 탄소배출량은 철근 콘크리트주택의 40% 수준이다. 목조주택이나 목재제품으로 사용한 후 발생하는 폐목재는 수집되어 파티클보드 등을 생산하는 데 사용할 수 있는데, 이처럼 목재는 자원순환에도 기여한다. 국가감축기여

(NDC)에 포함하는 수확 후 목재제품(harvested wood products)의 탄소 저장은 국산 목재만 해당한다. 따라서 국산목재를 내구성 높은 제품(제재목, 합판 등)으로 이용하는 것이 중요하다.

[표 6-1] 주택 1호당 탄소저장량 비교

	목조주택	철골 프레하브주택	철근 콘크리트주택
탄소저장량(탄소 톤)	6	1.5	1.6
재료제조의 탄소배출량(탄소 톤)	5.1	14.7	21.8

출처: 일본 임야청.

또 나무를 에너지로 이용하면 화석 연료를 대체하여 탄소 배출을 억제한다. 목재 연소에서 발생하는 탄소는 대기 중에서 흡수한 것이므로 대기의 탄소량을 늘리지 않는다는 점에서 탄소중립(carbon neutral)이다. 예를 들어, 목재 1m^{3}을 에너지로 이용하면 원유 0.2톤(0.6 CO_2톤 배출)을 대체할 수 있다. 이처럼 적극적인 숲가꾸기와 수확, 수확 후 목재제품의 이용 증진, 목질 바이오매스의 에너지 이용은 신기후 체제에 대응한 국가 탄소배출 감축 목표 달성에 효과적으로 기여한다.

정부는 '탈원전 정책으로 안전하고 깨끗한 에너지로 전환'을 추진하는데, 이에 대응하여 다양한 에너지원을 개발할 필요가 있다. 정부의 「제3차 에너지기본계획('19~'40)」은 재생에너지 발전 비중을 확대하여('40년 30~35%) 에너지 소비를 저탄소・고효율구조로 전환할 계획이다. 또 정부는 2017년 7%에 불과한 재생에너지 비율을 2030년 20%까지 늘리겠다는 「재생에너지 3020 이행계획」을 발표하였다. 산림바이오매스는 농・산촌의 전통적인 에너지원이었으며, 다양한 에너지원 개발의 일부가 될 수 있다. 독일 산림바이오매스 소규모 발전 규모('16)는 460개, 700MW(원전 2개 수준)에 이르며, 오스트리아는 목재생산량의 28.4%를 에너지원으로 사용한다('15). 특히, 오스트리아는 '탈원전' 선언 이후 목질계 바이오매스를 비롯하여 다양한 재생가능 에너지를 개발하는 데 노력하였다.

이처럼 기후변화 등 지구환경 위기에 대응하는 데 산림과 목재산업은 중요한 역할을 수행한다. 국내 산림자원을 활용하는 임업과 목재산업의 발전은 우리 사회가 저탄소 지속가능한 사회로 전환하는 데 핵심의 역할을 할 것이다. 이하에서 우리나라 산림・임업, 목재산업의 현실을 검토하고 발전방안을 논하고자 한다.

[그림 6-1] 임업 · 목재산업의 탄소 순환

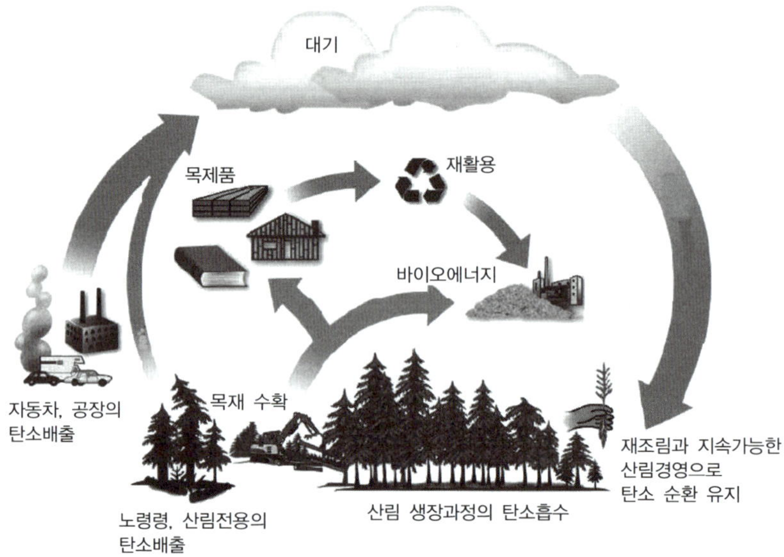

출처: Tackle Climate Change: Use Wood.

제 2 절 우리나라 임업 · 목재산업의 현실

1. 산림면적과 임목축적

우리나라 산림의 면적은 633만ha이며 이는 국토의 63.2%에 해당한다. 산지는 이용 구분에 따라 보전산지(494만ha)와 준보전산지(145만ha)로 구분하며, 보전산지는 임업용(331만ha)과 공익용(163만ha)으로 구분한다. 임업용 보전산지는 산림자원 조성과 임업생산 기능 증진을 위해 필요한 산지이며, 공익용 보전산지는 임업생산과 함께 재해 방지, 수원보호, 자연생태보전, 자연경관보전, 국민보건휴양증진 등 공익 기능에 필요한 산지를 말한다. 국토의 효율적 관리를 위해 산림 · 산지의 경제적 이용, 농산촌의 소멸 억제는 중요한 과제이다. 산림청은 산림경영 효율성 제고와 국산목재의 안정 공급을 위해 산림경영 여건이 우수한 산림을 경제림 육성단지로 지정하는데, 전국

[그림 6-2] 영급별 산림면적과 임목축적의 변화

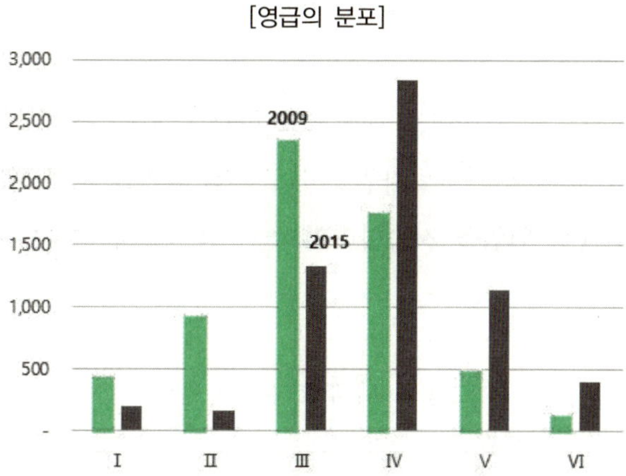

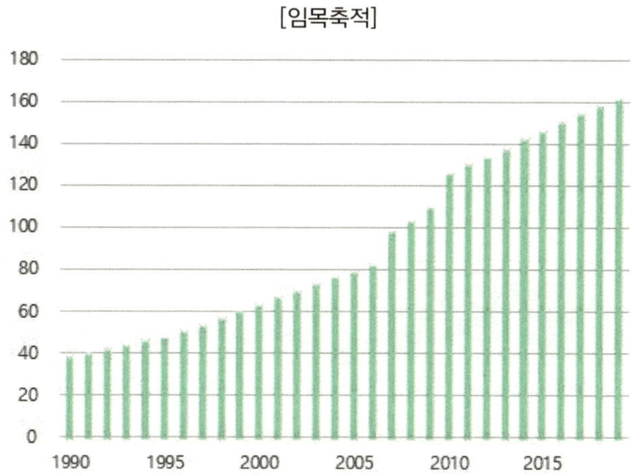

출처: 산림청.

387개 단지, 234만ha를 지정하였다(2018년).

산림의 임목축적은 63.45m³/ha(2000)에서 161.45m³/ha(2019)로 증가하였고, 5영급 이상의 산림이 24.4%에 이른다. 국립산림과학원(2019)에 의하면 2030년 6영급 이상 산림은 32.7%에 이를 것으로 전망된다. 산림자원이 노령화하면 임목축적의 연간 생장량도 점차 감소하는데, 국립산림과학원(2019)은 임목축적의 연간 생장량(m³/ha/yr)이 4.3(2020) → 2.6(2030) → 1.9(2050)가 될 것으로 전망한다. 임목 생산량은 생장량의 20~25% 정도이다. 산림의 탄소흡수 기능과 임업 생산성 유지·증진을 위해 산림경영이 활성화되어야 한다. 가까운 장래에 임목 수확이 가능한 시기가 도래하므로 이에 대응하여 '조림→숲가꾸기→수확→이용→조림' 순환형 임업의 기반을 구축해야 한다.

임업정책은 기본적으로 인공림을 대상으로 하므로 임종 구분이 중요하다. 국립산림과학원(2011)이 분석한 국가산림자원조사 표본점 분포로 추정하면 천연림 80.2%, 인공림 19.8%이다. 육성 임업을 지속하려면 조림지의 철저한 사후 관리를 통해 인공림을 유지해야 한다.

[그림 6-3] 주요 수종의 면적

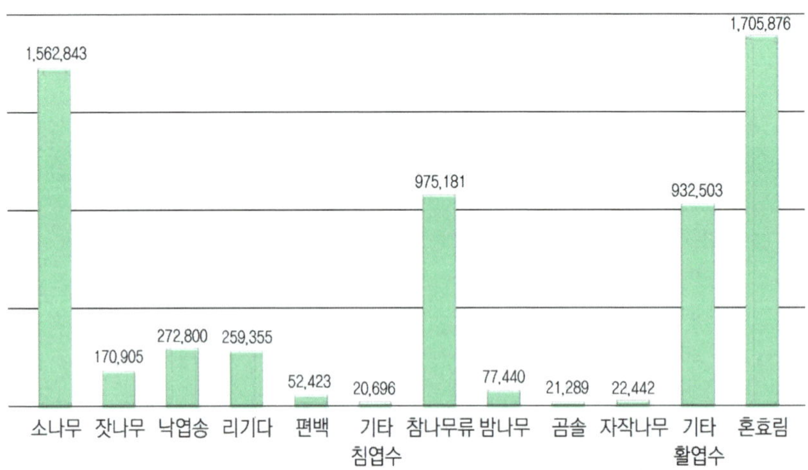

출처: 산림청.

산림의 임상을 구분하면 침엽수 36.9%, 활엽수 32.0%, 혼효림 26.9%, 죽림 0.3%, 무립목지 3.8%이다. 또 수종을 분석하면 혼효림이 가장 많고, 그 다음으로 소나무, 참나무류, 기타 활엽수 등이다. 목재의 고부가 이용을 고려하면 낙엽송, 편백 등 통직한 특징을 가진 수종이 많아야 하지만 자원량이 충분하지 않다. 우리나라 임목자원의 가치가 낮은 것은 산림녹화 성공 이후 경제림 수종 갱신이 원활히 진행되지 못했기 때문이다. 또 우리나라는 온대기후에 속하여 생태계 천이에서 참나무류가 우점할 가능성이 높으므로 활엽수 이용을 높이는 것도 검토할 필요가 있다.

국립산림과학원(2011)은 국가산림자원조사 표본점의 경사구분을 분석하였는데, 30°

이상의 절험지 48.9%, 25~30°의 험준지 18.3%, 20~25%의 급경사지 15.6%로 나타났다. 경사도에 따라 작업 조건이 달라지고 이용할 수 있는 기계장비가 달라지며 이는 생산비에 영향을 미친다. 예를 들어, 30~60% 경사 지형에는 작업도를 개설해야 하고, 60% 이상의 급경사 지형에서는 가선 작업기계를 사용한다. 이러한 지형 조건은 산악이 많은 오스트리아, 일본과 비교하여도 매우 험준하며 임업을 수행하기에 훨씬 불리한 지형이다.

2. 임업경영의 여건

2019년 임업 생산액은 6조 5,667억 원이다. 순임목생장액(23.9%)과 토석류(25.2%)의 비중이 높은데, 이를 제외하면 3조 3,432억 원이다. 단기임산물 생산액이 높고(2조 7,278억 원), 조림 · 육림 · 용재 생산액은 6,154억 원에 불과하다. 용재 생산보다 단기임산물 생산 비중이 높은 것은 우리나라 임업의 특징이다.

[그림 6-4] 임산물 생산액 추이

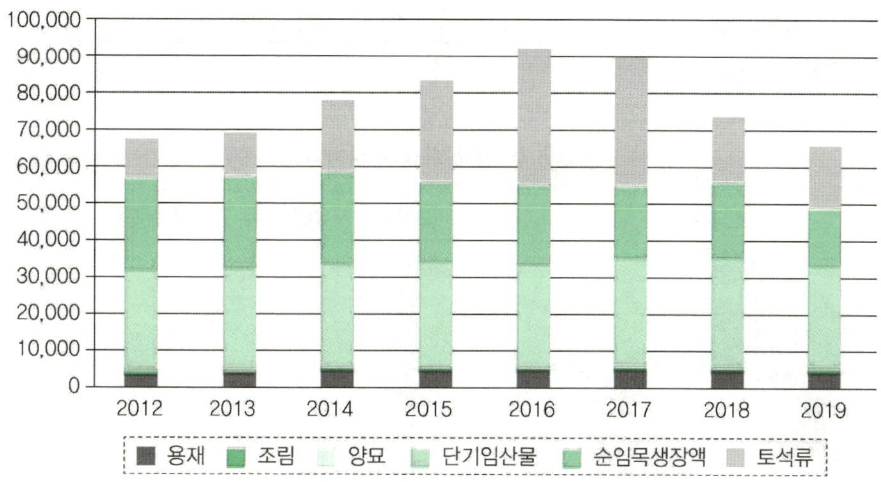

출처: 산림청.

산림은 다양한 공익 기능을 발휘하는데, 그 가치 평가액은 126조 원('14년)에 이르며 국내총생산(GDP)의 8.5%에 해당한다. 산림은 국민 1인당 매년 249만 원의 혜택을 제공하는 것으로 평가한다. 산림에 대한 국민들의 기대도 '목재생산'의 경제 기능보다 '지구온난화 방지에 기여', '쾌적한 경관', '휴양공간' 등 공익 기능이 더 높다.

산림의 소유구조는 국유림 25.5%, 공유림 7.4%, 사유림 67.1%로 구성된다. 사유림의 ha당 임목축적은 138.3m^{3}로 국유림 163.3m^3, 공유림 155.9m^{3}에 비하여 낮다. 건전한 산림관리를 위해 사유림 산주들의 참여를 유도하는 중요하다.

우리나라 임업이 안고 있는 문제점의 하나는 산림 소유의 영세성이다. 소유 규모가 영세하여 산림경영에서 규모의 경제를 실현하기 어렵다. 사유림의 소유 산주는 212만 명에 이르는데, 평균 소유 규모는 2015년 2.0ha이다('15년). 소유 규모 분포를

[표 6-2] 산림의 공익 기능의 가치(2014년)

순위	기능	평가액(조 원)	비율(%)	순위	기능	평가액(조 원)	비율(%)
1	토사 유출 방지	18.1	14	7	산림 정수	9.9	8
2	산림휴양	17.7	14	8	토사붕괴 방지	7.9	6
3	수원함양	16.6	13	9	대기질 개선	6.1	5
4	산림경관	16.3	13	10	온실가스 흡수	4.9	4
5	산소생산	13.6	11	11	산림치유	2.4	2
6	생물다양성	11.1	9	12	열섬 완화	1.1	1

출처: 국립산림과학원(2016).

[그림 6-5] 산림 소유의 구조

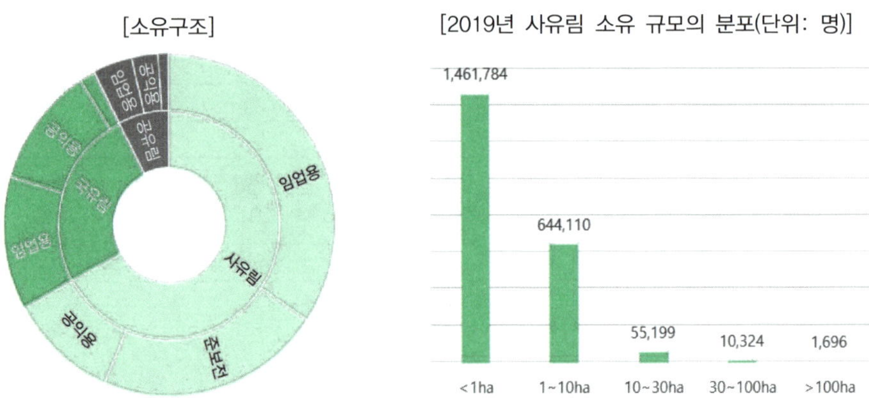

출처: 산림청.

보면 1ha 미만의 소유자가 66.3%를 차지한다. 사유림 소유주는 개인, 회사, 문중, 종교단체 등 다양한데, 경영 주체의 다수는 개인이며 농가의 비율이 크다. 도시인의 산림 구입 경향이 많아져서 부재산주가 많아지는데, 그 비율은 1971년 15.6%에서 2015년 54.5%로 증가하였다(면적으로는 59.3%). 한국갤럽조사연구소(2015)에 따르면 산림을 매입하는 이유는 부동산 재테크(25.7%), 장묘(20.1%), 귀산촌(18.5%), 단기임산물 생산(15.1%), 목재생산(9.3%) 등으로 나타났다.

3. 임업 인프라

임도는 산림에 접근성을 높이는 임업의 기반시설이다. 임업 경쟁력 강화를 위해 임도가 충분히 확충되어야 한다. 우리나라 임도의 연간 조성 길이는 1995년 1,888km이었는데 2017년 720km로 감소하였다. 임도 밀도는 1995년 1.1m/ha에서 2017년 3.3m/ha로 증가하였지만 다른 임업 선진국과 비교하면 여전히 매우 낮다. 임도 설치 단위 비용은 km당 2억 700만 원으로 산정된다.

오스트리아는 산악지형이 많으며 산림면적은 우리나라보다 적지만 훨씬 많은 원목을 생산하면서 목제품 수출량도 많아 임업 · 목재산업의 경쟁력이 강한 나라이다. 독일과 오스트리아 등 유럽의 선진국이 강한 임업 경쟁력을 확보한 배경에는 고품질 임도망의 충실한 확보가 있다. 특히, 오스트리아의 산림정책 우선순위는 임도, 교육, 보조의 순이라 한다. 임도는 목재생산만이 아니라 산림휴양, 산림재해 방지, 산림작물 재배 등 여러 용도로 사용할 수 있다. 임도는 숲을 지역주민들의 일터, 국민들의

[표 6-3] 오스트리아, 독일, 스위스, 일본, 한국의 임업조건 비교

	산림면적 (만ha)	원목 생산량(만m^3)	인공림 면적 비율(%)	사유림 면적 비율(%)	평균 임목축적(m^3/ha)	임도밀도 (m/ha)
일본	2,496	2,113	41.1	59.3	196.3	14.0
오스트리아	396	1,755	43.7	82.0	298.5	45.0
독일	1,110	5,561	47.7	43.6	336.0	51.8
스위스	125	487	13.7	29.0	352.5	26.7
한국	634	490	19.8	67.1	146.0	3.2

출처: 임업통계연보, 각국 자료.

쉼터로 활용하는 데 필요한 시설이다.

임업기계화는 노동력의 고령화와 인건비 상승, 인력 작업의 비능률성을 극복하는 데 중요하다. 2015년 임업기계 보유실태를 보면 양묘장비 38.1%, 조림·육림장비 21.4%, 임목생산장비 39.3%이다. 가장 많은 것은 기계톱이다. 실제 임목 수확은 대개 기계톱과 윈치 등 인력과 소형 임업기계에 의존한다. 임업활동에 참여하는 노동력은 대개 특별인부와 보통인부인데, 이들의 인건비는 꾸준히 상승하며 앞으로도 상승할 것으로 보인다.

4. 임업의 수익성

벌기령 입목가를 시장가역산법으로 평가하고 조림·육림비를 산정하여 임업경영의 현금 흐름을 분석하였다. 벌기령 30년에 도달한 낙엽송 입목가는 200만 원 정도로 평가된다. 이는 비교적 제재용재로 많이 이용되는 낙엽송의 경우이며, 다른 수종은 원료용재로 많이 이용되는 다른 수종의 입목가는 훨씬 낮다. 다른 조사에 의하면 100만 원 이하의 경우도 많다. 목재 가격의 인상은 거의 없지만 인건비 등 생산비 요소

[표 6-4] 임업의 비용 - 수입 흐름

연차	시업	비용	수입	비고
0	조림	9,057,000		낙엽송 1-1 3,000본/ha
	풀베기	1,832,000		
1	풀베기	1,832,000		
2	풀베기	1,832,000		
…	…			
8	어린나무가꾸기	1,990,000		
…	…			
15	가지치기	639,000		
	솎아베기	1,805,000		
…	…			
…	…			
25	솎아베기(선목 + 간벌)	2,173,000		
30	임목 수확	17,295,376	19,314,354	입목판매액 2,018,978

[그림 6-6] 임목 수확의 비용구조

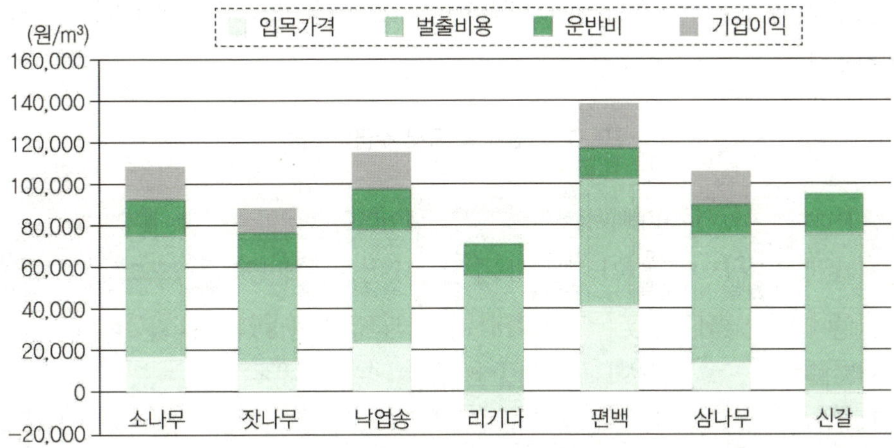

출처: 민경택 외(2017).

는 매년 상승하는 추세이다.

임목 판매로 갱신비용(조림비)를 충당하지 못하기 때문에 높은 보조금으로 지지한다. 현재 보조금 수준은 조림 90%, 숲가꾸기 100%이다. 고비용 임업 방식을 개선하여 저비용 임업(맹아갱신, 천연갱신 등)으로 전환할 필요가 있다.

임목 수확에서 벌출비용의 비중이 높은데, 임도를 비롯한 산림경영 인프라가 부족하고 인력 의존도가 높기 때문이다. 목재 가격은 오르지 않지만 인건비 상승에 따라 벌출비용은 증가할 것으로 전망된다. 벌출비용 절감을 위해 임도를 비롯한 인프라 확충과 국내 지형에 적합한 소형 임업기계 개발·적용이 필요하다. 또 임목 생산지와 목재가공업체의 거리가 멀기 때문에 운반비가 높다. 임업과 목재가공업의 거리를 좁히고 연계성을 높여 상호 경쟁력을 높여야 하는데, 임업 생산지에 목재가공공장을 유치할 필요가 있다.

5. 목재의 용도와 소비

우리나라 연간 목재 소비량은 3,000만m^3 내외를 유지하였으나 2020년 2,793만m^3으로 내려갔다. 목재·목제품 소비에서 차지하는 국산목재의 비율(목재자급률)은

15.9%이다. 국내 목재산업이 외재 가공으로 성장하였고, 그동안 국내 산림자원이 미성숙하였기 때문이다. 그러나 국내 산림의 성숙에 따라 어느 정도 이용가능한 자원이 증가하였다.

[표 6-5] 용도별 목재 수급의 변화

(단위: 천m^3)

	2010년			2015년			2020년		
	국산 원목	수입 원목	제품 수입	국산 원목	수입 원목	제품 수입	국산 원목	수입 원목	제품 수입
제재용	429	3,788	1,209	1,013	3,218	2,156	564	2,546	2,115
합판용	–	393	2,560	5	427	2,822	–	117	1,757
펄프용	892	–	11,574	973	–	9,663	904	–	9,165
보드용	1,611	46	1,653	1,849	132	2,127	1,239	6	1,417
바이오매스용	29	–	–	373	–	2,791	553	–	4,887
기타	754	–	2,674	701	–	2,348	1,187	–	1,468
계	3,715	4,227	19,670	4,914	3,777	21,907	4,447	2,669	20,809

출처: 산림청.

용도별 목재 수급의 변화를 보면 수입원목 공급량은 점차 감소하고 국내원목 공급은 크게 늘었다가 다시 감소하였다. 원목의 자급률은 65.2%로 상승하였지만 이는 원목 수입이 감소하고 목제품의 수입이 증가하였기 때문이다. 목재 소비가 가장 많은 부문은 펄프공업이며 36.1%를 차지한다. 그 다음이 바이오매스(19.5%), 제재업(18.7%)이다. 펄프용 목재 소비도 감소 경향에 있으며 바이오매스용 소비가 크게 증가하였다. 바이오매스용 소비는 대부분 제품 수입으로 충당한다.

국산목재 제품 생산에 투입하는 원재료를 분석한 것이 [표 6-6]이다. 목제품 제조의 원재료에서 국산목재(원목)의 사용량을 보면, 제재업 17.4%, 합판 2.9%, 섬유판 56.1%, 목재칩 39.2% 등이다. 목재의 탄소고정 기능을 높이려면 반감기가 긴 제재목, 합판 등으로 이용해야 한다. 그러나 주요 목재산업이 수입 원목 중심으로 성장하였기에 국내 임업과 목재산업의 연계성이 낮다. 목재의 탄소고정 기능을 높이려면 국산목재를 내구성 높은(장수명) 제재목으로 많이 이용하여야 한다.

국내에서 생산된 목재제품은 다양한 부문에서 이용된다. 크게 건축, 토목, 가정용품, 포장재, 제지, 농업, 기타로 구분하는데, 제재목과 합판은 건축·토목용이 많고,

[표 6-6] 목제품 제조의 원재료 사용량(2019년)

(단위: m^3)

	합계	국산원목	수입원목	원목 외	원목 외 주요 원료	국산원목 비중 (%)
일반제재업	3,214,755	560,644	2,507,657	146,454	제재목(수입)	17.4
합판	281,500	8,300	151,956	121,244	단판(수입)	2.9
섬유판	2,375,323	1,332,033	106,311	936,979	죽데기	56.1
파티클보드	879,762	–	–	879,762	폐목재	–
목재칩	2,633,785	1,032,445	113,820	1,487,520	폐목재	39.2
방부목재	119,401	485	22,444	96,472	제재목(수입)	0.4
목탄/목초액	80,812	80,812	–	–	대나무류	100.0
톱밥/목분	214,478	203,060	3,700	7,718		94.7
표고버섯	118,144	118,144	–	–		100.0
목재펠릿	394,739	309,649	–	85,090	폐목재	78.4
장작	556,161	556,161	–	–		100.0
성형목탄	7,700	4,800	150	2,750	목재가공부산물	62.3

출처: 2019년 기준 목재이용실태조사보고서.

파티클보드와 섬유판은 가정용품 이용이 많다. 또 방부목재는 건축용이 많다. 국산목재 목제품이 토목이 포장재 등 단기 이용에 쓰이는 경우가 많으며, 국산목재를 건축이나 가정용품 등에 사용하도록 기술개발과 유통구조 개선 등이 필요하다.

국산목재의 생산과 이용을 분석하면 [그림 6-7]과 같다. 연간 벌채량은 임목 기준으로 518만m^3이며('19년), 이 가운데 83.2%는 수집·이용하지만 16.8%는 미이용 잔재로서 임지에 남겨진다. 이용되는 임목은 대개 보드류 및 펄프 제조원료로 사용된다. 이는 품질보다 수량을 중시하며 가격이 낮고, 이 때문에 산림경영인 수취가격이 낮다. 임업의 수익성 개선을 위해 국산목재가 고급재(제재목)로 이용되도록 유도해야 하지만 산림의 수종과 목재산업의 여건 등을 고려하면 쉽지 않은 과제이다. 벌채량은 순임목 생장량의 23%에 해당하며 많은 편은 아니다.

국제 여건을 고려할 때 향후 목재자원의 부족을 전망하기 어려우며 목재 가격의 상승을 기대하기 어렵다. 원목시장은 완전 개방되어 있으므로 국내 목재시장은 외재 가격의 영향을 강하게 받는다. 지난 10여 년의 목재 가격을 살펴보면 수입목재의 가격은 안정되어 있다.

[그림 6-7] 국산목재의 생산과 이용(2019년)

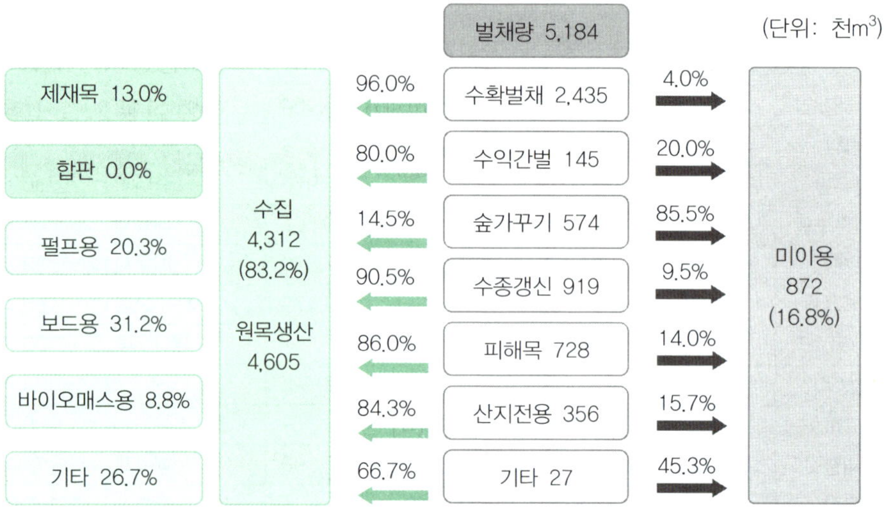

출처: 임업통계연보(2020).

인건비 상승으로 임목 생산비는 상승할 것이므로 임업의 수익성은 더욱 악화될 것으로 전망된다. 임업의 생산비 절감과 경쟁력 강화가 과제이다.

제 3 절 임업과 목재산업 활성화 방안

1. 임업 · 목재산업 SWOT 분석

임업 · 목재산업의 대내 · 외 환경을 분석하여 강점(Strength)과 약점(Weakness), 그리고 기회(Opportunity)와 위협(Threats) 요인을 정리하였다.

먼저, 국토의 63%에 이를 만큼 산림이 풍부하다는 것과 산림자원이 성숙하여 수확기에 이르렀다는 점이 강점이다. 또 목재제품은 다른 물질재료보다 탄소배출이 적은 친환경 재료이며, 목재는 적절히 관리하면 끊임없이 생산할 수 있는 재생가능 자원이다.

산지 지형이 매우 험준하여 임업생산에 불리하고 임도를 비롯한 임업 인프라가 부족한 것을 약점으로 지적할 수 있다. 사회적으로 주거문화가 아파트 거주형이기 때문에 목재 소비 문화가 낮다는 점도 약점이다. 또 산림보호 우선 정책을 추진하였기에 산주들의 산림경영 의욕도 부진하고 부재산주가 많은 것도 임업경영의 약점이다.

지구환경 문제로서 탄소중립 실현이 중요한 이슈로 대두하여 산림·목재산업의 역할이 중요해졌고, 정부가 에너지 전환 정책을 추진하면서 목질 바이오매스를 비롯한 재생 에너지 이용을 증진할 것으로 전망된다. 지역의 균형발전 추진 과정에서 농·산촌 정책환경도 달라지며 국민소득의 증가와 함께 산림에 대한 국민 인식도 우호적으로 변화하는 것도 산림·목재산업 성장의 새로운 기회가 될 수 있다.

시장 개방의 영향으로 낮은 목재 가격이 유지되고 인건비 상승 등으로 비용이 상승하여 임업생산의 수익성이 더욱 악화되는 상황은 임업 성장에 위협이 된다.

SWOT 분석에 따라 다음과 같은 전략 과제를 제시한다. 먼저, 목재제품의 친환경성을 살려 기후변화 및 에너지 정책 변화에 대응한다(S-O). 또 목재제품의 친환경성을 살펴 목재제품을 고급재로 이용하고 소비를 촉진한다(S-T). 임업 인프라에 투자하고 규제 완화 등으로 산림경영 의욕을 제고하며 기후변화 및 에너지 정책변화에 대응한다(W-O). 또 임업 인프라에 투자하여 생산비를 절감한다(W-T).

이러한 전략과제를 정리하면 기후변화 및 에너지 정책변화에 대응하여 임업·목재산업을 진작하는 것이다. 국산목재 이용 증진을 통해(시장경제의 순환) 산림경영을

[그림 6-8] 임업·목재산업 SWOT 분석

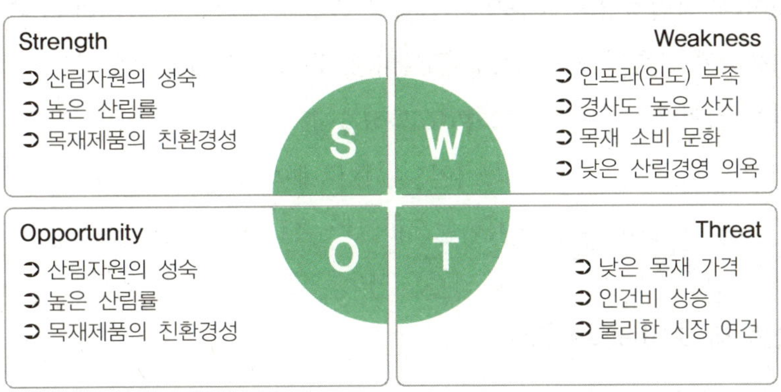

[그림 6-9] 순환형 임업의 이미지

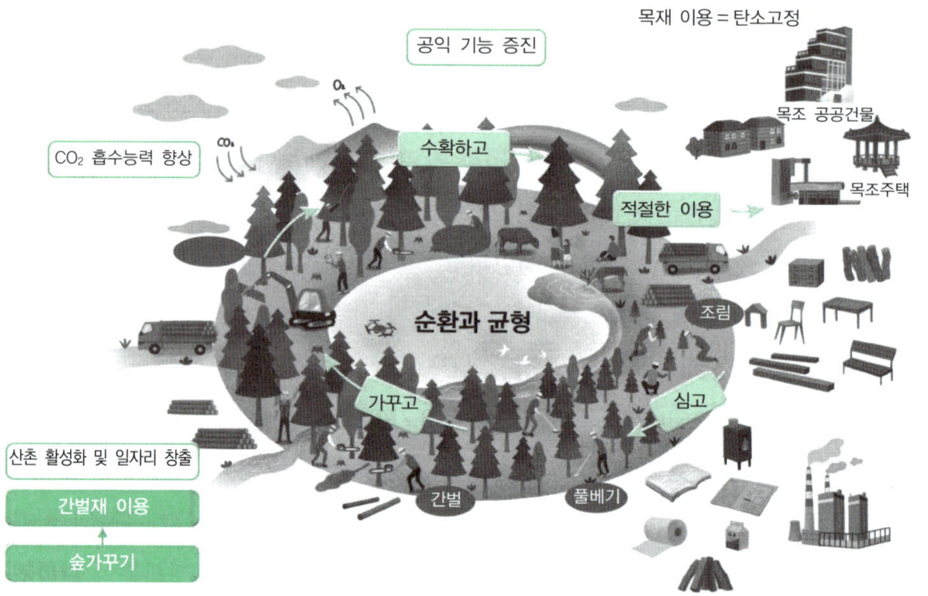

활성화하여(산림의 순환) 지속가능한 저탄소 사회 실현에 기여하는 것이다. 국산목재 수요 창출을 통해 임업·목재산업의 성장을 유도하고 이를 통해 산림의 공익 기능 증진과 산촌형 일자리를 창출해야 한다.

순환형 임업은 '심고→가꾸고→수확하고→적절히 이용하고→다시 심는' 순환을 반복하면서 목재를 생산하고 산림생태계의 건강성을 유지하고 아름다운 숲으로 가꾸는 것이다. 산림경영의 순환으로 산림의 탄소흡수 기능을 유지하고 이를 목재제품으로 이용하여 사회의 탄소저장량을 늘리는 것이고, 우리 사회를 보다 소프트하게 만들어 가는 것이다.

2. 임업 · 목재산업 활성화 방안

1) 국산목재 소비 문화 창달

국산목재를 적절히 이용하지 않으면 산림에서 흡수한 탄소가 다시 대기로 배출되게 된다. 산림의 탄소흡수능력을 유지·증진하기 위해 국산목재 이용을 증진해야 한다. 목제품의 탄소저장 효과 표시제를 도입하여 목재의 친환경성을 국민들에게 홍보하고, 친환경제품으로서 정부조달에서 우선 구매하도록 해야 한다.

어릴 때부터 목재와 친근감을 갖도록 목재교육을 추진하고 어린이집과 초등학교 등에서 목재 이용 교육을 증진할 필요가 있다. 국산목재를 활용한 완구 및 문구 개발·보급이 필요하다. 일본의 목육(木育)을 참조할 필요가 있는데, 어린이집과 초등학교 등에 나무를 이용한 놀이기구와 지도사를 배치하여 어릴 때부터 목재에 친근함을 갖도록 교육한다. 또 일부 지방자치단체는 출생 선물로 지역목재로 만든 장난감을 전달하기도 한다.

2) 공공부문의 국산목재 소비 증대

국산목재의 경쟁력이 낮기 때문에 시장에서 국산목재 소비를 증대하기는 용이하지 않다. 따라서 공공부문에서 국산재 이용을 솔선할 필요가 있다. 공공건물의 목조화, 인테리어의 목질화, 상징 건물의 목조화 등을 추진해야 한다. 학교, 공공건물 등에서 '국산목재 우선 구매제'를 적용하여 국산목재 이용을 증진해야 한다. 건물 설계를 작성할 때 국산목재를 적절히 사용하도록 지도하거나 조달에서 가점을 부여한다. 여기에서 국산목재는 '국내의 산림에서 생산되어 국내에서 가공 또는 제품화된 목재와 목재제품'을 가리킨다.

일본은 「공공건물에서 목재이용의 촉진에 관한 법률」에서 공공건물의 목조화와 인테리어의 목질화를 추진하며, 지방자치단체는 조례를 통해 공공건물 건축에서 지역목재를 사용하도록 요구한다. 또 캐나다는 「Wood First Act」를 통해 정부 보조의 건물에 목재 사용을 요구한다.

3) 국산목재 가공업의 경쟁력 강화

국산목재가 건축, 가구 등 내구성 제품으로 이용되도록 기술개발하고, 국산목재 가공업체의 경쟁력을 강화해야 한다. 예를 들면, 합판(또는 제재목) 시설 현대화를 지원하면서 국산목재 사용을 촉구하여 국산목재 이용을 증진한다. 주요 선진국은 이미 집성재 또는 CLT 기술을 응용하여 고층빌딩 건축에도 목재를 사용한다. 일본의 '신유통·가공시스템'은 국산재 이용이 낮은 집성재와 합판 분야를 대상으로 지역 생산조직과 협의회를 결성하도록 하고 참가업체의 임업기계 도입, 목재가공업체의 시설 현대화를 추진한 것이다. 불량목재와 간벌목재 이용이 크게 늘었고, 합판의 국산재 사용비율이 2%('02)에서 36%('15)로 증가하였다. 이후 제재업에서도 사업을 추진하고, 또 독일의 임업-목재산업 클러스터도 그 예이며, 임업과 목재산업의 경쟁력을 제고한다.

4) 로컬 열에너지 이용으로 에너지 자립

산림바이오매스의 칩 가공으로 열에너지 이용으로 화석연료를 대체하고 농·산촌 에너지 자립을 실현한다. 이는 바이오매스를 낮은 수준으로 가공하여 가공비용을 줄이고 장거리 운송을 피하여 농·산촌 지역에서 이용함으로써 에너지 이용의 경제성을 높이는 것이다. 지역의 산림바이오매스 공급 능력을 고려하여 시설 규모를 결정하고 열 전달의 손실을 줄이고 안정적으로 관리하는 것이 중요한데, 안정적인 수요 확

[그림 6-10] 산림바이오매스의 로컬 에너지 이용 사례

출처: 홋카이도 아사히카와정.

보와 열 손실을 줄이기 위해 가까이 위치한 공공기관을 중심으로 연결하는 것이 필요하다. 농·산촌에서 산림 일자리를 창출하고 화폐의 지역 외 유출을 억제하는 효과를 기대한다. 또 화석연료의 사용은 지역의 화폐를 지역 밖으로 유출하지만 바이오매스 이용은 지역주민의 수입이므로 지역경제에 기여한다. 산림바이오매스의 에너지 이용은 화석연료를 대체하므로 탄소상쇄사업으로 추가 수입을 기대할 수 있다. 예를 들어, 홋카이도 아사히카와정은 임지잔재 등을 목재칩으로 가공하여 열에너지를 생산하고 가까운 공공시설에 공급하여 연간 1,900만 엔의 에너지 비용을 절감하고, 절감 비용의 50%는 보일러 갱신을 위해 적립하고 50%는 아동급식 등에 지출한다고 한다.

산림바이오매스의 원활한 수집을 위해 농·산촌 기반의 원목 및 산림바이오매스 집하 센터를 구축해야 한다. 이는 지역 기반의 소규모 원목생산업, 산촌형 마을기업 육성의 매개가 될 수 있다. 예를 들어, 일본에는 키노에키 프로젝트가 있는데, 산주 또는 소규모 원목생산업자 등이 가져온 임목을 에너지용재로 구매하고 지방자치단체에서 매입단가를 증액 지원하는 데 지역 상품권으로 지불한다.

5) 임업과 목재산업의 연계 강화

'임업+목재산업'의 연계 강화를 통해 경쟁력을 제고해야 한다. 경제림 단지에 목재가공업을 유치하여 임업과 목재산업의 통합 발전을 추구하는 '임업-목재산업 클러스터'를 추진할 필요가 있는데, 이는 생산지에서 임목을 1차 가공하여 목재의 운송 효율성을 높이고 산촌 일자리를 창출할 수 있다.

산림사업을 하면서 목재 이용을 고려한 조림과 숲가꾸기를 추진하여 수종과 산림 경영 목표를 결정해야 한다. 지형과 경제 조건을 고려하여 경제림 육성단지를 조정하고 산림사업을 우선 지원하는 것이 필요하다.

6) 임업 생산비 절감

산림경영 인프라(임도)를 확충하여 접근성을 제고하고 산림경영과 임목생산의 비용 절감을 추진해야 한다. 임도는 산림작업 비용을 약 30% 절감하고 임목생산면적을 40ha/km 확대한다. 임도는 산림작물 생산과 산림관광에도 활용할 수 있다. 지방자치단체에서 임도(지선) 예산을 임도 확충에 사용하도록 제한할 필요가 있다.

기존의 '개벌-인공조림' 방식을 개선하여 저비용 임업 실현을 추구해야 한다. 맹아 갱신 또는 천연하종 기술 적용으로 조림・육림 비용의 절감을 추진해야 한다. 한편으로 고급목재 수요(목공, 한옥, 문화재, 고급가구 등)에 대응하여 대경재 생산을 위한 장벌기 임업을 추진하고, 다양한 임업 방식(수액, 밀원수 등)을 지원해야 한다. 독일의 자연에 가까운 산림경영(Close-to-Nature Forest Management), 스위스의 근자연 육림(Near-Natural Silviculture)을 참고할 필요가 있는데, 유럽도 인건비가 비싸서 목재 수확으로 조림비를 충당하지 못하기 때문에 인공조림보다 천연갱신을 선호한다. 일본은 조림보육비 절감을 위해 컨테이너묘의 개발・보급과 벌채-조림 일관작업을 추진한다.

우리나라 지형에 적합한 소형 고성능기계 개발로 수확비용을 절감하는 방안을 추진해야 한다. 우리나라는 임목 수확을 대부분 인력에 의존하기 때문에 수확비용이 높고 산림경영인의 몫이 작다. 대형 임업기계는 우리나라에서 적용하기 어렵고 고가이기 때문에 감가상각비가 높다. 우리나라 지형에 적응할 수 있는 소형 고성능기계 개발이 필요하다. 고성능 임업기계를 투입하려면 임도망의 확충이 선결되어야 한다.

7) 산림계획제도 정비

산림계획제도 확립 및 실효성 제고하여 지속가능한 산림경영을 추진하고 국가 산림정책과 산림현장의 연계를 강화해야 한다. (산림청) 산림기본계획-(광역) 지역산림계획-(기초자치단체) 산림공간계획-(산주) 산림경영계획으로 산림계획 체계를 확립하고 계획적인 산림경영을 육성해야 한다. 기후변화 대응을 위한 산림흡수원 목표(22.1백만 톤) 달성을 위해 적극적 산림경영계획이 필수이며 산림 경영률의 증대가 필요하다. 현재 사유림 경영률은 32%에 불과한데(산림경영계획 작성률 기준), 이의 확대를 추진해야 한다.

특히, 시・군 산림공간계획을 수립하여 산림의 종합적 이용을 추진해야 한다. '목재생산+산림작물생산+임산물가공+산림보전'을 종합 관리하는 산림공간계획을 수립하고, 그에 따라 사업을 추진하여 상호 연계성과 효율성을 제고해야 한다. 산림계획 수립을 위한 산림자원조사 지원이 필요한데, 일본은 「산림경영관리법」을 통해 기초 지방자치단체의 산림계획 수립과 산림자원조사를 지원한다. 이를 대행하는 다수의 민간업체들이 나타나고, 이들은 드론, 라이더(lidar), 전문 소프트웨어 등 최신 기술을 활용하면서 임업의 4차 산업화를 선도한다.

제 4 절 결론

기후변화 대응의 과제는 에너지 저감 및 대기 중 탄소 포집 기술의 개발 등에 머물지 않고 우리 생활의 근본적 변화를 요구한다. 대량 생산, 대량 소비의 생활 방식에서 지속가능한 생활양식으로 전환해야 한다. 재생가능한 자원의 유효한 활용이 그 대안이 된다. 그러한 기존의 '콘크리트' 문화에서 '목재' 문화로 전환해야 한다. 우리나라는 산림자원이 풍부하고 성장하는 과정에 있다. 산림을 건전한 생태자원이면서 지속가능한 경제자원으로 잘 활용하는 것이 저탄소 지속가능한 사회 구축의 핵심이 될 것이다.

참고문헌

구자춘 · 안현진 · 김동훈(2016). 『국산재 목재산업 클러스터 육성에 관한 연구』. C2016-34 한국농촌경제연구원.

국립산림과학원(2011). 『2006~2010 제5차 국가산림자원조사 보고서』. 연구자료 제440호. 국립산림과학원.

국립산림과학원(2016). 2014년 기준 산림공익기능 평가결과 보고. 국립산림과학원.

국립산림과학원(2019). 산림자원 순환경제 정책연구 TF 제1차 자문회의 자료집. 국립산림과학원.

민경택(2017). 산촌에 대한 도시민의 인식 조사. 『산림경제연구』, 24(1): 15-24.

민경택(2018). 오스트리아의 목질 바이오매스 에너지 이용. 『세계농업』, 제209호: 35-46.

민경택(2019a). 일본의 산림 · 임업과 정책동향. 『세계농업』, 제224호: 81-108.

민경택(2019b). 입목가 평가를 통한 임업의 수익성 분석. 『한국산림과학회지』, 108(3): 405-417.

민경택 · 김명은 · 권수현(2015). 『산림계획제도 개선 방안 연구』. C2015-26. 한국농촌경제연구원.

민경택 · 석현덕 · 최준영(2017). 『산림경영의 수익성 개선을 위한 정책과제』. R817. 한국농촌경제연구원.

민경택 · 장철수 · 허경태(2011). 『기후변화에 대응한 목재수급 정책과제』. P150. 한국농촌경제연구원.

배재수 · 장주연 · 설아라(2018). 산촌의 미래 전망: 산촌인구 전망 및 귀산촌인 인식을 중심으로. 『2018 산림 · 임업 전망』, 제18-04호: 73-96.

산림자원순환경제정책연구TF(2019). 『산림자원 선순환체계 구축을 위한 중점과제와 중기 연구계획』. 국립산림과학원.

산림청(2018a). 『2017년 기준 목재이용실태조사보고서』.

산림청(2018b). 『임가경제통계』.

산림청(2019). 『임업통계연보』.

통계청(2012). 인구주택총조사.

통계청(2019). 2018년 농림어업조사 결과(보도자료).

한국갤럽조사연구소(2015). 『2015년 산주의식조사 보고서』. 산림청.

7

C·H·A·P·T·E·R

산림재해 관리와 산림거버넌스

사득환

제 1 절 서론

산림은 다양한 기능과 역할을 수행한다. 생태학적 관점에서 보면 산림은 풍부한 생물종과 이를 둘러싸고 있는 자연환경 사이에 상호작용을 통해 형성·유지되며, 산림생태계는 모든 활동의 기반이 되고 있다. 산림은 수원함양, 대기정화, 토사유출 방지, 산림휴양, 산림정수, 토사붕괴 방지, 야생동물보호 등 다양한 공익적 기능을 수행하며, 이러한 공익적 기능을 유지 및 증진시키기 위해서는 산림생태계(forest ecosystem)가 지속가능하게 유지·보전되어야 한다(Elmqvist et al, 2013).

우리나라는 국토의 63%가 산림으로 이루어져 있으며, 1960년대 이후 치산녹화사업으로 세계적인 산림국가로 성장하였다. 그러나 산불, 산사태, 병해충 등 각종 다양한 재난의 발생과 개발의 압력으로 산림피해가 지속적으로 증가되어 왔다(김남균, 2017: 213). 산림에 피해를 주는 요인은 너무 다양하지만, 크게 생물적 요인과 비생물적 요인으로 구분할 수 있다. 우선, 생물적 요인으로는 수목병, 산림해충, 선충 및 야생동물 등이 있으며, 비생물적 요인으로는 강우, 바람, 온도의 급격한 변화를 초래하는 기상요인, 지구온난화, 산불, 대기오염, 산성비, 무분별한 산림이용 또는 산림훼손 등이 있다.

일찍이 산림 선진국에서는 다양한 국민과 지역주민의 수요를 반영하여 산림정책을 추진해 오고 있다. EU에서는 지속가능한 산림관리(Sustainable Forest Management)를 목표로 설정한 후 통합적 산림관리(Integrated Forest Management)에 입각하여 산림정책을 추진해 오고 있다(Sotirov & Arts, 2018: 960). 미국, 캐나다, 핀란드, EU 등은 국가산림정책 수립에 있어서 거버넌스체계를 갖추고 실제적인 산림정책을 수립·운영해 오고 있으며, 영국, 핀란드 등에서는 지역주민이 지역의 산림을 직접 관리·경영하는 거버넌스를 구축·운영하고 있다.

산림관리가 지속가능하려면 각종 재난 및 피해요인으로부터 잘 지켜내야 하고, 이를 잘 지켜내기 위해서는 중앙정부, 지방자치단체 및 민간부문 간의 통합적인 거버넌스체계(Integrated Forest Governance)(Sotirov & Arts, 2018: 961)가 마련될 필요가 있다. 기후변화 등으로 산림재해의 예측불가능성이 증대되면서 현재의 대응시스템으로는 산림재해 예방 및 관리에 한계가 있음이 드러나고 있다. 명령과 통제 중심의 재해관리는 환경이 확실하고 소규모 재해 상황에서는 효과적일 수 있다. 또한 복구 중심의 재해관리는 더 큰 피해를 초래할 수 있다. 그러나 최근의 재난 및 재해의 대형화, 다양화 및 복합화 양상은 다양한 이해관계자들 간의 협력을 통한 통합적인 문제해결 방식을 요청하고 있다. 이에 따라 재해예방 및 대비 단계에서부터 선진적인 산림관리체계를 구축하기 위해서는 정부, 유관기관, 지역주민 등 다양한 행위자들 간의 효율적인 거버넌스체계((Waugh & Streib, 2006: 131-140; Johansson & Rolf Lidskog, 2020: 353-365)를 구축하는 것이 중요하다. 우리나라는 산림재해 예방을 위해 산불예방진화대 등을 운영하고 있으나 취약계층을 우대하는 일자리 사업 중심으로 운영되고 있다. 또한 산불, 산사태, 산림병해충 등에 대하여 첨단기술을 접목하여 스마트 대응으로 괄목할 만한 성과를 보이고 있으나 여전히 재해대응에는 갈 길이 멀다.

산림정책은 재난·재해가 갖는 특성을 반영하여 다양한 참여자들 간의 통합적 산림거버넌스체계 구축이 무엇보다 중요하며(Sotirov & Arts, 2018: 961), 특히 모든 민·관 이해관계자들이 처한 상황에서 컨트롤 타워 역할을 수행하게 되는 다중심적(polycentric) 대응체계를 마련해야 한다. 정부는 지역주민, 산림 NGO 등의 민간 주체들과 파트너십을 형성하고 지속적인 소통을 통해 산림정책의 수립과 집행과정에서 효율적인 산림거버넌스 협력체계를 구축할 필요가 있다.

제 2 절 산림재해의 유형과 회복가능성

1. 산림생태계와 산림재해 유형

1) 산림보호 기본원칙

산림은 지속가능한 산림관리라는 이념 하에(Sotirov & Arts, 2018: 960) 생태적으로 건강한 산림을 유지하여 공공의 목적에 부합하도록 함으로써 환경적·사회적·경제적 혜택을 항구적으로 누릴 수 있도록 하는 것을 목표로 한다. 우리나라 역시 '지속가능한 산림경영'(산림기본법 제5조)이라는 목표 하에 산림의 보전과 이용이 조화를 이루도록 하고 있다. 여기서 지속가능한 산림경영이란 산림의 생태적 건전성과 산림자원의 장기적인 유지·증진을 통하여 현재 세대뿐만 아니라 미래 세대의 사회적·경제적·생태적·문화적 및 정신적으로 다양한 산림수요를 충족하게 할 수 있도록 산림을 보호하고 경영하는 것을 말한다. 이를 위해 산림보호의 기본원칙으로 다음과 같이 제시하고 있다(산림보호법 제3조). 첫째, 산림을 자연적 또는 인위적인 피해로부터 온전하게 보호할 것, 둘째, 산림의 건강성을 유지·증진하여 지속가능한 산림관리 기반을 조성할 것, 셋째, 산림보호구역의 합리적·체계적 관리로 산림의 공익 기능을 증진할 것, 넷째, 국가와 지방자치단체 간에 유기적인 산림보호 협조체계를 만들어서 산림피해에 신속히 대응하게 할 것 등이다.

산림에 대한 공익적 가치[1]와 기대가 달라지면서 산림생태계에 대한 보전과 삶의 질 향상에 대한 국민들의 복지수요도 증가하고 있다.[2] 또한 최근 기후변화 위기와 코로나19로 인하여 산림으로 하여금 탄소흡수원으로서의 기대도 요청받고 있다.[3] 그동안 우리나라는 산림의 공익 기능 확보를 위해 일제 강점기부터 일본의 보안림제도를 도입·운영해 왔으며(박광국·이종열·이종원 외, 2017: 214-218), 산림에서 생활환경·경관의 보호와 수원 함양, 재해 방지 및 산림유전자원의 보전·증진이 특별히 필요한 경우 산림보호구역으로 지정·고시해 오고 있다.

산림보호구역은 생활환경보호구역, 경관보호구역, 수원함양보호구역, 재해방지보호구역, 산림유전자원보호구역 등이 있으며, 특히 산림에 있는 식물의 유전자와 종

1) 산림청 산림과학원은 우리나라 산림의 공익적 가치를 221조 원(2018년 기준)에 달한다고 보고하고 있다. 부문별로 보면 온실가스 흡수·저장 기능이 75조 6,000억 원으로 총 평가액 중에서 가장 높은 34.2%를 차지하고 있다. 이어 산림경관 제공 기능이 28조 4,000억 원(12.8%), 토사유출 방지 기능 23조 5,000억 원(10.6%), 산림휴양 기능이 18조 4,000억 원(8.3%), 산림정수 기능 13조 6,000억 원(6.1%), 산소생산 기능 13조 1,000억 원(5.9%), 생물다양성 보전 기능 10조 2,000억 원(4.6%), 토사붕괴 방지 기능 8조 1,000억 원(3.7%), 대기질 개선 기능 5조 9,000억 원(2.7%), 산림치유 기능 5조 2,000억 원(2.3%), 열섬 완화 기능이 8,000억 원(0.4%) 순이었다(산림청, 2020).

2) 산림과 관련된 복지수요의 증가를 '산림복지'라고 표현하는 데, 산림복지란 국민에게 산림을 기반으로 산림문화·휴양, 산림교육 및 치유 등의 서비스를 창출·제공함으로써 국민의 복지증진에 기여하기 위한 경제적·사회적·정서적 지원을 말한다(산림기본법 제3조).

3) 여기서 탄소흡수원이란 '탄소흡수원 유지 및 증진에 관한 법률' 제2조 제10호에 따른 탄소흡수원을 말한다(산림기본법 제3조).

[그림 7-1] 산림의 기능별 평가액

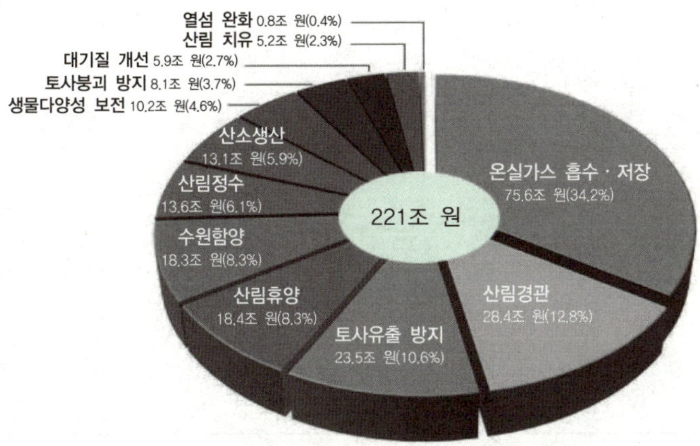

또는 산림생태계의 보전을 위하여 필요하다고 인정되는 구역으로서 원시림, 고산식물지대, 우리나라 고유의 진귀한 임상, 희귀식물자생지, 유용식물자생지, 산림습지 및 산림 내 계곡천 지역, 자연생태계보전지역 등에 대해 산림유전자원 보호림제도를 별도로 운영해 왔다. 또한 한반도 남북으로 중단없이 흐르는 백두대간에 대해 산계(山系)를 중심으로 백두대간 보호구역을 지정 · 관리하고 있다. 백두대간 보호구역은 강원도 고성군 향로봉에서 시작하여 경남 산청군 지리산 천왕봉으로 이어지는 길이 701km에 이르며, 6개도, 32개 시 · 군, 108개 읍 · 면 · 동에 걸쳐 있다. 더 나아가 역사적 · 학술적 가치 등이 있는 노목, 거목, 희귀목 등으로서 특별히 보호할 필요가 있는 나무에 대해서는 보호수[4]로 지정 · 운영하고 있다.

그러나 최근 기후변화, 부분별한 개발행위 등으로 인한 산림훼손 및 재해가 증가하고 있다. 산림재해란 "산림과 관련된 재난으로 인하여 받은 피해로서, 지진, 태풍, 홍수, 가뭄, 해일, 화재 등에 의해 받게 되는 피해"를 말한다. '재난 및 안전관리 기본법' 제3조와 '자연재해대책법' 제2조에서는 "국민의 생명 · 신체 · 재산과 국가에 피해를 주거나 줄 수 있는 것"을 재난으로 정의하고, 재해는 "이러한 재난으로 인하여 발

4) 2018년 현재 보호수는 총 13,941그루로 느티나무가 7,295그루로 가장 많고, 소나무 1,766그루, 팽나무 1,331그루, 은행나무 772그루, 회화나무 346그루, 버드나무 563그루, 향나무 236그루, 기타(158종) 1,591그루를 지정 · 관리하고 있다(산림청, 2020).

[그림 7-2] 최근 10년 간 산림면적 및 ha당 축적 변화 추이

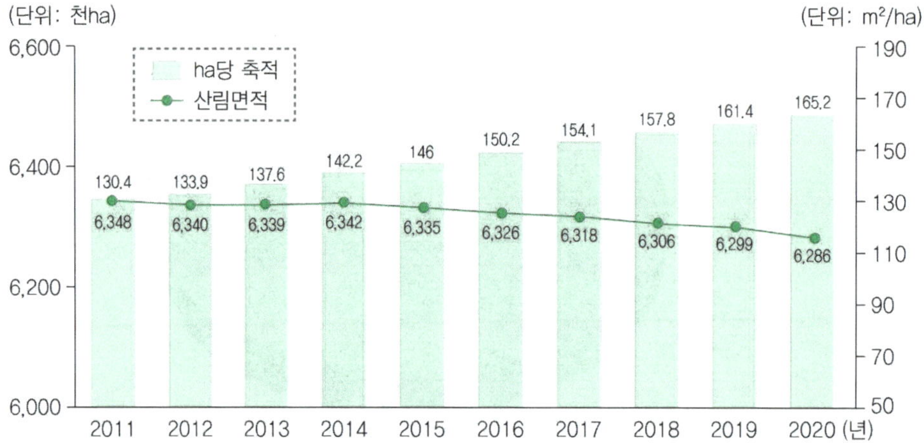

출처: 산림청, 산림통계.

생하는 피해"로 규정하고 있다. 따라서 재난으로 인해 발생하는 피해가 없는 경우는 재난으로서 의미가 없다고 볼 수 있기 때문에 재난과 재해는 동전의 양면과 같다고 볼 수 있다. 우리나라는 산림재해 예방을 위해 산불예방진화대, 산사태현장예방단, 산림병해충예찰단을 운영하고 있고, 산불, 산사태, 산림병해충 등에 대하여 첨단기술을 접목하여 스마트 대응으로 보완하고 있다.

2) 산림재해 유형

(1) 산불

산불(forest fire)이란 학술적으로는 산림 내에서 낙엽, 잡초, 낙지, 초류, 임목 등이 연소되는 화재로서 인간의 부주의로 인한 실화 또는 방화, 낙뢰, 기타 폭발물 등으로 인하여 발생하는 불씨가 삼림 내의 가연성 물질을 연소시키는 것을 말한다. 법적으로는 산림이나 산림에 잇닿은 지역의 나무·풀·낙엽 등이 인위적으로나 자연적으로 발생하는 불에 타는 것을 말한다(산림보호법 제2조 7).

산불은 화재의 연소 상태와 피해 형태에 따라 지표화, 수간화, 수관화, 지중화로 구분하는데(한국지방행정연구원, 2013; Robinne, 2021), 지표화란 산림 내의 지표에 있는 잡초, 관목, 낙엽 등이 연소되는 현상을 말하며, 수간화는 서 있는 나무의 줄기

가 연소하는 것으로 지표화로부터 또는 고사목이 낙뢰에 의해 발화한다. 그리고 수관화란 나무의 가지나 잎이 무성한 부분이 연소하는 것으로서 대체로 지표화 또는 수간화로부터 발전하는데, 수관화는 화세가 강하고 진행 속도도 빨라서 피해가 크다. 지중화는 나무의 뿌리를 죽이는 것을 말한다.

산림청에 따르면 최근 10년(2011~2020년) 간 평균 산불발생 건수는 474건으로 피해면적은 1,119ha로 나타나고 있다(산림청, 2021c). 우리나라 기후의 고온건조 현상의 심화, 도시화와 농촌의 고령화, 산림휴양 이용 확대, 산림 내 연료물질 축적 확대 등으로 그 발생 가능성이 증대되고 있으며, 발생 원인 또한 다양화하면서 대형화, 복잡화하는 추세에 있다. 과거에 비해 산림이 울창하기 때문에 강풍을 타고 산불이 번지는 관계로 확산속도가 빠르고 폭넓게 재해가 발생하는 경향이 있다. 고성산불(1996), 동해안 산불(2000), 청양・예산산불(2002), 양양산불(2005), 포항산불(2013), 울주산불(2013), 삼척산불(2017), 강릉산불(2017), 고성・속초산불(2018) 등 대형 산불은 많은 시설과 송이산지, 농작물, 축사, 문화재, 사찰, 도시인프라 등의 피해와 산림생태계의 파괴를 초래하였다(Yeom, 2019).

이러한 산불관리를 위하여 예방 및 예측 측면에서 산불예방대응시스템을 운영하고 있으며,[5] 국가산불위험예보시스템과 산불상황관제시스템, 산불확산예측프로그램, 산

[표 7-1] 10년 간 산불발생 현황

(단위: 건, ha, m^2, 백만 원)

구분	2011	2012	2013	2014	2015	2016	2017	2018	2019	2020
건수	277	197	296	492	623	391	692	496	653	620
면적	1,090	72	552	137	418	378	1,480	894	3,255	2,920
건당 피해	3.9	0.4	1.9	0.3	0.7	1.0	2.1	1.8	5.0	4.7
피해 재적	53	2	67	7	32	7	224	101	5,018	4,864
피해액	29,063	2,542	25,020	9,285	20,480	15,721	80,150	48,583	268,910	158,141

출처: 산림청, 산림통계.

5) 산림청장 또는 지방자치단체장은 산불재난 국가위기경보를 발령하여 발령 상황에 맞는 조치를 취하게 되는데, 산불경보는 관심 → 주의 → 경계 → 심각의 4단계로 구분된다(산림보호법 시행령 별표2).

불현장정보공유시스템 등을 운영하고 있다. 이 중에서 산불상황관제시스템은 산불연기를 보자마자 산불감시원이 GPS 단말기를 누르면 실시간으로 해당 위치가 산불상황실과 해당 지방자치단체 상황실에 공유되며, 산불현장정보공유시스템은 불을 끄는 단계에서 현장과 상황실 간의 정보를 실시간으로 공유함으로써 체계적인 대처와 피해를 줄일 수 있도록 하고 있다.

(2) 산사태

산사태(landslide)는 학술적으로는 폭우, 지진, 화산 또는 중력 작용 등으로 사면붕괴, 지반침식 및 토석류가 발생하여 한꺼번에 많은 흙과 돌이 빠른 속도로 이동하는 현상을 말한다. 그러나 법적으로는 자연적 또는 인위적인 원인으로 산지가 일시에 붕괴되는 것을 말한다(사방사업법 제2조 5).

산사태의 유형은 발생 위치와 형태, 외형 등에 따라 토석류, 급경사지 붕괴, 땅밀림으로 구분할 수 있는데(한국지방행정연구원, 2013), 토석류는 자연산지의 사면이 파괴되어 발생한 토석·유목 등이 경사면을 따라 계곡에서 홍수와 만나 뒤엉켜 빠른 속도로 유하하는 것을 말하고, 집중호우 시 갑작스럽게 발생하며 먼 거리까지 이동하여 하류에 막대한 재해를 유발한다. 급격사지 붕괴는 급경사지에서의 압밀되지 않은 덩어리 형태의 물질 혹은 암석이 사면으로부터 떨어져 튀거나 구르면서 붕괴, 낙하하는 것을 말하며, 땅밀림은 포화되지 않았거나 압밀되지 않은 물질 혹은 암석이 급속도로 연약면과 평행한 방향으로 미끄러지면서 흘러내리는 현상으로 판상의 밀림, 회전활동, 측방이동 등으로 발생한다.

최근 산사태 위험은 지진, 땅밀림 현상 등 신규 재난 형태로 다양하게 발생하고 있으나 이에 대한 대응체계는 미흡한 것으로 나타나고 있다(한국행정학회, 2019). 산사태 위험은 위험지역 내 활동인구의 증가, 집중호우 등의 원인으로 산사태 발생 위험성 및 취약성 문제가 지속적으로 제기될 것으로 예측된다. 산사태의 경우 2013년 이후 피해면적과 인명피해가 다소 감소하는 추세에 있으나 불확실성의 증가로 인해 언제든지 대규모 피해가 발생할 가능성이 있다. 산사태의 경우 주로 태풍, 집중호우 등의 영향으로 발생하는데, 기후온난화 등에 의한 기상이변으로 호우·태풍 등이 증가할 것으로 보여 산사태 발생빈도와 피해 규모도 증가할 것으로 예측되고 있다(산림

[표 7-2] 산사태 피해 현황

구분		2012	2013	2014	2015	2016	2017	2018	2019	2020
피해 현황	산림 분야 총 복구비 (백만 원)	97,274	60,365	14,467	0	16,866	21,488	22,842	53,428	393,463
	산사태(ha)	491	312	70	0	54	94	56	156	1,343
	계류(km)	7	2	1	0	2	2	3	2	14
	임도(km)	30	37	1	0	0	10	9	30	140
	인명피해 [사망](명)	1	3	0	0	0	2	0	3	9

출처: 중앙안전재난대책본부 피해복구계획서.

청, 2021b).

산림지역뿐만 아니라 도시생활권 내에서도 산사태 피해가 증가함에 따라 산림청에서는 보다 효율적으로 산사태에 대비 및 지원하기 위해 사물인터넷(IoT) 기반 모니터링 시스템과 산사태정보시스템을 운영하고 있다. 산사태위험지도, 토석류피해예측지도, 산사태 무인원격 감시시스템 등을 구축하여 산림위험 및 도심지역에서의 산사태 발생에 대비하고 있다. 이와 함께 산사태 등으로 인한 산림 분야 총 복구비도 2016년 168억 원에서 2020년에는 약 3,934억 원으로 급격한 증가를 보이고 있다.

(3) 산림병해충

산림병해충(forest pests)은 학술적으로 인간이 산림에서 기대하는 혜택을 직·간접적으로 방해하는 병해와 충해를 말하며, 여기서 병해는 곡물·채소·과수·꽃·임목 등 농작물을 포함한 모든 식물이 병균에 의하여 전체 또는 일부에 생리적·형태적으로 병적인 증상을 보이는 것으로 대사작용 변화를 일으켜 영양·생장·생식작용을 완전하게 영위할 수 없는 상태를 일컬으며, 충해는 벌레에 의해 식해·흡수해 등을 입는 것으로서 식물에 피해를 주는 벌레를 해충이라 한다. 법적으로는 산림에 있는 식물과 산림이 아닌 지역에 있는 수목에 해를 끼치는 병과 해충을 말한다(산림보호법 제2조 3).

현재까지 알려진 산림해충의 종수는 1,500종이 넘으며, 분류학적으로 나비목, 딱정벌레목, 파리목, 벌목, 매매목, 응애류 등으로 분류할 수 있고, 생태학적으로는 주요

해충(major insect pests), 돌발해충, 2차 해충(secondary insect pests), 비경제해충(non-economic insect pests), 외래해충(exotic insect pests)이 있다(산림청 홈페이지). 주요 해충은 관건해충이라고도 하며 매년 만성적, 지속적인 피해를 유발하는 해충으로 효과적인 천적이 없는 경우가 대부분으로, 인위적인 방제가 실행되지 않을 경우 심각한 손실을 가져올 수 있다. 솔잎혹파리, 솔껍질깍지벌레 등 현재 문제가 되고 있는 해충들이 여기에 속한다. 최근에는 국제교육이 활발해짐에 따라 해외에서 유입되는 해충인 외래해충의 수도 증가하고 있는 추세로서 산림, 생활권 가로수, 산림과수 등에 피해를 주며, 미국흰불나방, 미국선녀벌레, 갈색날개매미충, 소나무허리노린재 등이 대표적이다. 이들 외래해충들은 기후변화로 인해 국내에 정착가능성이 높은 것으로 예측되고 있다.

[그림 7-3] 일반병해충 발생면적 현황

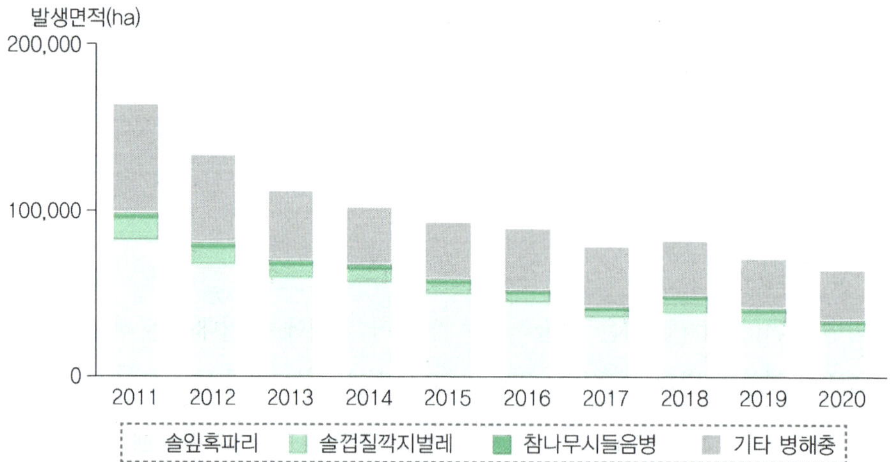

출처: 산림청, 산림통계.

현재 산림청에서 예찰·방제하고 있는 병해충 중에서 가장 많은 피해를 입히고 있는 병해충은 솔잎혹파리, 솔껍질깍지벌레, 참나무시들음병 및 소나무재선충병 등이다. 최근 미국선녀벌레 등 외래해충들이 산림지역은 물론 농경지 등에서 지속적으로 발견됨에 따라 2014년 2,221ha의 피해 규모가 2016년 4,897ha까지 확대되는 등 농경지, 산림피해가 확산되고 있다. 특히, 기후변화 영향으로 병해충 발생의 확대, 수세약화 산림(수목)에 대한 저병원성 병원균 및 잠재해충의 돌발피해가 증가할 것으로 예측하고 있다. 이러한 산림피해충 피해조사를 위해 산림헬기 47대와 드론 등을 확보하여 광역예찰과 정밀예찰을 실시하고 있다.

[표 7-3] 일반병해충 방제 현황

(단위: 천ha)

구분	2011	2012	2013	2014	2015	2016	2017	2018	2019	2020
참나무시들음병	2	5	5	4	5	4	4	4	4	3
솔껍질깍지벌레	10	5	3	2	2	5	4	5	6	4
솔잎혹파리	16	13	12	9	6	6	7	7	3	3
기타 병해충	62	70	66	61	56	74	83	78	59	60
계	129	135	129	116	130	89	98	95	72	70

출처: 산림청, 산림통계.

2. 산림생태계 복원과 회복가능성

산림생태계 복원이란 질이 저하되거나 훼손 또는 파괴된 산림생태계를 훼손되기 전의 상태로 회복시키는 것을 말한다(박광국 · 이종열 · 이종원 외, 2017: 218). 즉, 생태학적 측면에서 훼손되기 이전의 산림생태계로 최대한 가깝게 돌려놓음으로써 산림생태계의 자기생존과 유지 기능을 회복시키는 활동이다. 여기서 중요한 것은 회복가능성(resilience)이라는 개념이다. 회복가능성이란 산림재해가 발생했을 때 물리적 · 사회적 손실을 최소화하기 위해 사전에 준비된 조직화된 서비스와 기반시설뿐만 아니라 제반 재해대응능력을 총괄하고 있다. 즉, 회복가능성은 지속가능한 생태계 복원을 위한 공동체의 거버넌스 연계협력체계의 구축을 통한 자원의 조달 및 재난으로부터 신속한 회복과 산림생태계 복원을 도모하는 노력을 말한다.

산림생태계의 복원사업은 그동안 좁은 의미에서 자생지 복원 차원에서 실시되어 왔으나, 넓은 의미에서는 산불, 산사태, 병해충 등 재해로부터의 훼손된 지역의 복원활동도 포함한다. 전자의 경우 독도나 DMZ 지역 산림생태계 복원사업을 들 수 있다. 산림청 산하 국립수목원에서는 '유용식물증식센터'를 설치하여 멸종 위기종 및 희귀종을 증식하고 자생지에 복원하는 노력을 꾸준히 실시해 오고 있다.

[표 7-4] 산림복원 현황

구분	산림생태복원						백두대간 생태축 복원	대규모 산림복원
	합계	백두대간	정맥 및 지맥	DMZ 일원	도서 및 해안	기타		
2011	40.6	11.0	2.6	22.5	–	4.5	–	1
2012	79.1	15.7	8.0	27.0	2.0	26.3	1	–
2013	67.5	3.8	3.0	46.4	2.5	11.8	2	–
2014	46.7	9.0	2.1	26.4	3.0	6.2	1	–
2015	51.4	10.7	7.7	24.8	3.0	5.2	–	2
2016	48.2	5.0	3.0	23.3	0.1	16.8	1	4
2017	54.5	5.0	16.5	12.0	1.0	20.0	1	–
2018	46.3	2.0	2.0	18.2	0.9	23.2	–	2
2019	27.4	–	14.5	8.9	–	4.0	1	2

출처: 산림청(2020). 간추린 임업통계.

현재 우리나라는 산림재해통합관리시스템을 구축하여 산림재해발생정보, 진화 자원관리 등 효율적인 산림재해 대응체계를 마련하고 있다. 이를 통해 산불발생 위치, 상황도, 산사태, 삼림병해충 현황 등의 기능을 활용하고 있다. 또한 산지개발 등으로 인한 훼손된 삼림의 복구·복원 등 산림생태계 관리의 필요성도 강조되고 있다. 그러나 산불, 산사태 등 산림재해가 발생했을 때 예방, 대비, 대응, 복구 등에 이르기까지 통합거버넌스체계가 다소 미흡한 것으로 나타나고 있다. 특히, 담당인력의 잦은 인적 교체, 불명확한 역할분담 및 업무숙지 미숙 등은 보다 건실한 산림거버넌스의 구축을 필요로 하고 있다.

제 3 절 선진국의 산림재해와 산림거버넌스

1. 산림, 산림재해와 거버넌스

거버넌스(governance)는 환경변화에 대한 국가의 적응과 사회체제의 협조적 조정 및 그 과정에서 국가의 역할에 관한 새로운 조정양식을 말한다(이명석, 2002: 321-

338). 거버넌스는 부문 간 경계를 가로지르는 다양한 행위자의 자발적인 참여를 통한 협력을 강조하고, 참여자 간 계층제적 구조보다는 수평적 네트워크를 중시하는 개념이다. 위기 상황일지라도 특정 소수에게 권한이 집중되는 지휘·지도체계보다는 다양한 기관과 행위자들이 참여하고 이들에게 동등한 지위를 부여하는 수평적 협력체제가 보다 효율적인 위기대응체제라는 것이다(Waugh & Streib, 2006: 131-140).

일반적으로 거버넌스란 자율적인 조직들 간의 각 개별적 목표의 공동적 성취를 위한 긴밀한 관계를 지칭한다(사득환, 2002; 사득환, 2021: 123-144).[6] 탕과 마즈매니언(Tang & Mazmanian, 2008)은 협력적 거버넌스를 "공공 영역의 문제를 단일조직으로 해결하기 어려운 경우, 둘 이상의 정부와 영리집단 및 비영리집단이 함께 자신들이 갖고 있는 각자의 자원을 활용하여 상호 간의 조정, 협조, 관리 및 감시활동을 통하여 문제를 해결해 나가는 과정"으로 보고 있다. 따라서 산림거버넌스는 "산림과 관련된 둘 이상의 기관 간의 공유된 문제를 해결하기 위한 상호작용으로서 협상, 조정 및 협력의 과정"을 말한다.

거버넌스(governance)에 관한 논의는 "협력적으로 거버넌스를 운영해야 한다"는 식의 규범을 강조하는 측면과 기존의 관료제 방식으로는 문제 해결에 한계가 있기 때문에 민간부문의 참여를 통한 "협력과정 내지 결과"에 초점을 두어야 한다는 측면이 대립되고 있다(박상필, 2018: 14). 거버넌스에서 중요한 것은 행위자들은 문제 정의와 계획에서 집행과 평가에 이르는 단계뿐만 아니라 각 단계에서 발생하는 다중심적이고(polycentric), 복합조직적이고(heterarchic), 자치조직적인(self-organizing) 적응형 협력과정에 다함께 참여하는 것이다. 거버넌스는 정책의 효과성(policy effectiveness)을 증진시키며(Johansson, 2020: 353-365), 행위자들은 단순히 정보공유 차원을 넘어 학습, 분석, 검토를 통해 개선(feedback)을 도모하는 전 과정활동에 개입한다(Johansson & Rolf Lidskog, 2020: 353-365).

산림을 둘러싼 이해상충 및 재해대응의 필요성이 대두되면서 '좋은 거버넌스를 구

---

6) 거버넌스(governance) 개념은 개인적 측면에서 협력(collaboration)과 유사한 개념으로 문제 해결을 위한 당사자 간의 의사결정 과정(Gray, 1989)으로 이해할 수가 있고, 기관 간 협력의 측면에서 "기관 간 업무 협조를 통하여 기능을 연계하거나 각종 시설·장비·정보 등을 공동으로 활용하는 절차와 과정, 행위 등의 행정작용"으로 실무적으로 파악할 수도 있다(한국지방행정연구원, 2019: 13; 사득환, 2021: 123-144).

현'하기 위한 논의가 진행되고 있다. 염종호(2006: 94-95)는 산림행정에서 좋은 거버넌스 구현을 위한 전제조건으로 구조적인 측면과 절차적인 측면을 구분·제시하였다. 우선, 구조적인 측면에서 첫째, 산림거버넌스 참여자들 간의 수평적 네트워크 구축 및 산림행정기관과 민간부문 주체들 간의 장벽 제거를 통한 상호신뢰와 이해 및 협력의 문화 구축, 둘째, 민간 참여 주체의 전문성과 문제 해결 능력의 강화, 셋째, 산림정책과 산림현안에 대한 정보공유 시스템의 구축 등이 필요하다고 주장하였다. 그리고 절차적인 측면에서는 첫째, 정부의 정책형성 과정에서의 '지속가능한 산림경영' 이념 및 가치의 정립, 둘째, 산림행정기관 및 시민사회의 협력적 의사결정 및 합의형성, 셋째, 합의형성적 산림정책 과정을 뒷받침할 수 있는 제도 마련, 넷째, 산림공무원들의 개방적이고 협력적인 자세 및 산림거버넌스에 참여하는 민간참여자들의 이익추구 지양 및 공익가치에 대한 책임의식의 강화가 필요하다는 것이다.

오늘날 많은 선진국들은 다양한 이해관계자들 간의 거버넌스와 파트너십을 형성하여 산림정책을 추진하고 있다(주효진·이석환·조주연, 2009: 73). 주정부, 지방정부, 지역주민, 산주, 관련 기업, 관련 NGO 등이 다양한 프로그램을 운영하면서 상호 역할을 분담하여 협력함으로써 산림생태계를 보호하고 각종 재해에 대처하고 있다. 몇몇 선진국들은 다양한 이해관계자들이 참여한 통합적 거버넌스체계(Integrated Forest Governance)의 구축을 통해 효율적인 산림정책 및 재해관리를 이행하고 있다(Sotirov & Arts, 2018: 961). 캐나다의 산림위원회, 핀란드의 국가산림위원회, 영국의 임업위원회 등이 대표적인 사례에 해당된다. 대부분의 국가에서 국가 수준에서 정책을 수립하고, 지역 수준에서 계획을 구체화하고 실천하는 방식으로 운영하고 있다.

2. 선진국의 산림거버넌스

1) 미국의 산림거버넌스

미국의 산림청(Forest Service)은 주무부서인 농무성(Department of Agriculture) 내에서 가장 큰 기관으로 주로 국유림과 초지를 관리하고 있다. 산림청은 농무성 자연자원 및 환경성 차관이 관할하는 소속 외청으로 산림청장 아래는 주무국(Office of the Chief), 사업운영국(Business Operations), 국가산림시스템국(National Forest System), 조사·개발국(Research & Development), 주·사유림국(State & Private Forestry) 등이 있다. 산림청 산하에는 9개의 지방산림청(Regional Office), 155개의 국유림관리소(National Forests Supervisor's Office)와 초지관리소(Grasslands Supervisor's Office), 600개 이상의 사업소(Ranger District)를 두고 있으며, 6개의 임업시험장(Research Stations), 임산물연구소(Forest Products Laboratory), 열대임업국제연구소(International Institute of Tropical Forestry), 북동부지역 주·사유림관리청 등이 있다. 전체 직원 수는 30,000여 명에 이른다.

미국의 산림청은 지속가능한 산림관리와 생물다양성(biodiversity) 보존을 위한 산림정책의 방향과 전략을 수립하고, 예산을 편성하며, 의회에 보고하는 역할과 함께 산하 기관의 활동들을 감독하고 있다. 산림재난 관련 업무는 주·사유림국에 산불·항공관리과 등에서 담당하고 있으며, 산불대응은 국립산림조정센터(National Wildland Coordination Center)에서 주도한다. 국립산림조정센터는 미국 농림부(U.S. Department of Agriculture), 산림청(Forest Service), 토지관리부(Bureau of Land Management) 및 원주민관리부(Bureau of Indian Affairs)에서 관련 업무를 지원한다. 주요 업무는 산불과 관련된 정보수집, 정책제안, 연구, 산불대응인력 관리 등이며, 군병력을 포함해서 연간 2만여 명이 산불진화 현장에 동원된다(모영목, 2014: 84-85). 또한 국제개발국(US Agency for International development) 내에 재난과 화재관리 전문가 등으로 구성된 재난원조단(Disaster Assistance Support program)을 운영함으로써 외국의 재난에 대처하기 위한 미국 내 인력들을 훈련시키고 동원하는 역할을 수행하고 있다(문유석, 2011: 247-275).

미국 산림청은 IoT 기술을 활용하여 산불위험예보시스템을 운영하고 있고, 드론과 위성영상 정보를 활용하여 산불확산, 강도, 크기 등을 예측하여 실시간으로 정보를 제공하고 있다. 특히, NASA와 협력하여 NPP 위성자료를 활용한 산불 미세먼지 탐지시스템을 구축하고, 산사태 위험지도 작성, 강우예측 등에 활용하고 있다(한국행정학회, 2019).

미국의 경우 산림 및 재해관리의 범위는 단일 부서를 넘어 다양한 부서 및 국민들을 참여시키고 있다. 원칙적으로 미국은 "모든 재난은 지역의 재난이다"라는 공동인

[그림 7-4] 미국의 산림관리체계도

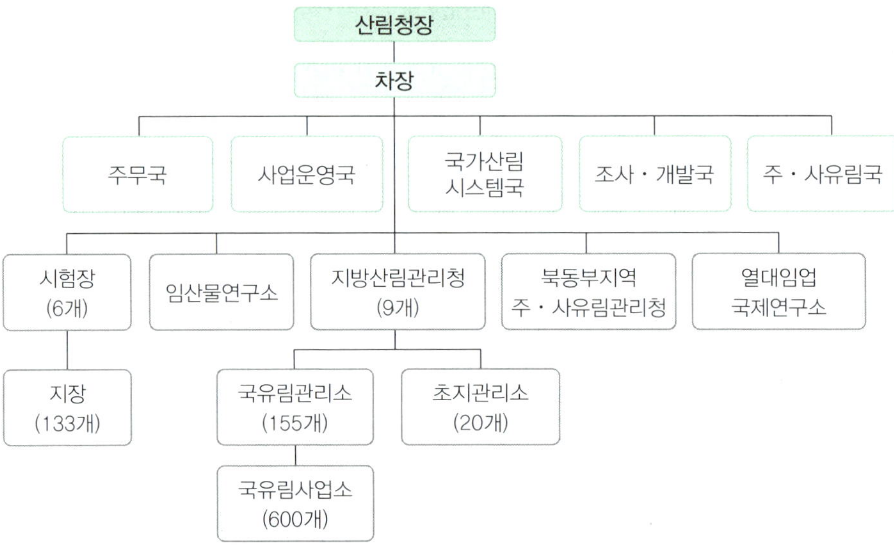

출처: US Forest Service 홈페이지.

식 하에 재난의 예방, 대응, 복구를 지방정부와 주민 중심으로 전 공동체적 접근(a whole community approach)을 취하고 있다(이원희 외, 2020: 183). 그리고 산림청은 산림생태계의 건강, 경제적 안정성 및 공공안전을 유지 및 향상시키기 위해 주정부, 지역사회 등 다양한 파트너들과 협력하여 산림전략 및 재해대응 프로그램을 운영하고 있다. 특히, 국유림 내 조약으로 보호받을 권리를 부여받거나 원주민 보호구역의 토지를 소유한 부족 및 지역사회도 중요한 파트너들이다.

2) 영국의 산림거버넌스

영국은 4개 국가(잉글랜드, 웨일스, 스코틀랜드, 북아일랜드)로 이루어진 연방국가로, 잉글랜드와 스코틀랜드에서는 환경식품농무부(Department for Environment, Food and Rural Affairs) 산하 임업(산림)위원회가 임업 및 산림업무를 담당하고 있다. 웨일스에서는 천연자원 웨일스(Natural Resources Wales)에서, 북아일랜드에서는 산림청(Forest Service)이 각각 산림정책을 담당하고 있다. 북아일랜드의 산림청은 영국 농업농촌개발부(Department of Agriculture and Rural development) 산하의 정부기관이다. 각각의 기관들은 산림연구기관을 설립하여 정책수립을 위해 필요한 과학적인 연구와 조사를 수행하고 있으며, 지속가능한 산림관리를 바탕으로 기후변화, 생물다양성, 생태계 관리, 재해관리 등 임업표준을 만들어낸다. 또한 각각의 기관들은 민간부문, 비영리부문, 지역사회 등과 협력을 통해 국유림뿐만 아니라 사유림까지 포함하는 국가산림관리전략을 수립한다. 다만, 산림관리에 있어서 정부는 직접적으로 개입하지 않고 지역사회 단체들이 지역산림을 관리할 수 있도록 지원하는 역할 위주로 수행한다.

[그림 7-5] 영국의 산림관리체계도

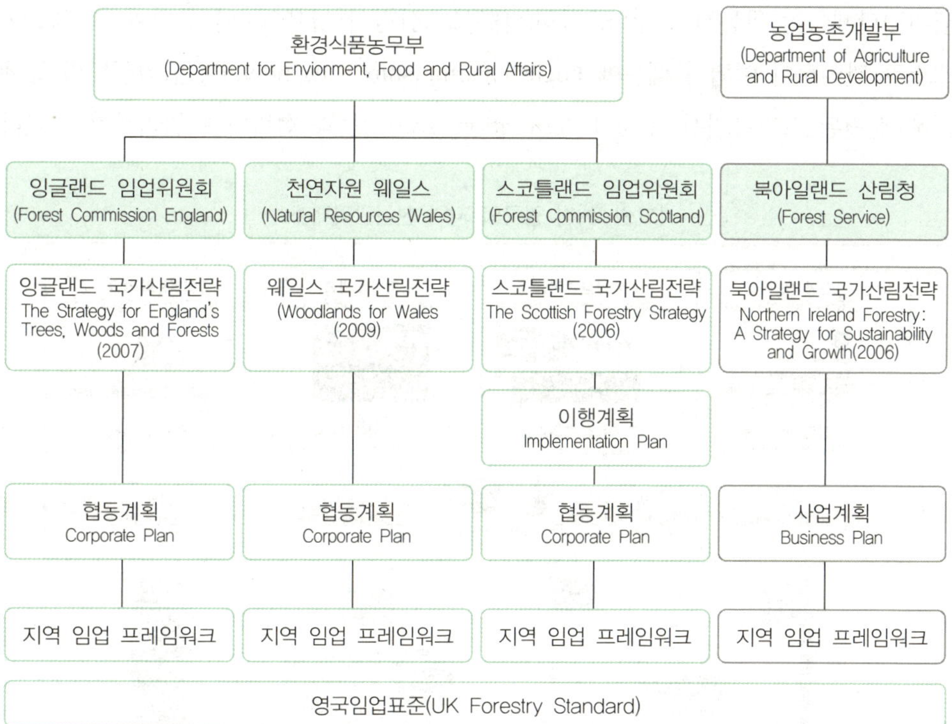

영국의 산림관리는 지역 산림관리단체들이 지역의 산림을 직접 관리하도록 하는 시스템이다. 토지소유자, 지역기업, 시민단체, 지역주민 등 산림을 경영하고자 하는 의지를 가진 사람이라면 누구나 지역 산림관리단체를 결성하여 지역 산림관리에 참여할 수 있다. 지역 산림관리단체들은 중앙정부, 지방정부, EU, 신탁 등 다양한 기금과 보조금을 지원받거나 모금활동, 기부 등을 통해 산림관리 프로젝트를 수행하고 있다. 이들은 10ha 미만의 소규모 산림에서부터 대규모 산림까지 다양한 규모의 산림을 관리하며, 산림을 직접 구매하여 관리하기도 하고 국·공유림을 대신 관리하기도 한다.

산림을 관리하고 보전하는 지역 산림관리단체들을 지원하기 위해 우드랜드 트러스트(Woodland Trust)에 의해 설립된 지역 산림네트워크(Community Woodland Network)는 잉글랜드와 웨일스 등에서 나무심기 등 다양한 활동을 전개하고 있다. 스코틀랜드 지역 산림관리단체들의 경우, 2003년에 지역 산림협회를 설립하여 정보공유, 컨설팅, 교육 등을 제공받고 있다. 1980년대 후반을 기점으로 200개가 넘는 지역 산림관리단체들이 활동하고 있다. 특히, 대규모 산림의 경우, 지역 산림관리단체들이 스스로 관리하기 어렵기 때문에 English Partnership, Groundwork, 임업위원회 등에 의해 설립된 토지복원신탁(Land Restoration Trust) 등과 협력하여 관리하기도 한다

[그림 7-6] 영국의 지역 산림관리체계

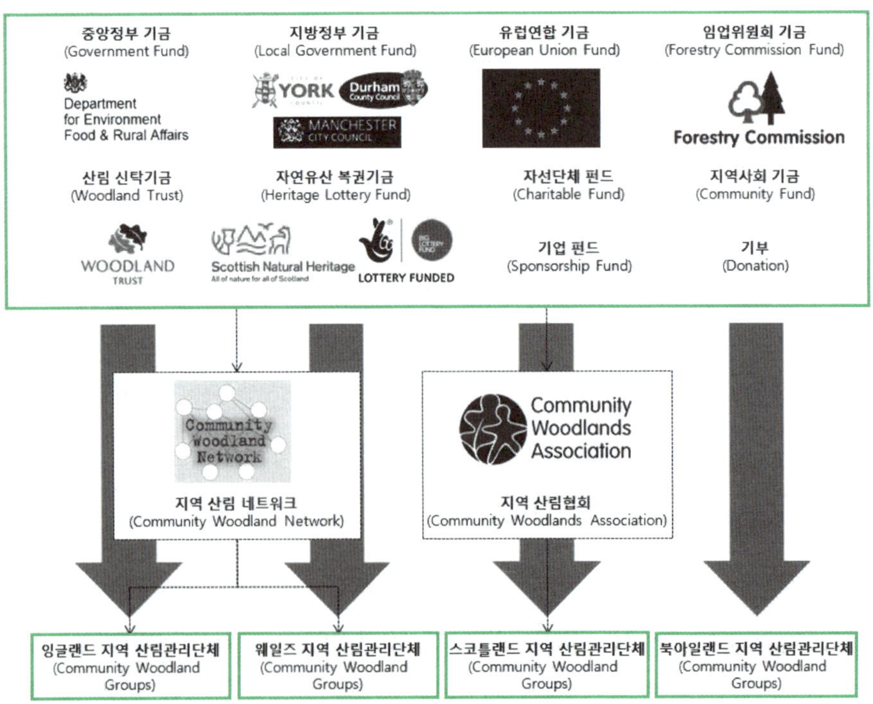

출처: 석현덕·박소희(2013: 11).

(석현덕 · 박소희, 2013: 10-12). 산림재난 및 재해에 대해서도 통합적으로 접근하고 있다.

영국은 숲 면적이 약 14%로 다소 확대되긴 했으나 여전히 산림부족 국가이다. 임업(산림)위원회가 산림 소유권을 35%만 보유하고 있고 그 외는 모두 농작, 개인이 보유하고 있다. 1919~1960년에는 전쟁, 광산, 고용 등을 위해 목재생산을 했으며, 1960~1980년에는 목적을 확대해 휴양, 접근성 등을 위한 사업을 추진했다. 1980~2000년에는 생물다양성 등 생태계 보전에 치중한 사업을, 2000년 이후에는 기후변화, 산림공헌, 보존구역 예고 등 지속가능한 산림관리에 초점을 두고 실시하였다. 최근에는 경제적 · 사회적 측면을 통합한 산림정책을 추진하고 있다.

3) 캐나다의 산림거버넌스

캐나다는 자연자원부(Ministry of Natural Resources) 소속의 산림청에서 산림정책과 관리를 담당하고 있다. 캐나다 산림청은 산림의 경제적 기회를 증진시키고 혁신을 통해 산림부문의 가치를 증가시키는 데 목표를 두고 있다. 산림청에는 기획 · 작업 · 정보국, 정책 · 경제 · 산업국, 과학 · 연구산업국 등 3개 국으로 편성되어 있으며, 주유림이 전체 산림면적의 71%를 차지하고 있어서 이를 반영한 10개 주정부, 특구 및 연방정부의 산림부처 장관 14명으로 구성된 산림장관협의회(Canadian Council of Forest Ministers)를 구성 · 운영하고 있다. 산림장관협의회는 국가적 차원의 산림전략 수립을 위해 정기적인 포럼을 통해 다양한 산림 분야 정보를 공유하고 이해관계자들의 의견을 수렴하며, 정부가 산림정책을 추진하는 것을 모니터링하고 평가하는 역할을 수행한다.

1992년부터 산림청은 권역 단위의 산림을 경영하는 모델림(Model Forests) 프로그램을 통해 지역사회가 직면한 목재공급 감소 등 여러가지 문제를 해결하고자 노력하고 있다. 모델림은 연방정부, 주정부, 원주민, 기업, 연구기관, 지역사회 등 다양한 이해관계자들의 파트너십을 통해 목재생산, 생태관광, 바이오에너지, 임산물 생산 등 사업들을 시행함으로써 지역경제를 발전시키고 지속가능한 사회를 건설하고자 한다. 특히, 브리티시 콜롬비아주의 경우 산림협정(Community Forest Agreement)을 통해 지역산림을 지역주민과 원주민들에게 직접 관리할 수 있도록 산림경영권을 위임해

주기도 한다(석현덕·박소희, 2013: 9).

[그림 7-7] 캐나다 산림행정 및 관리체계

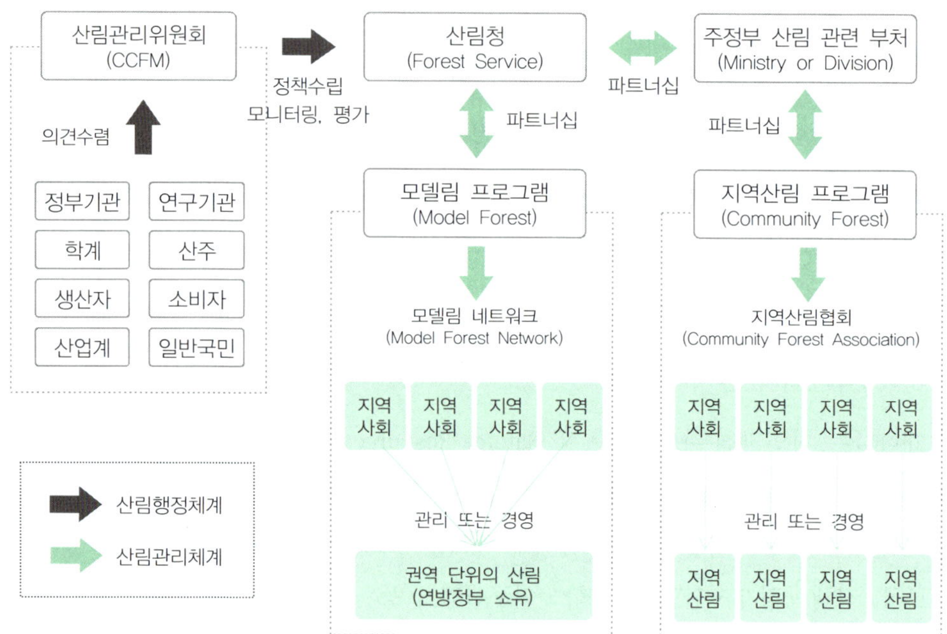

출처: 석현덕·박소희(2013: 9).

캐나다 산불센터(Canadian Interagency Forest Fire Center)는 주정부 및 특구와 산불예방 및 진화에 대한 정보와 가용자원을 공유하기 위해 1982년 설립·운영되고 있다. 캐나다 산불센터는 이사회-사무국-산불센터 3단계 체계로 이루어져 있고, 운영예산은 연방정부에서 1/3을 지원하며, 나머지는 주정부 및 특구의 산림면적에 따라 분담하고 있다. 캐나다 산불센터는 미국과 산림진화 상호협정을 체결하여 양국의 산불진화를 위해 장비, 인력 및 진화용 헬기를 상호 지원하고 있다(문유석, 2011: 257-258).

4) 핀란드의 산림거버넌스

핀란드 농림 및 산림부(Ministry of Agriculture and Forestry)는 세대를 넘어 자연가치가 준 책임을 달성하기 위해 UN의 지속가능발전목표(SDGs)를 목표로 책임과 협력, 기후변화, 생물다양성, 복지, 바이오경제 등 5대 전략과 책임프로그램을 설정하고 환경부와 협력적으로 이를 추진하고 있다. 특히, 산림 분야 여건과 산림산업구조의 급격한 변화에 따라 새로운 산림정책의 수립이 필요하면서 1999년 처음으로 국가산림계획을 수립하였으며, 국가산림계획은 국가산림위원회(National Forest Council)를 주축으로 워크숍, 세미나 등을 거쳐 산림쟁점과 관련된 다양한 이해관계자들의 의견 수렴과 토론을 통해 수립되었다. 농림부의 자문기관으로 설치된 국가산림위원회는 행정, 산림, 산업, 연구·학계, NGO 등 다양한 대표들로 구성함으로써 국가산림계획 수립, 모니터링, 평가의 중추적인 역할을 수행하였다.

[그림 7-8] 핀란드 산림관리체계도

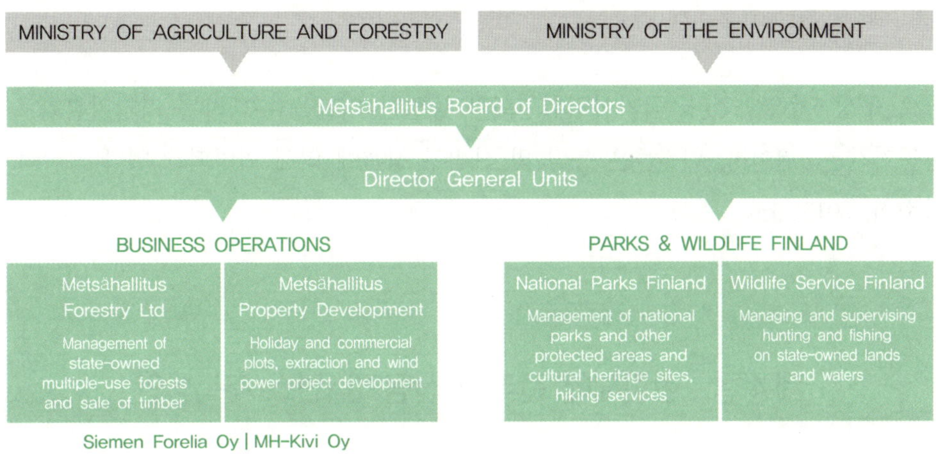

출처: Finland 산림청 홈페이지.

또한 글로벌 추세와 이해관계자들의 기대를 반영하여 자연, 국민, 사회를 위한 가치창조모델(value creation model)을 구축하여 추진하고 있다. 가치창조모델은 건강과 복지, 기후변화, 생물다양성, 경제, 문화 측면에서 가치를 창출할 수 있도록 목표를 제시하고 있다.

한편, 지역사회 내에서 지역산림센터가 산림계획을 집행하는 것을 지원하는 역할을 수행하도록 하기 위해 지역 산림위원회(Regional Forest Council)를 설치하고, 공공기관, 산주협회, 산림산업계, 연구자·학계, NGO에 이르기까지 다양한 이해관계자

[그림 7-9] 핀란드의 가치창조모델

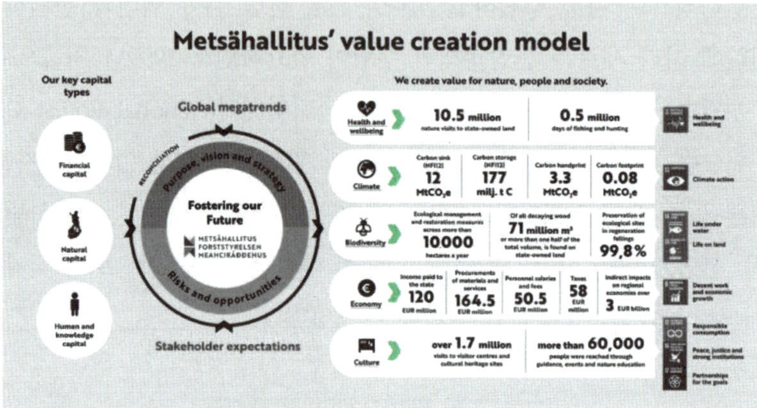

출처: Finland 산림청 홈페이지.

들로 구성·운영하였다. 국가산림위원회와 동일한 역할을 수행하는 지역위원회로서 활동기간은 3년이며, 위원들은 농림 및 산림부 장관에 의해 임명되고 있다(석현덕·박소희, 2013: 13).

제 4 절 산림재해 관리와 산림거버넌스 구축방안

1. 산림재해 예방·대응체계 및 역량 강화

1) 산림재해 조직체계 정비

우리나라 재난관리책임기관은 '재난 및 안전관리 기본법' 제3조에 따르면 중앙행정기관 및 지방자치단체이며, 재난 및 안전관리에 관한 중요정책을 심의 및 총괄·조정하기 위해 국무총리를 위원장으로 관계부처 장관이 위원으로 하는(간사: 행정안전부 장관) 중앙안전관리위원회가 설치되어 있다(재난 및 안전관리 기본법 제9조). 또한 중앙재난안전대책본부, 중앙사고수습본부, 중앙긴급구조통제단 등을 두고 있으며, 중

[그림 7-10] 중앙 및 지방자치단체 재난관리 조직체계

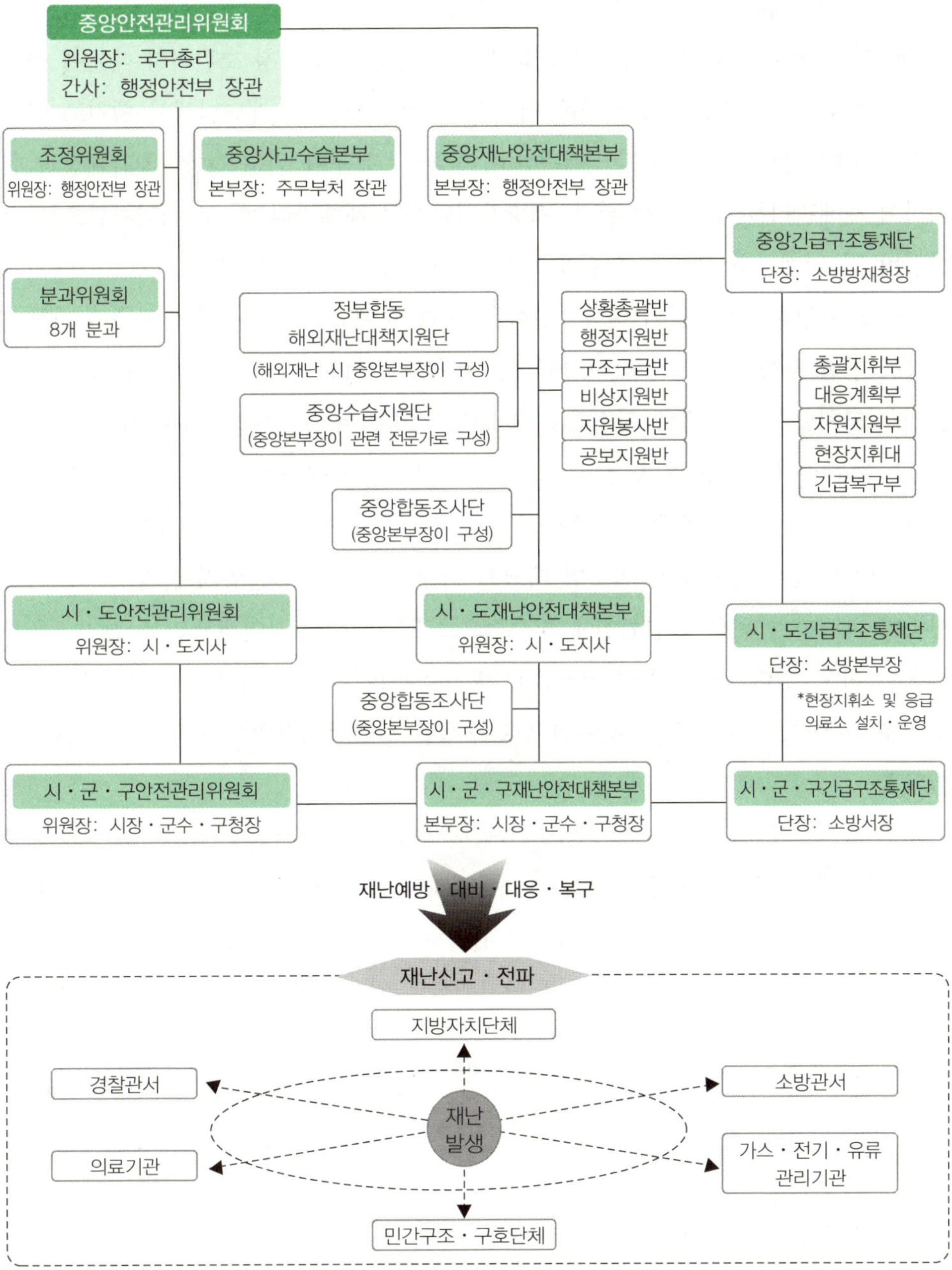

출처: 한국행정연구원(2013: 34).

대본과 더불어 중앙사고수습본부는 재난을 수습하기 위해 주무부처 장 소속 하에 설치하는데 산림재해는 산림청이 주무부처이다.

산불이나 산사태 등의 예방이나 관리에 관한 업무는 산림청 소관이기 때문에 산림청장은 산림행정, 재해예방, 복구를 책임지는 총책임자로서 재난발생시 헬기로 공중시찰을 하며 재해 상황을 판단・예측하고, 진화 및 복구를 위해 지방자치단체장과 협의하여 재해관리를 수행하게 된다. 지방자치단체는 재해관리의 1차 책임기관으로 소방장비 및 인적관리 권한과 해결에 대한 결정권 등을 갖고 있다.

산림보호법에서는 산불의 예방・진화, 산사태의 예방・복구, 산림병해충의 예찰・방제에 관한 사항을 규정하고(산림보호법 제20조~제45조) 그 업무의 주관을 산림청 및 지방자치단체의 장으로 지정하고 있으며, 소방관서, 경찰관서, 군부대, 문화재청 및 그 소속 기관, 국립공원공단 및 그 소속 공원사무소, 기상관서, 그 밖의 산림 관련 기관 및 단체는 협조기관으로 규정하고 있다(산림보호법 제39조).[7] 특히, 산불조심기간 동안에는 전국 산불방지 연도별 대책의 체계적 추진과 산불방지에 필요한 조치를 신속히 마련하기 위하여 산림청에 필수적으로 '중앙산불방지대책본부'를 설치・운영하도록 하고 있다(산림보호법 제30조). 또한 지역에는 지역산불방지대책본부를 설치・운영하여야 하고, 산불유관기관으로 구성된 산불방지협의회를 구성・운영할 수 있다.

또한 동해안에서 봄철 산불이 빈번하게 발생하고 있는 현실을 감안하여 지방자치단체 차원에서 강원도가 동해안 종합산불방지센터를 설치・운영하고 있는데, 이는 강원도, 소방청, 기초자치단체, 산림청이 연합하여 거버넌스 조직으로 운영되고 있다. 이 조직은 상황대응실로 지휘소와 통합지원실로 각 기관의 긴급공조와 산불위험에

7) 소방관서의 경우 산불, 재난・재해로 인한 피해복구 등에 대해서는 간접적인 지원활동을 하도록 규정하고 있다.
소방기본법 제16조의2(소방지원활동) "① 소방청장・소방본부장 또는 소방서장은 공공의 안녕질서 유지 또는 복리증진을 위하여 필요한 경우 소방활동 외에 다음 각 호의 활동(이하 "소방지원활동"이라 한다)을 하게 할 수 있다.
1. 산불에 대한 예방・진압 등 지원활동
2. 자연재해에 따른 급수・배수 및 제설 등 지원활동
3. 집회・공연 등 각종 행사 시 사고에 대비한 근접대기 등 지원활동
4. 화재, 재난・재해로 인한 피해복구 지원활동
② 소방지원활동은 제16조의 소방활동 수행에 지장을 주지 아니하는 범위에서 할 수 있다."

[그림 7-11] 산불진화체계

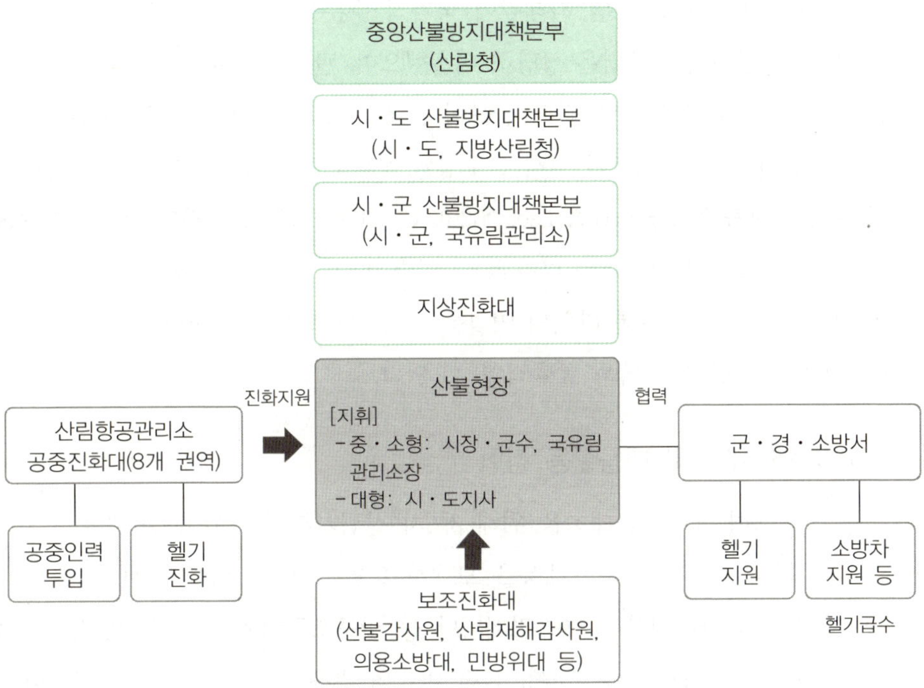

출처: 산림청 홈페이지.

[그림 7-12] 강원도 동해안 산불방지센터 조직체계

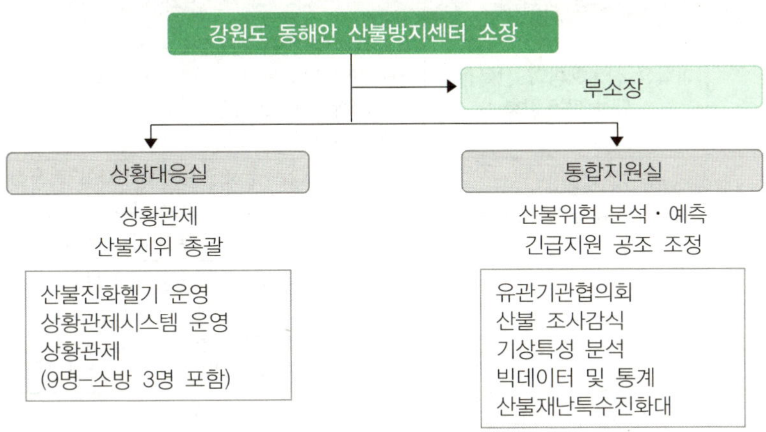

출처: 한국행정학회(2019: 145).

대한 분석・예측을 수행하고 있다.

그러나 세월호나 메르스감염 사태같이 국가적 수준에서 컨트롤 타워가 부재했을 때 재난에 대한 정부의 대응력은 상당히 미흡했으며, 관련 사상자를 포함한 대규모의 피해를 냈다. 반대로 2019년 강원도 산불이나 초기 COVID-19 대응의 경우 컨트롤 타워가 분명했기 때문에 계층적 질서로 구성된 정부조직이 국민들의 협조를 통해 긍정적인 효과를 창출했으나(Yeo & Lee, 2020), COVID-19와 같이 장기간에 걸쳐 재난이 발생한 경우 오히려 역효과를 나타낼 수 있다. 따라서 재난 및 재해 시 모든 참여자들이 처한 상황에서 컨트롤 타워의 역할을 수행하게 되는 다중심(polycentric) 민관 거버넌스체계가 지금보다 더욱 효율적일 수 있다.

2) 산림재해 예방 및 대응활동 강화

정부는 산림재해 예방 및 대응을 위해 제6차 산림기본계획(2018~2037년)을 수립하여 재해예방의 강화와 체계적 대응을 모색하고 있다. 이를 위한 정책방향으로 첫째, 원인별 맞춤식 사전예방, 둘째, 경계피난 등 비구조물대책의 균형, 셋째, 산림유역 단위 수자원 관리체계 구축, 넷째, 산림 내・외 병해충 선제적 관리로 설정한 후 [표 7-5]와 같이 주요 과제 및 추진방안을 수립・추진하고 있다.

[표 7-5] 산림재해 예방 및 대응과제

구분	주요 과제	추진방안
산불	과학적 산불예방과 산불진화 대응역량 강화	• ICT 기반 첨단 산불관리시스템 구축 • 원인별 맞춤식 사전예방대책 확립 • 헬기확충 등 초등진화 역량 강화 • 진화인력 전문화 및 국제연대 강화
산사태	산림・지역특성을 고려한 산사태 재해 안전망 구축	• 취약지조사 고도화, 사방시설 지역 특성화 • 산악기상망 확충으로 예측 정확도 향상 • 조사・복구 및 지진・땅밀림 관리체계 구축
산림병해충	선제적 산림병해충 예찰 및 방제	• 1932년까지 소나무재선충병 청정지역 전환 • 돌발・외래・일반병해충 적기 방제체계 구축 • 나무의사제도 정착 등 수목진료 전문화 • 병해충 내성 품종개발, 친환경 방제

출처: 산림청, 제6차 산림기본계획(2018~2037년).

그러나 이러한 물리적인 다양한 시스템을 마련하고 있으나, 산림거버넌스 구축 차원에서는 예방과 대응책이 미흡하다고 볼 수 있다. 특히, 4차 산업시대에 맞는 과학적 시스템을 구축하는 데 초점을 두고 있으나, 유관기관 신속동원체계 구축, 유관기관-주민 간의 산불상황 신속공유 및 대응, 전문화된 진화인력 및 역량 강화 등 민주성과 효율성, 참여 및 협력에도 관심을 둘 필요가 있다. 많은 경우에 재해관리는 지역사회 중심의 사람과 사람 사이의 비교적 잘 짜려진 틀에 의해 좌우되는 측면이 강하다.

3) 피해구호 배분체계의 개선

산림재해 시 이재민의 구호와 의연금품의 모집 절차 및 사용방법 등에 관하여 필요한 사항을 규정해 놓은 것이 재해구호법이다. 이 법에서 규정한 구호기관은 시·도지사 및 시장·군수·구청장이며, 지원기관은 전국재해구호협회, 대한적십자사 등이다. 구조의 대상은 재난으로 인한 피해를 입은 사람으로서 주거시설의 손실 정도 등 대통령령으로 정하는 기준에 해당하는 재해를 입은 사람과 일시대피자, 심리회복 지원대상자이다(재해구호법 제3조). 피해자들에게는 임시주거시설 제공, 급식·식품·의류·침구 그 밖의 생활필수품 제공, 의료서비스, 감염병 예방 및 방역활동, 위생지도 등 제공, 장사 지원, 심리회복 지원 등이 제공된다.

그런데 구호기간, 의연금, 지원액 등에 있어서 여러 가지 문제점을 가지고 있어서 실질적인 피해구호가 되지 못하고 있다. 첫째는 구호기간의 문제이다. 구호기간은 이재민의 피해 정도 및 생활 정도 등을 고려하여 6개월 이내로 제한하고 있는데, 재해

[표 7-6] 재해구호기간

구분		피해 규모	구호기간
급식 제공	단기구호	주택침수·반파 이상	재해를 입은 날부터 최초 7일 간
	장기구호	주택 반파	재해를 입은 날부터 1개월 간
		주택 전파, 유실	재해를 입은 날부터 2개월 간
식품·의료·침구류 등 생필품 제공		–	피해의 정도 및 가족 수 등을 고려하여 구호기관이 판단
임시주거시설 등의 제공		재해로 주거시설을 상실하거나 사실상 주거가 불가능한 경우	이재민의 피해 정도 및 생활 정도 등을 고려하여 6개월 이내

주: 단, 이재민의 주거안정을 위하여 필요하다고 인정하는 경우 구호기간 연장 가능.
출처: 재해구호법 시행령 제3조.

의 특성상 피해의 구제가 6개월 이내에 해결되기가 어렵다는 점이다. 산불의 경우, 대다수가 농촌 및 산촌지역에서 발생하고 있고 고령층이 대다수이기 때문에 재해로 인한 원상복구는 차지하고서라도 최소한의 생활 제공 조차 어려울 수 있다.

둘째는 의연금 지원기준이다. 의연금 지원은 인명피해의 경우 사망 및 실종 1천만 원 이내, 부상(장해 1~7급) 500만 원 이내, 부상(장해 8~14급) 250만 원 이내이며, 주택피해의 경우 전파는 세대당 500만 원 이내, 반파 세대당 250만 원 이내, 침수 세대당 100만 원 이내이고, 생계 지원은 농・어・임・임생산업의 경우 세대당 100만 원 이내로 제한하고 있다(의연금품 관리・운영규정/행정안전부고시 제2018-48호).

셋째는 재해를 자연재해와 사회재난으로 구분하고, 특히 사회재난의 경우 '기부금품모집 및 사용에 관한 법률'에 따르도록 함으로써 모금단체에 따른 기부에 의존하고 있다는 점이다. 따라서 2018년 강원산불의 경우 사회재난으로 전소피해 지원액이 세대당 240만 원이었는데 반하여, 2019년 강원산불은 자연재해로서 전소피해 지원액이 세대당 8,000만 원으로 서로 크게 차이가 난다. 따라서 피해자 입장에서 재해로 인한 지원액이 일원화될 수 있도록 제도를 개선할 필요가 있으며, 특히 사회재난의 경우 국가가 자연재해와 마찬가지로 선 지원금 지급 후 추후 구상권을 통해 해결하는 방안을 강구하는 것이 바람직하다.

[표 7-7] 자연재해와 사회재난의 지원액 차이

구분	의연금	기부금
근거법령	재해구호법	기부금품 모집 및 사용에 관한 법률
모금내용	자연재해	사회재난
배분방법	배분창구 일원화	모금단체가 각자 배분
배분기준	훈령으로 피해 유형과 상한액 명시	모금단체가 결정
특이사항	지정기부 지양 (배분의 형평성 유지)	지정기부 권장 (지역 및 대상자별 배분편차 발생)

출처: 라정일・신우리(2021: 8).

2. 다중심 산림거버넌스 구축

전 세계적으로 산림자원에 대한 수요가 증대되면서 효과적 산림관리를 위한 요구

사항도 커지고 있다. 특히, 산림자원은 지역적으로 분포되어 있어서 지역주민들의 삶과 연결되어 있기 때문에 지역주민의 관심도 증대되고 있다. 따라서 다양한 이해관계자들이 예방 및 대응·복구 시 각각의 컨트롤 타워 역할을 담당하는 다중심(polycentric) 산림거버넌스체계의 구축이 지금보다 더 선진적인 방향이 될 수 있다.

우리나라는 2000년대를 전후하여 거버넌스의 개념을 산림행정에 도입하여 적용하기 시작하였고, 그것은 참여와 협력, 네트워크 개념이 조합된 형태였다(박광국·이종열·이종원 외, 2017). 2003년 중앙산지관리위원회를 비롯해서 2006년 녹색자금운영심의회, 2012년 산림교육심의위원회, 2013년 탄소흡수원증진위원회와 지속가능목재이용위원회, 2016년 산림복지심의위원회 등을 통해 기업·대학·NGO 단체 등 전문가들이 참여하였다. 2010년 설치된 정책자문위원회도 마찬가지이다. 그러나 이들 산림거버넌스 기구들은 다소 형식적이고, 다양한 이해 기능들을 담아내지 못한 것으로 보인다(김옥일·채경진·박광국, 2012: 41-58).

1) 국가산림위원회 구성

산림정책을 수립·집행할 때 국민들의 산림에 대한 수요와 의견을 충분히 파악하여 산림정책에 반영할 필요가 있다. 산주, 산림산업체, 연구기관, 학계 등 다양한 산림분야 이해관계자들과 더불어 일반국민이 참여할 수 있는 국가산림위원회를 구성하여 국가 단위 산림정책을 추진하는 것이 필요하다. 이때 산림기본계획 등 각종 산림관련 계획들은 국가산림위원회에서 수립하도록 하여야 한다.

국가산림위원회는 공동위원장(2명)을 포함하여 30명 이상 50명 이내로 구성하고, 공동위원장으로는 산림청장(1명)과 민간위원장(1명)으로 하되, 위원으로는 임업인·생산자·산주단체, 가공업체, 소비자단체, 지방자치단체, 기업, NGO, 학계 및 연구기관 등 다양하게 분포되도록 한다.

또한 다양한 의견수렴과 심도있는 검토를 위해 분과위원회를 운영하고, 분과위원회(계획분과, 산림분쟁조정분과, 재난·재해분과)에서 논의된 안건이 본위원회에 보고되는 체제로 운영하도록 한다. 분과별로 다양한 토론회를 개최하여 국민들의 의견을 반영하고, 각종 여론조사 및 정책공모를 실시하도록 한다.

[그림 7-13] 국가 · 지역산림위원회의 체계도

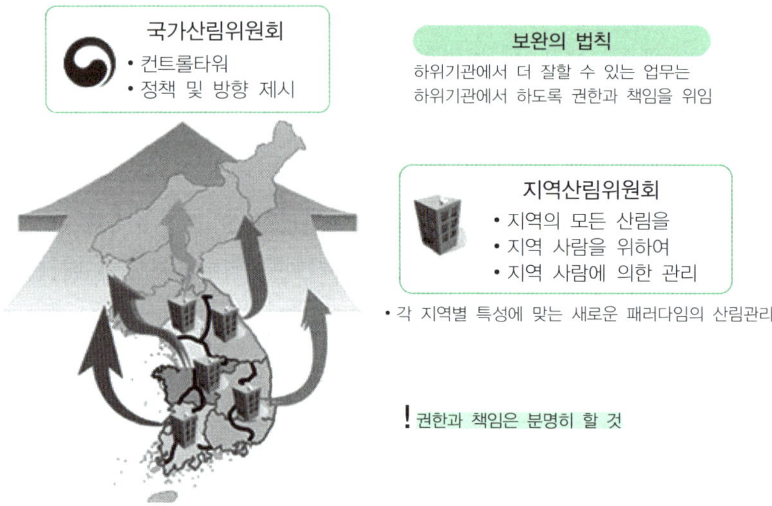

2) 지역산림위원회 강화

산림은 지역적으로 분포되어 있기 때문에 지역주민들은 스스로 지역산림을 관리하면서 경제적 · 사회적 · 환경적 혜택을 받아야 한다. 따라서 지역 단위에서, 또는 권역 단위에서 지역주민, 산림조합, 재해단체, NGO, 산림행정기관 등이 포함된 지역산림위원회를 10명 이상 15명 이내로 구성 · 운영할 필요가 있다.

지역산림위원회는 지역 내지 권역 내 산림청과 파트너십을 형성하여 지역주민들이 직접 지역산림을 관리할 수 있도록 다양한 프로그램을 추진할 필요가 있다. 지역적으로 특색이 있거나 보존가치가 높은 산림권역을 중심으로 모델림 프로그램을 운영하거나, 산림을 관리하고자 하는 의지가 강하고 산림관리 역량을 갖춘 산촌지역에 지역산림 프로그램, 협업경영 프로그램 등을 산림청과 지방자치단체로부터 자금 지원을 받아 운영하도록 하는 것이 바람직하다(석현덕 · 박소희, 2013: 16).

지역의 각종 산림관리단체들은 협회를 조직하여 정부보조금 프로그램이나 관리할 산림에 대한 정보를 공유하고, 산림경영에 필요한 컨설팅이나 산림관리를 위한 기술적인 교육을 제공받을 수 있다. 지역 산림협회 역시 산림청 및 지방자치단체로부터 보조금을 받거나 협회 회원단체들로부터 회비를 받아 운영하며, 지역 산림관리단체

[그림 7-14] 지역산림위원회의 운영 및 거버넌스 구축

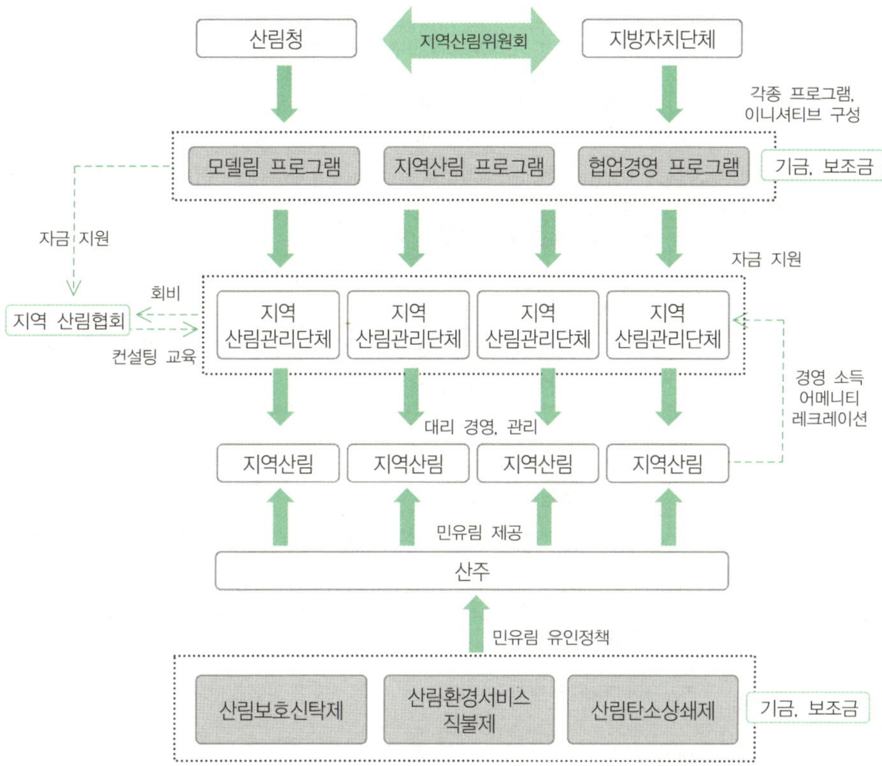

출처: 석현덕・박소희(2013: 18).

들의 다양한 활동들을 지원하는 역할을 수행한다. 지역 산림관리단체들은 산림을 관리하는 동시에 임산물 생산, 산촌체험, 산림교육, 휴양, 산림치유, 산림재해 프로그램, 도시숲 가꾸기 등 다양한 사업을 실시할 수 있다. 특히, 전체 산림면적 중 68.1%가 사유림으로 이루어져 있는 우리나라의 특성상 산주들에 대한 산림환경서비스직불제 등과 같은 정책에 참여를 유도하는 것이 필요하다.

[표 7-8] 산림정책과 관련된 이익집단 및 NGO의 예

단체	활동 내용
산림조합중앙회	• 1949년 중앙산림조합연합회를 모태로 설립 • 전국 142개 산림조합과 200만 산주와 임업인 단체이자 사유림 경영의 대표조직(최대의 산림 관련 민간단체) • 산주와 임업인을 지원하기 위한 다양한 활동 전개
한국산림경영인협회	• 1973년 한국조림가협회로 출발하여 현재 360여 명의 회원을 거느린 산림경영인 단체 • 임업에 대한 기술보급과 효율적인 산림경영 지향
한국산림복합경영인협회	• 2003년 생산기술 개발을 통한 경영합리화 및 효율적인 유통체계 확립에 기여할 목적으로 설립
한국산림기술인협회	• 2000년 새로운 산림기술과 시스템개발, 지도활동을 목적으로 설립
한국산지보전협회	• 2004년 산지보전을 목적으로 설립
한국산림토석협회	• 채석 관련 특수법인
한국산림환경협회	• 산림청 산하 자원봉사단체 • 산림보호협회로 출발
백두대간보전회	• 2010년 백두대간 보호, 생태체험 · 교육, 생태계 증식 및 보전 등에 기여할 목적으로 설립
(사)생명의 숲 국민운동	• 1998년 설립된 숲문화운동, 도시숲운동, 학교숲운동 등을 목적으로 한 NGO 단체
백두대간보전 시민연대	• 백두대간 보전을 목적으로 하는 민간 비영리단체
기타 산악연맹, 전국산림보호협회, 한국산악회 등	• 다양하게 설립되어 있음.

출처: 박광국 · 이종열 · 이종원 외(2017: 107)에서 수정.

제 5 절 결론

최근 발생하는 산림재해 유형은 산불, 산사태, 병해충 등 전통적인 재해뿐만 아니라 미국흰불나방 등과 같은 외래 · 돌발재해가 새롭게 발생하고 있다. 또한 재해발생 대응 및 복구 중심에서 산림재해의 예방 중심으로 전환되고 있다. 이러한 재해환경의 변화와 예방 중심의 위험관리의 효과성 향상을 위해 다양한 이해관계자들의 참여와 협력을 통한 통합적 접근(integrated approach)이 요구되고 있다.

우리나라는 국토의 63%가 산림으로 이루어져 있고, 1960년대 이후 치산녹화사업으로 세계적인 산림국가로 성장하였다. 그러나 산불, 산사태, 병해충 등 각종 재난의 발생과 개발의 압력으로 산림피해가 지속적으로 증가하는 추세에 있다. 최근 기후변화로 인한 가뭄, 집중호우, 태풍 등으로 인한 산림파괴와 생태계 훼손이 예측하기 어려운 상황에 있다. 이러한 환경변화에 따라 기존의 산림경영 방식으로는 한계에 직면하게 되었으며, 새로운 중앙-지역 차원에서의 거버넌스체계가 요청되고 있다. 이를 위해 우리나라 산림재해에 대한 검토와 미국, 영국, 캐나다, 핀란드 등 산림 선진국의 거버넌스 사례분석을 통해 우리 실정에 적합한 산림거버넌스체계를 제시하고자 하였다. 특히, 모든 참여자들이 처한 상황에서 컨트롤 타워 역할을 수행하는 다중심 거버넌스체계(polycentric governance system)가 더욱 효율적일 수 있다.

산림정책의 경우 풍요로운 산림국가에 걸맞은 국민들의 산림에 대한 수요와 의견을 충분히 파악하여 산림정책에 반영하는 시점에 왔다. 산주, 산림산업체, 연구기관, 학계 등 다양한 산림 분야 이해관계자들과 더불어 일반국민이 참여할 수 있는 거버넌스 기구로서 국가산림위원회를 구성하여 새로운 산림정책을 추진하는 것이 필요하다. 이를 통해 기존 산림정책을 평가하고, 식수·조림종 선정, 목재산업의 활성화, 탄소중립과 지속가능한 산림보존 등 쟁점에 대해 고민할 필요가 있다. 또한 지역 단위에서, 또는 권역 단위에서 지역주민, 산림조합, 재해단체, NGO, 산림행정기관 등이 포함된 지역산림위원회를 구성·운영하고, 산림청과 파트너십을 형성하여 지역주민들이 직접 지역산림을 관리할 수 있도록 다양한 프로그램을 추진할 필요가 있다. 국가산림위원회-지역산림위원회 및 이를 지원하는 산림청 및 산림행정기관들, 지역주민, NGO들이 상호 유기적으로 기능할 수 있도록 체계적으로 조직화할 필요가 있다. 무엇보다, 산림에 대한 관심과 열정을 가진 주민들이 자유롭게 참여할 수 있도록 미국 산림청과 같이 홈페이지 등을 통해 개방적으로 참여를 허용하는 것이 필요하다.

1967년 산림청이 설치된 이후 이젠 반세기의 시간이 지났다. 산림의 생애주기만큼이나 새로운 정책역량 및 대응체계를 갖출 시기가 되었다. 특히, 2020~2021년 코로나19 시기를 거치면서 국민들의 산림에 대한 관심 또한 획기적으로 증대되었다. 이에 따라 새로운 산림관리 방식, 새로운 산림정책, 새로운 재해대응 역량과 참여를 통한 다중심 협력적 산림거버넌스체계가 필요한 시점이라 할 수 있다.

참고문헌

김옥일・채경진・박광국(2012). 네트워크 분석을 통한 거버넌스 시스템 향상에 관한 연구: 산림청을 대상으로. 『정부와 정책』, 5(1): 41-58.

라정일・신우리(2021). 재난구호 정책의 현황과 발전방안. 『2021 경인행정학회 추계학술대회 발표논문집』.

모영목(2014). 산불대응체계의 문제점 및 개선방안 연구. 『한국위기관리논집』, 10(11): 75-92.

문유석(2011). 미래지향적인 산림행정조직의 발전방향. 『서울행정학회 추계학술대회 발표논문집』. 247-275.

박광국・이종열・이종원 외(2017). 『산림행정 이해와 관리』. 서울: 조명문화사.

박상필(2018). 『로컬 거버넌스의 성공모델』. 서울: 대영문화사.

사득환(2002). 정부간 관계(IGR) 변화와 지방정부간의 환경협력. 『한국지방자치학회보』, 14(1): 123-144.

사득환(2021). 지방정부간 물관리정책과 협력적 거버넌스: 소백산권 상수도 설치사업을 중심으로. 『한국공공관리학보』, 35(1): 123-144.

산림청(2017). 제6차 산림기본계획: 2018~2037년.

산림청(2020a). K-포레스트(K-Forest) 추진계획: 한국형 산림뉴딜 전략('20년~'30년).

산림청(2020b). 제2차(2021-2030) 산림병해충 예찰・방제계획.

산림청(2020/2021). 각종 산림통계.

산림청(2021a). 산림분야 미래전략 수립을 위한 자료조사・분석 및 컨설팅 용역.

산림청(2021b). 2021년 전국 산사태예방 종합대책.

산림청(2021c). 2021년 K-산불방지대책.

산림청(2021d). 2050 탄소중립 달성을 위한 산림부문 추진전략(안).

석현덕・박소희(2013). 협력적 산림관리 거버넌스 구축 방안. 한국농촌경제연구원.

아오키 켄타로・우에키 타츠히토 등 지음(2020). 지역임업을 권장함: 임업 선진국 오스트리아에서 배우는 지역자원의 활용.

염종호(2006). 산림행정 거버넌스 구축방안에 관한 연구: 정책과정에서의 시민참여에 관한 사례분석을 중심으로. 고려대학교 행정대학원 석사학위논문.

오수길(2021). 산림정책의 주요 이슈와 공공가치 강화 방안. 『2021 한국정책학회 추계학술대회 겸 국제학술대회 발표논문집』.

이명석(2002). 거버넌스의 개념화: '사회적 조정'으로서의 거버넌스. 『한국행정학보』, 36(4): 321-338.

이원희 외(2020). 『현지교수가 전하는 미국행정 풀어쓰기』. 서울: 대영문화사.

주효진・이석환・조주연(2009). 산림패러다임 변화에 따른 산림행정조직 발전방안 모색.

『한국공공관리학보』, 23(1): 65-87.
한국농촌경제연구원(2012). 녹색성장에 대응한 중장기 산림정책 추진전략(1/2차 연도).
한국지방행정연구원(2013). 지방자치단체의 산림재해 주민안전망 구축방안.
한국행정연구원(2013). 한국형 협력적 거버넌스 체계 구축 방안 연구.
한국행정학회(2019). 산림재해대응 집행조직 강화.
환경부(2011). 생물자원의 효율적 보전과 활용방안 연구.
환경부(2017). 자연의 효율적 보전과 이용을 위한 자연환경정책 발전전략 수립 연구.

Elmqvist, Thomas et al.(2013). *Urbanization, Biodiversity and Ecosystem Services: Challenges and Opportunities*. New York: Springer.

Gray, B.(1989). *Collaborating: Finding Common Ground for Multi-party Problems*. San Francisco, CA: Jossey-Bass.

Johansson, Johanna & Rolf Lidskog(2020). Constructing and justifying risk and accountability after extreme events: public administration and stakerholders' responses to a wildfire disaster. Published online: 15 Mar, 353-365.

Robinne, Francois-Niclas(2021). Impacts of disasters on forests, in particular forest fires. Paper prepared for the United nations Forum on Forest Secretariat.

Sotirov, Metodi & Bas Arts(2018). Integrated Forest Governance in Europe: An introduction to the special issue on forest policy integration and integrated forest management. *Land Use Policy*, 79: 960-967.

Tang, S. Y., & Mazmanian, D. A.(2008). An Agenda for the Study of Collaborative Governance. Unpublished Working Paper.

Yeo, J., & Lee, E. S.(2020). Whole Community Coproduction: A Full Picture Behind the Successful COVOD-19 Response in S. Korea. Transforming Government: People, Process and Policy. https://doi.org/10.1108/TG-05-2020-0088

Yeom, C. H.(2019). A Study on Prevention of Forest Fires of Adjacent Forest Facilities. Doctor of Engineering. Department of Disaster Prevention Graduate School of Disaster Prevention, Kangwon National University.

Waugh, William L. & Gregory Streib(2006). Collaboration and Leadership for Effective Emergency Management. *Public Administration Review*. December: 131-140.

C·H·A·P·T·E·R 8

탄소중립 시대 산림 ODA 발전 및 다각화 방안

허태욱

제 1 절 탄소중립으로의 전환과 공적개발원조(ODA)의 흐름

1. 탄소중립과 글로벌 녹색 전환

이제 지속가능성은 지구 공통의 과제가 되었고, 탄소배출 제로를 목표로 한 '탄소중립(Carbon Neutral)' 시대로의 전환을 필요로 하고 있다. 지구 온난화를 1.5℃로 제한하고 기후변화의 최악의 영향을 피하기 위해서는 매해 전 세계 이산화탄소 배출량이 지금 수준보다 9% 더 감소되어야 한다. 전 세계는 이를 위해 성장과 환경오염의 문제를 분리하는 저탄소 경제로의 긴급한 전환의 노력들을 다각적으로 펼쳐가고 있다.

탄소중립으로의 녹색 전환(green transformation)은 중대한 글로벌 패러다임으로 부상하고 있다. 2015년에 체결되었던 유엔기후변화협약(UNFCCC)의 파리협정(Paris Agreement)은 2020년에 드디어 195개국에 구속력 있는 보편적 합의로 발효되었다. 더불어, 2015년 UN 총회에서는 "Leave no one behind(누구도 소외되지 않는 발전)"라는 슬로건 아래 선진국과 개발도상국의 구분 없이 모든 국가의 경제·사회 발전 및 환경 이슈 등에 적용되는 「지속가능발전을 위한 2030 의제(Sustainable Development Goals)」가 채택되었다. 또한 2021년 미국이 파리기후협정 복귀와 2050년까지 '탄소중립'을 선언함에 따라 기후변화에 대한 범지구적인 움직임은 다시 한 번 탄력을 받기 시작했다. EU는 2030 기후·에너지 정책 프레임워크, 생물 다양성 전략을 수립하는 등 개발도상국, 국제기구, 선진국 모든 국적과 체계를 넘어 전 지구적인 행동들이 실현되고 있다.

대한민국은 2020년 그린뉴딜과 2050 탄소중립 비전을 발표하면서 국제사회 기후대응노력에 동참해 나가고 있다(한국환경산업기술원, 2020). 앞으로 30년 간 기술의 발전, 사회경제적 변화 등 많은 불확실성 속에서 탄소중립이라는 확실한 미래를 만들어가기 위해 국민적 합의에 기반을 두고 분야별 감축 목표를 설정하고 이행 수단을 구체화하고 있다. 또한 2030년까지 재생에너지 발전비중 20% 달성을 목표로 하는 재생에너지 3020 정책에 따라 재생에너지 중심의 청정에너지 체제로의 전환을 위해 노력하고 있다.

한편 이와 같은 탄소중립 시대로의 녹색 전환은 '정의로운 전환'이 구현되어야 하는 중요한 과제를 안고 있다. '정의로운 녹색 전환(Just Green Transition)'이란 기후위기에 대응해 어떤 지역이나 업종에서 급속한 산업구조 전환이 일어날 때, 과정과 결과가 모두에게 '정의로워야' 한다는 개념이다. 다시 말해, '건강한 생태계'를 기반으로 한 지속가능한 경제(녹색 경제)로의 전환과정에서 발생하게 될 노동자들의 일자리 감소에 대한 불안감을 제거하고, 노동자 및 지역공동체의 이익과 노동기간의 손실 없이 고용이 유지되도록 하는 것을 목적으로 한다. 이러한 정의로운 전환의 맥락은 국제사회의 선진국-개발도상국 간의 협력관계에서도 중요한 의미를 지닌다고 볼 수 있다. 즉, 기후변화 대응을 위한 탄소중립 시대로의 전환의 비용(탄소배출량 감소, 저탄소 산업 전환 등의 비용)이 일방적으로 전가되지 않고, 국제사회 전체가 공정하게 분배하고 국가 간에 협력해야 한다는 대전제가 성립되는 것이다. 이러한 측면에서 국제개발협력과 공적개발원조(official development assistance: ODA)의 의미는 다시금 강조될 필요가 있다.

탄소중립 시대로의 국제협력 관련 가장 최근 예로, 2021년 6월 대한민국 서울에서 '포용적 녹색 파트너십'을 주제로 열린 P4G(Partnering for Green Growth and the Global Goals 2030, 녹색성장과 글로벌 목표 2030을 위한 연대) 정상회의를 들 수 있다. 'P4G 서울 녹색미래 정상회의'에서 세계 각국 정상, 국제기구 대표들은 '서울선언문'을 통해 기후 위기가 환경문제만이 아닌 경제, 사회, 안보, 인권에 영향을 미치는 문제라는 것에 동의하고 심각한 기후 위기를 극복하기 위해 국제사회와 시민사회, 기업, 미래세대가 함께 노력해 나갈 것을 약속했다.

2. 국내·외 공적개발원조(ODA) 흐름과 특성

1) 국제개발협력과 공적개발원조(ODA) 개념과 주요 현황

국제개발협력(International Development Cooperation)은 다양한 협력 방식(공적개발원조, 기타 공적자금 등)을 통해 국제사회가 공동으로 개발도상국의 경제적·사회적 발전을 촉진하는 활동을 의미한다(한국국제협력단, 2013). 여기서 개발협력은 공여국이 수원국을 일방적으로 지원하는 시혜적 측면보다는 상호 파트너십과 협력의 의미를 포괄한다(한국국제협력단, 2013; 홍재환, 2012). 공적개발원조란 정부를 비롯한 공공기관이 개발도상국의 경제발전과 사회복지 증진을 목표로 제공하는 원조를 의미하며, 개발도상국 정부 및 지역, 또는 국제기구에 제공되는 자금이나 기술협력을 포함하는 개념으로 정의할 수 있다(정지선 · 오태현, 2013; 한국국제협력단, 2013). 이와 같은 ODA의 정의는 경제협력개발기구 개발원조위원회(Organization for Economic Cooperation and Development, Development Assistance Committee: OECD DAC)가 1961년 출범한 이후 통일되어 사용되고 있다.

국제개발협력의 개발재원(Resources for Development)은 크게 개발도상국의 개발을 목적으로 정부가 제공하는 공적개발원조(ODA)와 기타 자금으로 구분되며, 기타 자금에는 수출신용, 투자금융 등 기타 공적자금과 해외직접투자 등 민간자금, NGOs의 민간 증여 등이 포함된다(한국국제협력단, 2013).

[표 8-1] 국제개발협력 개발재원의 유형

구분	지원방법	지원 형태	
공적개발원조(ODA)	양자간	무상	증여, 기술협력, 프로젝트원조, 식량원조, 긴급재난구호, NGOs 지원
		유상	양허성 공공차관
	다자간	무상/유상	국제기구 분담금 및 출자금
기타 공적자금	양자간	유상	공적수출신용, 투자금융 등
	다자간	유상	국제기관 융자
민간자본흐름	-	유상	해외직접투자, 1년 이상의 수출 신용, 국제기관 융자, 증권투자 등
민간 증여	-	유상	NGOs에 의한 증여

공적개발원조(ODA)는 제2차 세계대전 이후 아프리카, 아시아, 남미 등 많은 식민지 국가가 독립하면서 이들 국가에 만연한 빈곤문제 해결을 위해 국제사회의 공동노력이 필요하다는 주장과 함께 시작되었다. 최근 2010년대에 들어서는 원조가 무역, 투자, 송금 등 다른 재원과 함께 개발에 기여하는 바에 무게가 실리며 “원조와 원조 이상의(Aid and Beyond)” 논의로 나아가고 있다(정지선 · 오태현, 2013). 더불어, 기

후변화, 분쟁취약성, 공정무역 등 최근 부각되는 범지구적 과제를 효과적으로 다루기 위해 중국과 같은 신흥공여국 및 기업, 재단, 시민사회를 포함하는 민간개발자금의 비전통적 원조 주체를 효과적으로 활용하는 새로운 원조체제에 대한 구상도 진행되고 있다(김호석, 2020; 국제개발협력위원회, 2017).

국제적인 공적개발원조 공여국들의 대표적인 협의체로서 OECD-DAC(Development Assistance Committee: 개발원조위원회)가 있으며, 2021년 현재 30개 회원국으로 구성(한국은 2010년에 가입)되어 있다. DAC 회원국들은 매년 ODA 실적을 DAC에 보고하여 회원국 전체의 ODA 실적을 집계하고 있다. DAC 산하에는 8개의 작업반이 있어서, 개별 이슈에 대하여 ODA 효과성 제고를 위하여 회원국 간에 동료 평가(Peer Review), 상호학습 및 토론 등을 거쳐 국제적 규범을 정립하고, 3~4년에 한 번씩 개최되는 원조효과성에 관한 고위급포럼(High Level Forum on Aid Effectiveness: HLF)(2011년 부산 개최)를 계기로 DAC 회원국은 물론 DAC 비회원국, 개발도상국, 시민사회 등으로 규범 확산 및 공약 이행 촉진의 역할을 하고 있다(정지선・오태현, 2013; 김호석, 2020).

과거 개발협력은 OECD-DAC 회원국이 중심이 되었으나, 최근 신흥공여국으로 분류되는 국가들(특히, 터키, UAE, 러시아 등)의 개발협력 관련 지원이 양적・질적인 측면에서 활발하게 이루어지고 있다. 최근에는 개발 NGOs[개발도상국의 개발과 빈곤문제에 관여하는 비정부 비영리기관, 대표적으로 옥스팜(Oxfam), 케어인터네셔널(Care International), 월드비전(World vision) 등], 시민사회, 민간기업, 국제민간재단[대표적으로 록펠러 재단(Rockefeller Foundation), 빌&멜린다 게이츠 재단(Bill & Melinda Gates Foundation), 포드재단(FordFoundation), 쉘 재단(Shell Foundation)] 등도 국제개발협력의 주요 주체로 부상하고 있다. 이들은 공여국 정부 또는 국제기구가 발주하는 국제개발협력 사업의 계약자로서 ODA 사업을 수행하기도 하고, 공여국 정부나 국제기구로부터 ODA 자금을 지원받아 국제개발협력 사업을 추진하기도 한다.

현재(2019년 기준) DAC 회원국별 ODA 순지출액(Net Disbursement)으로 볼 때 미국은 2019년 330억 달러 가량을 원조한 최대 공여국이다.[1] 다음으로는 241억 달러 가량의 원조 규모를 기록한 독일, 영국, 일본, 프랑스 순으로 원조를 제공하였다. 한

1) ODA Korea(https://www.odakorea.go.kr)

국의 원조 규모는 2019년 기준 25억 달러로, 29개(EU 제외, EU포함 30개) DAC 회원국 중 15위에 위치해 세계 경제 침체 속에서도 한국의 ODA 확대 추세가 지속되고 있는 것으로 나타난다. 국민총소득(GNI) 대비 ODA 비율로 볼 때, 룩셈부르크, 노르웨이, 스웨덴, 덴마크 등 북유럽 국가들은 UN의 권고인 0.7%를 초과 달성하여 경제수준 대비 높은 ODA 비율을 보이고 있다([그림 8-1] 참조). 그러나 DAC 회원국 전체 평균은 2019년 기준 0.38%로 UN 권고 비율의 절반을 밑돌고 있으며, 우리나라 역시 UN 권고 비율보다 다소 낮은 2019년 0.15%의 수치를 보이고 있다(2030년까지 0.30% 목표).

[그림 8-1] DAC 회원국(공여국)별 국민총소득(GNI) 대비 ODA 비율(순지출 기준)

(단위: %)

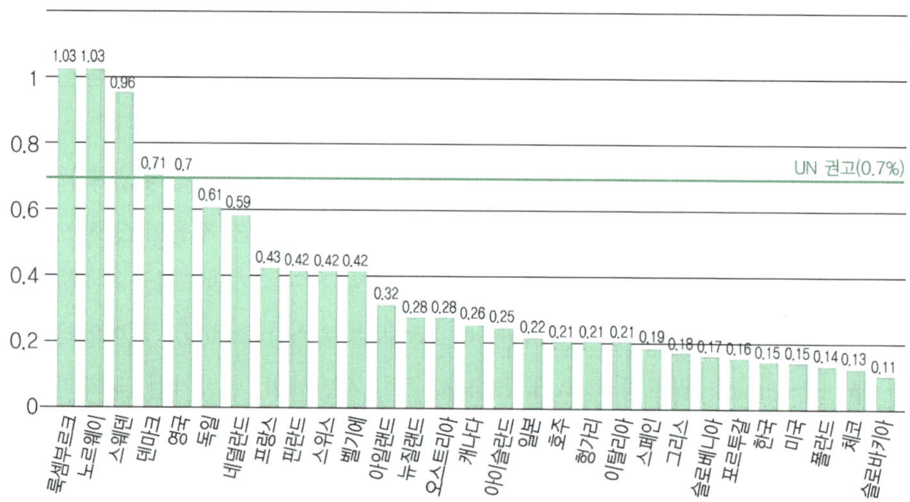

출처: OECD Statistics; ODA Korea.

형태별 ODA 추세를 살펴보면([표 8-2] 참조), 2015~2019년 ODA 총지출액에서 양자원조는 평균 약 70%, 다자원조는 30%를 차지하였으며 무상원조는 평균 94%, 유상원조는 6% 가량으로 나타났다. 배분 형태로 볼 때, 양자원조의 규모가 다자원조보다 평균 2.4배 정도 더 많고, 양자원조 내에서는 무상원조 비율이 유상원조에 비해 평균 15.7배 정도 높게 나타난다.

[표 8-2] 형태별 ODA 전 세계 추세(순지출 기준)

(단위: USD 백만)

구분	2015년	2016년	2017년	2018년	2019년
양자간 원조(A)	94,238.61	103,110.41	105,568.69	105,220.69	103,293.50
무상원조(B)	88,845.70	98,069.60	99,595.82	99,819.84	97,710.20
유상원조(C)	5,987.17	5,812.00	6,588.27	6,254.16	6,275.38
다자간 원조(D)	37,324.51	41,810.12	41,599.74	44,837.80	43,227.74
ODA 총지출(A + D)	131,563.12	144,920.53	147,168.45	150,058.54	146,521.27

출처: OECD Statistics.

ODA의 분야는 OECD-DAC(개발원조위원회)의 원조 목적 코드(Creditor Reporting System: CRS)에 기초하여, 원조 형태를 '목적'에 따라 사회, 경제, 생산, 다부문 분야의 네 가지로 분류된다. 사회부문은 교육, 보건, 인구, 식수, 공공정책 등에 관련된 사업 및 서비스를 의미한다(허태욱, 2013). 경제부문은 운송, 통신, 에너지, 금융 분야 등을 포함하며 생산부문은 농림수산, 산업, 무역 등의 산업 분야를 가리킨다. 마지막으로 다부문 분야는 환경보호(산림 등) 및 기타 다부문을 일컫는다. 2000년대에는 여

[그림 8-2] 분야별 ODA 전 세계 추세(약정액 기준)

(단위: USD 백만)

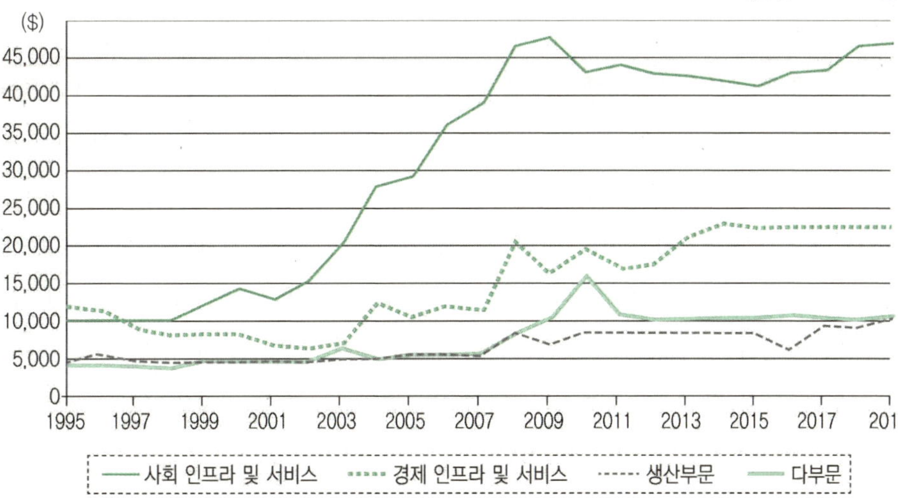

출처: OECD Statistics; ODA Korea.

러 부문 중에서도 특히 '사회 인프라 및 서비스'에 대한 ODA 지원이 가장 많았으며 가장 빠르게 증가했다. 2019년 '사회 인프라 및 서비스' 분야 지원금액은 464.9억 달러를 기록했으며, '경제 인프라 및 서비스' 분야는 2019년 215.8억 달러가 지원되었다. 분야별 ODA 배분 비율(2019년 전체 양자원조 약정액 기준)로는 '사회 인프라 및 서비스' 35.56%, '경제 인프라 및 서비스' 16.93%, '인도적 지원' 14.02%, 다부문[환경보호(산림 등) 및 기타] 8.92% 등으로 나타난다.[2)]

2) 한국의 공적개발원조(ODA) 현황

한국은 2010년 OECD DAC 가입 이후, 양적·질적 성장을 통해 중견 공여국으로 자리매김했으며, 우리나라의 연평균 ODA 증가율은 OECD DAC 회원국 가운데 최상위 수준이라고 할 수 있다. 2020년의 ODA 지원 규모(잠정, 증여등가액 기준)는 코로나19 영향에 따른 양자원조 감소, 지역개발은행 앞 출연·출자 감소 등으로 전년 대비 약 8.7% 감소한 22.5억달러를 기록하였으나, 2030년까지 총 ODA 규모를 2019년 대비 2배 이상 수준으로 확대하는 것을 목표로 개발도상국의 경제·사회 발전을 위한 국제적 연대와 협력을 적극 선도해 나갈 것으로 보인다(관계부처 합동, 2021a; 2021b).

한국의 ODA 지원 형태별 현황을 살펴보면, 2020년 우리나라의 양자간 원조와 다자간 원조는 각각 78.4%, 21.6%의 비율로 지원되었으며, 2020년 기준 유·무상원조의 지원 비중은 유상원조가 33.9%, 무상원조가 66.1%를 차지하였다([표 8-3] 참조). 2021년 '국제개발협력 종합시행계획'에 따르면, 2021년 올해 ODA 규모는 3조 7,101억 원(2020년 대비 2,831억 원, 83% 증가)이며, 교통 및 보건 분야를 중심으로 아시아 및 아프리카 지역을 중점 지원할 계획이다(관계부처 합동, 2021a; 2021b). 보건 분야 ODA 규모는 전년 대비 20% 이상 대폭 증가하였다. 올해 총 42개 기관(10개 지방자치단체 포함)에서 1,682개 사업(2020년 1,551개)을 시행할 예정이며, 총 89개 수원국을 지원할 계획이다(아시아 40.5%, 아프리카 18.7%, 지역 집중). 신남방 및 신북방 국가 사업 규모가 각각 7,701억 원→7,714억 원, 2,122억 원→2,251억 원으로 증가하였다(관계부처 합동, 2021a; 2021b).

---

2) OECD Statistics; ODA Korea(https://www.odakorea.go.kr)

[표 8-3] 한국의 형태별 ODA 추세(순지출 기준)

(단위: 십억 원)

구분		2017년	2018년	2019년	2020년	2021년
총 ODA		2,635.9	3,048.2	3,200.3	3,427.0	3,710.1
양자간 원조 비중(%)		2,130.0 (80.7)	2,387.7 (78.3)	2,493.8 (77.9)	2,775.0 (81.0)	2,881.9 (77.7)
	유상원조 비중(%)	954.5 (44.8)	1,058.1 (44.3)	1,141.2 (45.8)	1,184.9 (42.7)	1,258.2 (43.7)
	무상원조 비중(%)	1,175.5 (55.2)	1,329.6 (55.7)	1,352.6 (54.2)	1,590.1 (57.3)	1623.7 (56.3)
다자간 원조 비중(%)		505.9 (19.3)	660.5 (21.7)	706.5 (22.1)	651.9 (19.0)	828.2 (22.3)

출처: ODA Korea.

한국의 분야별 ODA는 사회인프라 및 서비스 분야에 중점적으로 지원되어 왔으며, 2020년(잠정) 지원 비중 또한 사회인프라 및 서비스에 58.6%, 경제인프라 및 서비스에 12.7%의 재원이 배분되어 두 분야가 전체 지원액의 71.3%를 차지하였다([그림 8-3] 참조).

한국의 지역별 ODA 현황을 살펴보면, 우리나라는 지리적 접근성과 문화적 친밀성

[그림 8-3] 한국의 분야별 ODA 구성

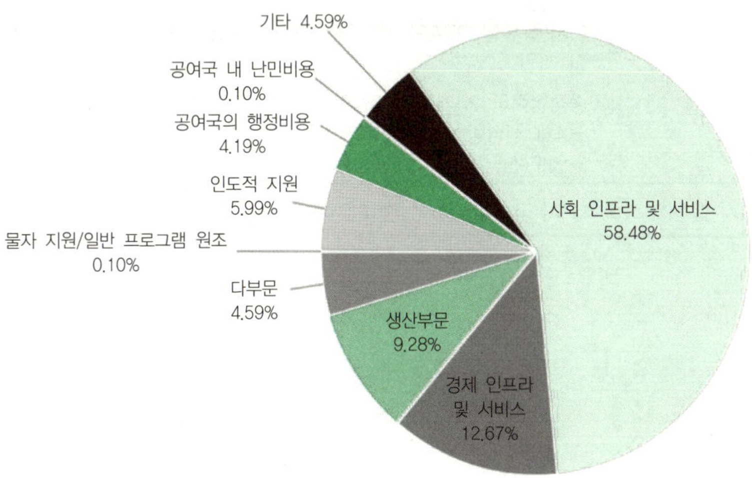

출처: OECD Statistics; ODA Korea.

을 바탕으로 아시아 지역에 대한 ODA 지원을 중점적으로 수행해왔으며, 2010년 수립된 'ODA 선진화 방안'을 토대로 아시아 중심의 지원을 유지하면서 아프리카 비중을 점진적으로 확대해왔다. 2020년(잠정)에는 아시아 지원 비율이 50.0%, 아프리카가 22.8%로 두 지역에 대한 지원 비중이 전체의 72.8%를 차지하였다. 소득그룹별로 보면, 개발 재원이 가장 필요한 최저개발국 및 하위 중소득국에 대한 ODA 지원 확대를 추진하고 있는데, 2020년(잠정) 소득그룹별 ODA 지원은 최빈국, 하위 중소득국이 각각 39.7%, 29.5%로 전체 지원액의 69.2%를 차지하였다.[3)]

한편, 2021년 1월, 국제개발협력위원회(위원장: 국무총리)에서는 향후 5년 간 우리나라의 ODA의 청사진이라 할 수 있는 「제3차 국제개발협력 종합기본계획(2021~2025년)」과 연간 양자 ODA 재원의 70% 이상을 지원할 수원국을 지정하는 「ODA 중점협력국 재선정안」을 심의·의결하였는데, 그 주요 내용은 [표 8-4]와 같다.

[표 8-4] 제3차 국제개발협력 종합기본계획(2021~2025년) 확정 및 주요 내용

	주요 내용
제3차 국제개발협력 종합기본계획 (2021~2025년)	• 2030년까지 ODA 규모 2배 확대(2019년 기준), 2022년까지 보건 분야 역량 집중 - 보건 ODA: (2020년) 2,773억 원→(2021년) 3,358억 원(21% ↑) • 그린 뉴딜 ODA 비중 확대, 기후변화 대응 논의 선도(2021년 5월 P4G 정상회의 개최 등) • 「신남방정책 플러스(2020년 11월)」 등 대외전략과 연계를 통해 가시적 성과 창출 확대 • 디지털 뉴딜 ODA와 공공행정 ODA를 통한 개발도상국 행정·제도 혁신 중점 지원
ODA 중점협력국 재선정	• 중점협력국 24개국→27개국으로 조정(5개국 추가, 2개국 제외) - 4개 신남방·신북방국가 신규 추가: 신남방·신북방정책 적극 뒷받침 - 인도(신남방), 우크라이나, 키르기스스탄, 타지키스탄(이상 신북방) 등

출처: 관계부처 합동(2021a). 제3차 국제개발협력 종합기본계획; 관계부처 합동(2021c). ODA 중점협력국 재선정.

3) ODA Korea.

[표 8-5] 한국 중점협력대상국 재선정 결과(2021년)

	• 중점협력국 24개국 → 27개국으로 조정(5개국 추가, 2개국 제외) - 4개 신남방·신북방국가 신규 추가: 신남방·신북방정책 적극 뒷받침 - 인도(신남방), 우크라이나, 키르기스스탄, 타지키스탄(이상 신북방) 등	
아시아	12개국	베트남, 인도네시아, 캄보디아, 필리핀, 방글라데시, 몽골, 라오스, 네팔, 스리랑카, 파키스탄, 미얀마 + **인도**
아프리카	7개국	가나, 에티오피아, 르완다, 우간다, 탄자니아, 세네갈 + **이집트**
중앙아시아	4개국	우즈베키스탄 + **키르키스스탄, 우크라이나, 타지키스탄**
중남미	4개국	콜롬비아, 페루, 볼리비아, 파라과이

출처: 관계부처 합동(2021c). ODA 중점협력국 재선정.

제 2 절 국내 산림 ODA 실태분석 및 미래 전망

1. 한국의 산림 ODA 현황분석

1) 산림 ODA 사업 및 기관 실태

한국수출입은행 대외경제기금(Economic Development Cooperation Fund: EDCF) 통계조회시스템(stats.koreaexim.go.kr)에서 조회한 결과에 따르면, 2010년부터 2020년까지(11년 간) 국내 산림(임업 분야) ODA(공적개발원조) 사업은 총 314건, 총예산은 약 1,310억 원으로 확인되었으며, 모두 양자간 사업 및 무상원조(grant) 사업으로 이뤄진 것으로 분석되었다. 2006년부터 2015년까지 총 218건의 사업이 확인되었는데(김나희 외, 2018), 1년 평균 사업 수 기준으로 30% 이상 증가한 것으로 나타난다. 즉, 최근 5년 간 산림 ODA 사업 수가 눈에 띄게 증가한 것으로 볼 수 있다.

[표 8-6] 산림 ODA 사업 수 추세 비교

	총 ODA 사업 수	연평균 사업 수
2006~2015년(10년 간)	218	21.8
2010~2020년(11년 간)	314	28.5

출처: 대외경제기금(EDCF) 통계조회시스템.

2010~2020년 간 산림 ODA 사업을 제출한 기관은 총 10개 정부부처 및 공공기관으로 확인된다([표 8-7] 참조). 한국국제협력단(KOICA)에서 173개 ODA 사업을 제출하여 사업제출기관 중 가장 많았으며, 그 다음으로 산림청이 116개 ODA 사업을 제출한 것으로 확인된다. 중앙부처에서는 외교부 6개, 농림축산식품부 4개, 과학기술정보통신부 2개 사업으로 각각 나타난다. 지방정부에서는 인천광역시 5개, 경기도 3개, 제주도 3개, 경상남도 1개, 서울특별시 1개 사업으로 확인된다. 세부 사업 분야는 총 5개 분야(임업 개발, 임업 교육/훈련, 임업정책 및 행정관리, 임업 연구, 임산물 가공)로 되어 있다.

각 사업 분야별 사업 건수를 살펴보면, '임업정책 및 행정관리'가 122건(38.8%)으로 가장 많고, '임업개발'이 109건(34.7%)으로 그 다음으로, 2개 분야 비중이 전체의 3/4에 육박하는 73.5%를 차지한다. '임업 교육/훈련' 75건(23.8%), '임업 연구' 7건(2.2%), '임산물 가공' 1건(0.3%)으로 나타났다.

[표 8-7] 산림 ODA 사업 분야 및 사업제출기관(2010~2020년 간 누적)

<table>
<tr><th>대분류</th><th>사업 분야</th><th>사업제출기관</th><th>사업 수</th><th>유형</th></tr>
<tr><td rowspan="19">임업</td><td rowspan="10">① 임업개발</td><td>한국국제협력단(KOICA)</td><td>50</td><td rowspan="19">양자간
무상원조</td></tr>
<tr><td>산림청</td><td>38</td></tr>
<tr><td>외교부</td><td>6</td></tr>
<tr><td>농림축산식품부</td><td>3</td></tr>
<tr><td>과학기술정보통신부</td><td>2</td></tr>
<tr><td>인천광역시</td><td>3</td></tr>
<tr><td>제주도</td><td>3</td></tr>
<tr><td>경기도</td><td>2</td></tr>
<tr><td>경상남도</td><td>1</td></tr>
<tr><td>서울특별시</td><td>1</td></tr>
<tr><td rowspan="4">② 임업정책 및 행정관리</td><td>산림청</td><td>71</td></tr>
<tr><td>한국국제협력단(KOICA)</td><td>48</td></tr>
<tr><td>인천광역시</td><td>2</td></tr>
<tr><td>경기도</td><td>1</td></tr>
<tr><td rowspan="2">③ 임업 교육/훈련</td><td>한국국제협력단(KOICA)</td><td>74</td></tr>
<tr><td>산림청</td><td>1</td></tr>
<tr><td rowspan="2">④ 임업 연구</td><td>산림청</td><td>6</td></tr>
<tr><td>농림축산식품부</td><td>1</td></tr>
<tr><td>⑤ 임산물 가공</td><td>한국국제협력단(KOICA)</td><td>1</td></tr>
</table>

2) 2021년 산림 ODA 사업추진 현황

산림청의 2021년 ODA 예산(계획)은 총 167.3억 원(2020년 대비 14.5% 증가)이며, 이중 양자무상 ODA가 164.6억 원으로 전체 산림 ODA 예산 중 98.3%로 절대 다수를 차지한다. 다자 ODA는 불과 2.7억 원으로, 1.6%에 해당한다.

[표 8-8] 산림청 2021년 ODA 예산 계획

(단위: 억 원)

2020년			2021년		
양자무상	다자	합계	양자무상	다자	합계
143.3	2.7	146.1	164.6	2.7	167.3

출처: 관계부처 합동(2021b). 2021년 국제개발협력 종합시행계획(확정액 기준).

산림청의 2021년 ODA의 주요 시행목표와 정부 ODA 정책과의 부합 내용은 [표 8-9]와 같다.

[표 8-9] 산림청 2021년 ODA 주요 시행목표와 정책 정합성

	주요 내용
산림청 2021년 ODA 주요 시행목표	• UNCCD 제14차 총회에서 한국이 제안한 평화산림이니셔티브의 이행을 위한 재정적 기반 확보로 국격제고 및 글로벌 대표 ODA 사업으로 육성 • 기후변화 대응과 토지황폐화 복구 및 사막화 방지를 위해 국제기구와 협력 강화 • 맞춤형 ODA 사업 추진으로 개발도상국의 삶의 질 향상 및 산림협력 강화 • 미세먼지 저감을 위한 관련 국가와의 사업 추진 등 국제적인 협력 노력 혁신 중점 지원
정부 ODA 정책과의 정합성	• (양자무상/다자성 양자 포함) 전체 사업 대비 중점협력국 36.5%, 중점협력국 중 중점협력 분야 46.7% 비중 - 정상외교 순방 및 신남방, 신북방 외교정책 이행을 위한 신규사업 추진 • (순수다자) 5대 중점협력대상기구[WHO(세계보건기구), NDP(유엔개발계획), WFP(유엔세계식량계획), UNICEF(유엔아동기금), UNHCR(유엔난민기구)] 지원 사업 부재/한계 - 산림청은 업무 특성상 5대 다자기구가 아닌 국제열대목재기구(ITTO)에 지원금 납부 • (연계사업) 여타 무상사업과의 연계사업은 총 1개 - 산림사업은 오지 실행사업, 산업적 연계성이 낮아 유·무상 연계 발굴에 한계가 있음.

출처: 관계부처 합동(2021b). 2021년 국제개발협력 종합시행계획(확정액 기준).

산림청의 2021년 산림 ODA 전체 사업 수는 19개이며, 이 중 18개 사업이 '국제산림협력 ODA'에 해당하며, 1개 사업['국제임업연구센터(CIFOR) 부담금']이 '산림과학연구 ODA'에 해당하는 것으로 나타난다. 전체 19개 산림 ODA 사업 중에 18개 사업이 양자간 무상원조이며, 이 중 과반수가 넘는 10개 사업이 다자성 양자(무상) 사업이다([표 8-10] 참조).

다자성 양자원조는 공여국이 직접 달성하기 힘든 목표를 특정 분야 및 지역에 전문성을 갖춘 국제기구를 통해 수행할 경우 개발효과를 높일 수 있고, 세계 주요 공여국을 중심으로 지원 규모도 확대되는 추세라고 볼 수 있다. 한국 정부도 최근 다자성 양자원조의 활용을 확대하고 있어 이에 대한 정책 기본방향과 추진전략 수립을 통해 체계적인 사업 추진 필요성이 증대되고 있다. 특히, 다자성 양자원조는 순수 다자원조와 달리 공여국의 재원 사용 목적과 의도를 충분히 반영할 수 있기 때문에, 이를 통해 공여국의 재원투입 대비 개발효과성을 높이고 국제기구 네트워크를 기반으로 국가 이미지 제고 등의 효과들도 도모할 수 있는 장점들이 존재한다.

[표 8-10] 산림청 2021년 산림 ODA 총사업 목록

	세부 사업명	내역 사업명	사업 유형	총사업 예산 (억 원)	2021년 예산 (억 원)	신규/계속	총사업 기간	구분 (양·다자)
1	국제산림 협력공적 개발원조 (ODA)	몽골그린벨트 조림사업	프로젝트	106.55	22.07	계속	2017~2021	양자무상
2		쿠부치사막 민간 사막화 방지 조림 지원 사업	프로젝트	56.72	1.99	계속	2007~2021	양자무상
3		인도네시아 산림 관리 및 이용을 위한 기술 지원	프로젝트	77.75	6.40	계속	2009~2021	양자무상
4		메콩강유역 산림 협력(한-캄보디아 자연휴양림 조성사업)	프로젝트	42.84	8.65	신규	2021~2024	양자무상
5		타지키스탄 산림 복원 및 피스타치오를 통한 주민소득 증대사업	프로젝트	19.86	6.62	계속	2019~2021	양자무상

6		한-인도네시아 잠비주 이탄지 복원 및 보전 프로젝트	프로젝트	33.00	10.00	계속	2019~2022	양자무상
7		베트남 맹그로브 숲 복원 및 지속가능한 관리	프로젝트	45.00	10.00	계속	2020~2024	양자무상
8		타당성조사 등	기타기술협력	1.00	1.00	신규	2021	양자무상
9		창원이니셔티브 이행	프로젝트	210.00	15.00	계속	2012~2023	다자성 양자(무상)
10		FAO 협력사업	프로젝트	18.00	3.00	계속	2018~2023	다자성 양자(무상)
11		산림생태계복원 이니셔티브 이행	프로젝트	53.48	4.64	계속	2015~2025	다자성 양자(무상)
12		중앙아프리카 산림이니셔티브 이행	프로그램	25.00	5.00	계속	2020~2024	다자성 양자(무상)
13		아시아산림협력기구 협력사업	프로젝트	600.00	50.00	계속	2012~2025	다자성 양자(무상)
14		국제열대목재기구(ITTO) 사업부담금	프로젝트	41.00	4.10	계속	2016~2025	다자성 양자(무상)
15		세계자연보전연맹(IUCN) 부담금	프로젝트		0.11	계속	2011~계속	다자성 양자(무상)
16		평화산림이니셔티브 이행	프로젝트	230.00	12.00	신규	2021~2030	다자성 양자(무상)
17		개발도상국 기후변화 대응 목적 스마트 통합 산불관리 메커니즘 구축 및 운영	프로젝트	30.00	1.00	신규	2021~2025	다자성 양자(무상)
18	산림과학연구공적개발원조	국제임업연구센터(CIFOR) 부담금	프로젝트	135.00	3.00	신규	2021~2032	다자성 양자(무상)
19	국제산림협력공적개발원조	국제열대목재기구(ITTO) 의무분담금			2.72	계속	2006~계속	다자

출처: 관계부처 합동(2021b). 2021년 국제개발협력 종합시행계획(확정액 기준).

2. 해외 산림 ODA의 시사점 분석

OECD 통계에 따르면 전 세계 산림・임업(forestry) 분야 ODA 집행금액은 2008~2013년 평균 932.4백만 달러로 전체 ODA 총액 136,856.2백만 달러의 약 0.68%를 점유한다. 2002~2007년 점유율 0.41%에 비하여 최근 수년 간 점진적으로 증가하였음을 알 수 있다(국립산림과학원, 2015). 전 세계 임업 분야 양자 ODA 지원액도 2008년 436.9백만 달러에 비하여, 2013년 1,249.8백만 달러로 2.8배 정도 증가하여 전 세계적으로 임업 분야 ODA가 급증 추세임을 알 수 있다(국립산림과학원, 2015).

한편, 임업 분야 ODA 전체 집행금액 대비 다자 ODA 집행금액 비율은 약 16%(2008~2013년의 경우 평균)를 유지하고 있다. 전체 분야 ODA 집행금액 중 다자간 원조 비중이 전체 지원액의 27%(2002~2007년의 경우 평균)에서 29%(2008~2013년의 경우 평균)를 차지하는 점과 비교하면, 임업 분야는 양자간 원조를 통한 지원이 상대적으로 중요한 위치를 점하고 있음을 알 수 있다.

[표 8-11] 글로벌 산림・임업(forestry) 분야 ODA 집행액

(단위: USD 백만 달러)

공여국		2015년	2016년	2017년	2018년	2019년	2011~2019 (10년 간) 총액
DAC 회원국		318.57	397.81	528.06	532.92	787.04	5542.30
전체 공여국		724.06	613.9	999.51	1162.7	1364.6	8860.78
DAC 주요 국가	독일	99.25	62.1	126.9	70.53	437.64	1333.89
	일본	28.77	35.58	221.71	247.55	32.59	1267.03
	영국	111.36	54.15	102.83	35.59	45.21	610.03
	미국	1.37	6.25	0.11	3.85	13.07	128.95
	한국	7.86	5.21	13.51	11.32	11.56	93.56

출처: 대외경제기금(EDCF) 통계조회시스템.

최근 10년 간(2011년부터 2019년) OECD-DAC(Development Assistance Committee, 개발원조위원회) 회원국들의 산림・임업(forestry) 분야 ODA 총누적 집행액은 약 55.4억 달러(한화 약 6조 4,000억 원)인데, 이 중 독일과 일본이 각각 약 13.3억 달러(한화 약 1조 5,300억 원), 12.6억 달러(한화 약 1조 4,500억 원)을 집행한 것으로

나타난다.[4] 독일은 DAC 회원국 총누적 집행액 중 약 24.0%, 일본은 약 22.7%에 해당하며, 두 나라의 집행액을 합치면 거의 절반에 육박(46.7%)하는 결과를 보이고 있다. 독일은 중국, 베트남, 인도네시아 등 아시아 국가에 지원이 많으며, 일본은 인도, 중국 등에 조림사업을 차관 형식으로 지원하는 특징이 있었다. 세계에서 ODA 집행금액이 가장 높은 미국의 경우는 산림부문은 대부분 소액으로 지원되고 있는 특징을 보이고 있는데, 미국은 생물다양성 사업에 집중 지원하고 있고, 생물다양성 사업이 별도로 분류되기에 이와 같은 경향치를 보이는 것으로 판단된다.

이에 반하여 한국은 2010~2015년 집행금액 기준으로 보면, 산림·임업(forestry) 분야 양자간 ODA 수원국으로 몽골이 압도적 1위[집행액 9.47백만 달러(USD), 산림청이 지원하고 있는 몽골 사업 비중이 큼]로 나타났고, 그 뒤를 이어 필리핀[집행액 5.76백만 달러(USD)], 중국[5.6백만 달러(USD)], 인도네시아[5.17백만 달러(USD)], 캄보디아[2.34백만 달러(USD)], 미얀마[1.78백만 달러(USD)] 순으로 확인되었다(국립산림과학원, 2015). 나머지 수원국들은 KOICA 사업으로 연간 1백만 달러 미만의 소규모 사업이 많다는 특징이 있었다.

1) 독일의 산림 ODA 집행체계 및 전략

독일에서는 ODA를 포함한 개발정책을 포괄적으로 추진하기 위해 1961년 외교부와 경제부로부터 독립적인 개발원조 전담부처로 연방경제협력개발부(BMZ)를 설립하였다. 또한 2011년 기술협력 및 인적자원 교육을 담당하던 독일기술공사(GTZ), 국제인력개발공사(InWEnt)와 독일개발서비스(DED) 세 기관을 통합하여 독일국제협력공사(GIZ)를 출범시켰다. 현재 사업의 집행은 GIZ와 독일개발은행(KfW)에서 하고 있는데, GIZ는 자문서비스, 전문가 파견 등의 기술지원을, KfW는 차관 지원을 담당한다(GIZ, 2012).

이외 기타 정부부처, 지방자치단체, NGO 등 다수 기관들이 원조사업을 시행하고 있다. 독일의 연방환경·자원보호·핵안전부(이하 환경부, BMUB)에서도 생물다양성 보전 및 지속가능한 이용, 기후 보호 등 국내 및 국제적 환경정책 이슈를 다루며 배출권거래 및 국제기후이니셔티브(International Climate Initiative: ICI)의 운영을 담당

---

4) 대외경제기금(EDCF) 통계조회시스템.

하고 있다.

(1) 연방경제협력개발부(BMZ)

독일의 연방경제협력개발부(BMZ)의 '2002 산림 및 지속가능한 개발에 관한 전략(The 2002 BMZ strategy on Forests and Sustainable Development)'에서는 '산림의 필수적인 생태계 균형 기능 보장', '빈곤 감소와 지속가능한 개발(농촌 인프라 개선, 산림에 의존하는 주민들의 생계 보장)에 대한 기여' 등 크게 두 가지 산림 분야 개발협력 목표를 제시하고 있다(국립산림과학원, 2015).

독일은 원조 방식으로 프로그램기반 접근법(Programme-Based Approaches: PBAs)을 취하고 있다. PBAs는 국가빈곤감소전략, 특정 분야별 프로그램 등을 포함한 현지 주도의 개발프로그램에 대한 조율된 지원을 원칙으로 하는 개발협력에 참여하는 방법이며, '수원국 또는 현지기관의 리더십', '하나의 포괄적인 프로그램 및 예산틀', '공여국의 보고, 예산정책, 재정관리 및 조달을 위한 공식적인 공여국 조정 및 조화 절차', '프로그램 설계 및 실행, 재정관리, 그리고 감독 및 평가를 위해 수원국 체제의 활용을 향상시키기 위한 노력'을 우선순위로 하고 있다(GIZ, 2012). 산림 분야에서 역시 독일은 협력 대상국의 역량 강화 기반 조성을 위하여 양자협력을 통해 개발도상국의 국가산림프로그램(National Forest Programmes: NFP)을 중점적으로 지원하면서 NFP의 실행이 해당국의 개발과 빈곤 감소 전략에 통합될 수 있도록 지원하고 있다. 동 프로그램의 우선순위 분야는 [표 8-12]와 같은 여덟 가지이다(국립산림과학원, 2015).

[표 8-12] 독일의 국가산림프로그램(NFP) 우선순위 분야

• 산림 이용 및 보호	• 지역(3개 다우림) 이니셔티브 촉진
• 불법 벌목 퇴치	• 다자기구 프로그램 지원
• 정치적/법적 환경 기반 개선	• 연구 촉진 위한 재정 지원
• 산림 접근/경영 등 권한의 명확한 규정	• 인증(산림인증제)된 제품의 구매

(2) 독일국제협력공사(GIZ)

사업집행을 담당하는 GIZ는 개발도상국 산림의 보전 및 지속가능한 이용을 위한

기술 지원을 하고 있으며 상호 간의 지식전수 및 직원 교류 증진, 각 정부부처, 지역 커뮤니티, 중소기업들에게 정책 및 기술적 문제에 대한 자문을 제공하고 있다. GIZ에서 제공하는 산림 분야 자문 서비스는 [표 8-13]과 세 가지로 구분할 수 있다(국립산림과학원, 2015).

[표 8-13] 독일국제협력공사 산림 분야 3대 자문 서비스

구분	세부 내용
산림거버넌스	지역, 국가 및 국제 단위에서 각 기관들이 정책 프레임워크를 개선하고, 수원국들의 실질적인 도입을 지원할 수 있도록 자문을 제공
지속가능한 산림경영	산림 관련 법률 및 각각의 규제 조항 개선, 토지이용 및 산림경영 계획 개발, 산림지역 배분 및 구획 설정, 지역 커뮤니티 산림 경영 및 산림 인증 촉진, 민관협력 파트너십 구축, 가치 창출 증진, 생태계 서비스의 경제적 평가를 위한 자금 조달 전략 및 방법 개발 등
산림 및 기후변화	REDD+ 프로세스에 관한 지식을 제공하며, GIZ의 수원국들과 함께 REDD+ 참여 및 시범 프로젝트 이행에 필요한 체제를 만들기 위한 국가전략 개발 참여

(3) 독일개발은행(KfW)

독일개발은행(KfW) 역시 BMZ를 대신하여 사업집행을 담당하고 있으며 토지 및 이용 권한 규제, 보호구역 조성을 위한 불법벌목 통제, 공동 산림보전 프로그램 증진 등 다양한 범주의 활동을 하고 있다. 특히, '산림의 보호 및 이용' 분야에서 오랜 기간 활발한 활동을 해오고 있는데, 이를 위하여 침식 예방 프로젝트, 대안적 토지이용 증진 프로젝트 등을 지원하고 있다. 한편, KfW는 REDD+(Reducing Emissions from Deforestation and Forest Degradation Plus: 개발도상국의 산림전용과 황폐화 방지를 통해 온실가스 배출을 줄이는 활동)에도 적극적으로 참여하면서 산림보호를 포함하는 일련의 국제기후협약 및 규제 이행에 기반을 둔 양자협력을 실시하고 있다(GIZ, 2012).

(4) 환경부(BMUB) - 국제기후이니셔티브(ICI)

2008년 환경부(BMUB)는 국제기후이니셔티브(ICI)를 창설하였고, 매년 120백만 유로(EUR)의 예산(한화 약 16억 4천만 원)을 지원하고 있다(국립산림과학원, 2015). ICI는 주로 산림보전과 온실가스 감축 및 기후변화 적응 요소가 포함된 프로젝트를 지

원하고 있으며, 중점 분야는 온실가스 감축, 기후변화 적응, 산림보전, 생물다양성 보전이다. 동 자금은 투자, 기술이전, 정책자문, 연구, 역량 강화 및 훈련을 위한 사업에 지원된다. 동 이니셔티브는 KfW와 같은 원조집행기관뿐만 아니라 다자기구와 개발은행, NGO, 대학 및 연구소, 기업 등 국내 및 해외의 여러 기관들로부터 사업제안을 받아 지원 사업을 선정한다.

2) 일본의 산림 ODA 집행체계 및 전략

일본의 원조집행기관은 국제금융기구 지원 및 유상원조 관련 업무를 맡는 일본국제협력은행(Japan Bank for International Cooperation: JBIC)과 기술협력을 담당하던 일본국제협력기구(Japan International Cooperation Agency: JICA), 무상원조를 주로 담당하던 외무성으로 분리되어 있었으나 2008년 위의 기능이 New JICA로 통합되었다. 이에 따라 JICA는 기존의 기술협력과 더불어 무상원조 및 유상원조 업무를 총괄하는 일본 최대의 개발원조 집행기관으로서의 역할을 하게 되었다.

산림 분야 ODA는 특히 기술협력을 중심으로 발전하여 왔고, 현재 JICA에서는 지구환경부 산하 산림환경보전 제1과(아시아, 태평양 지역 담당), 제2과(중남미, 아프리카 등)에서 산림과 자연환경 보전, 환경교육, 참여형 천연자원관리 업무를 담당하고 있다.

JICA의 사업은 교육, 보건의료 등 19개의 분야로 구분되며, 이 중 하나인 자연환경 보전 분야에서 주민참여형 자연자원의 지속적 이용, 생물다양성 보전, 지속적인 산림경영의 세 가지 개발전략 목표를 설정하여 자연 환경과 인간 활동의 조화를 도모하고 있다(국립산림과학원, 2015).

[표 8-14] 일본의 자연환경 보전협력 주요 내용 및 개발 목표

주요 내용	개발 목표
• 자연환경을 이용하는 주민과의 관계	• 주민참여형 자연자원의 지속적 이용
• 자연환경의 질적 유지	• 생물다양성 보전
• 다면적 기능을 가진 산림의 보전	• 지속적인 산림경영

3. 한국의 산림 ODA 한계와 미래 전망

1) 한국의 산림 ODA 한계와 시사점

현재 우리나라의 산림(임업 분야) ODA의 한계점으로 크게 세 가지 측면이 나타난다고 볼 수 있다. 첫 번째, 산림 ODA 세부 사업들의 편향성을 지적할 수 있다. 앞서 살펴본 바와 같이, 20210년 이후 현재까지 '임업정책 및 행정관리', 임산업공장 건설, 조림 등의 '임업개발' 등의 분야에 치중된(각각 38.8%, 34.7%, 합계 73.5%) 단순 원조(Aid)사업이 시행되어 왔다고 할 수 있다. 이외 임업 교육/훈련 분야의 사업은 26.1%, 임업 연구 분야 사업은 2.2%로 임업정책 및 행정관리 분야 및 임업개발 분야에 비해 사업 비중이 매우 적었다.

이러한 산림 ODA 사업의 편향성은 궁극적인 공적개발원조(ODA)을 통한 국제협력의 목적, 즉 개발도상국(수원국)의 경제, 문화, 사회, 정치적 조건과 주민들의 인권 신장에는 효과적 영향을 주지 못했다는 한계점을 지닌 것이라고 할 수 있다. 이러한 문제・한계를 극복하기 위해서는 기존의 편향된 단순 원조에서 임업 교육/훈련, 임업 연구 등의 분야의 비중을 높여야 하며, 세부 사업 분야의 다양화도 필요하다. 임업정책 및 행정관리 분야의 비중은 최근 2015년 이후로는 더욱 확대・개선되어 나가고 있으며, 임업개발 분야 사업보다 사업 수, 사업예산에서 앞서고 있는 것으로 볼 수 있다(김나희 외, 2018). 또한 산림 ODA 사업의 편향성은 하나의 원조 분야에 관한 개발전략을 기초로 포괄적으로 접근하는 섹터별 접근법[sector wide approach programme: SWAP: 프로그램형 접근법(PBA)이 특정 분야 차원에서 실시되는 경우]을 통해 줄여 나갈 수도 있을 것이다(Yoon et al., 2013).

두 번째, 산림 ODA 사업 시행기관의 비확장성이다. 한국수출입은행 대외경제기금 통계조회시스템에서 확인된, 2010년부터 2020년까지의 산림 ODA 314개(누적) 사업 중 사업시행기관(사업제출기관)은 총 10곳이었다. 이 중 한국국제협력단(KOICA)에서 173개(전체 사업 수 중 55%), 산림청에서 116개(전체 중 37%)로 두 기관에서 92%에 달하는 대부분의 산림 ODA 사업을 시행해왔다. 이와 같은 사업 시행기관의 비확장성(단순성)은 국가 단위와 지역 단위에서 동시 접근이 필요한 ODA 사업의 효율성을 저해할 수 있기 때문에, 다양한 정부부처 및 공공기간들의 산림 ODA 사업 참여가 필요한 것으로 보인다. 앞서 살펴본, 독일과 같은 산림 ODA 주도국들에서는 사업 시행기관을 국가기관, 국제협력단체에서 벗어나 전문성을 가진 고등기관과 해외에 사업망을 가지고 있는 다자기구(국제기구, 다자간개발은행 등), 다국적 기업을 적극 참여시키고 있다.

사업 시행기관의 다양화는 지방자치단체의 산림 ODA 사업참여를 통해서도 다양화될 수 있다. 그러나 앞서 제시한 2010년부터 2020년까지의 산림 ODA 사업분석결과(누적)에 의하면, 지방자치단체가 시행한 총 사업 수는 12개(전체의 3.8% 해당)에 불과하고, 임업개발 분야 9개(인천광역시 3건, 제주도 3건, 경기도 1건, 경상남도 1건, 서울특별시 1건), 임업정책 및 행정관리 분야 3개(인천광역시 2건, 경기도 1건)만이 해당되었다. 지방자치단체의 ODA 사업 참여 부족은 공공기관 및 중앙부처와는 달리 ODA 사업의 체계적 추진을 위한 조직 및 인력, 예산 등의 부족, 지방자치단체 ODA 사업의 지속성 유지를 위한 자체 평가시스템의 부재가 그 원인으로 지적되고 있다(Shin et al., 2017). 이러한 한계를 극복하고 산림 ODA 사업기관의 다각화를 위해서는 중앙부처 및 관련 공공기관들의 예산 및 인력 지원이 필요하고, 더불어 지역사회와의 협력과 지방자치단체 제도 개선 등이 뒷받침되어야 할 것이다.

세 번째, 아시아 국가 중심의 수원국 편중성이다. 우리나라 수원국의 대부분은 몽골, 중국, 필리핀 등 아시아 국가를 중심으로 시행되어 왔다(Yoo & Yoon, 2014; Zoo et al., 2016). 한국수출입은행 대외경제기금통계조회시스템에서 확인된, 2010년부터 2020년까지 산림청의 산림 ODA 사업(누적) 중 102개가 아시아(특히, 동아시아) 국가가 수원국인 사업으로, 산림 ODA 116개 사업(누적) 중 88%나 차지하고 있다. 아메리카 지역은 6개(전체 사업 중 5.2%), 아프리카 지역은 1개(0.8%), 그 외 지역에서 7개(6%)로 이루어져 있다. 동일 기간, KOICA(한국국제협력단)의 경우 총 173개 사업을 수행했는데, 이 중 118개 사업이 아시아(특히, 동아시아) 지역 국가들에서 이뤄졌고, 전체 사업의 68%를 차지하였다. 아프리카 및 아메리카 지역에서 각각 25개 사업들이 시행되어, 각 14.5%의 비중을 차지하였고, 오세아니아 지역에서는 5개 사업(2.9%)이 시행되었다.

[표 8-15] 산림청과 KOICA 산림 ODA 사업 수원국 지역(대륙)별 현황(2010~2020년)

	산림청	한국국제협력단(KOICA)
아시아(중동 포함)	102개(88%)	118(68%)
아프리카	1개	25개
아메리카	6개	25개
오세아니아	-	5개
그 외	7개	-
총계	116	173

출처: 대외경제기금(EDCF) 통계조회시스템.

이와 같은 아시아 국가로 편중된 산림 ODA 사업 시행의 주요 원인은 ① 우리나라와 아시아 국가들이 문화 및 역사 등에서 유사하고, ② 지리적으로 인접하여 현지 사정 파악이 용이하며, ③ 한국의 다양한 개발 경험으로 접근성과 그 효율성이 높기 때문인 것으로 파악된다고 볼 수 있다. 국제개발협력위원회(위원장: 국무총리)에서 선정하는 한국의 중점협력 대상국 중에서도 2021년 현재 27개 전체 국가 중 16개국이 아시아 국가로, 전체의 59%를 차지하는 것이 사실이다. 그러나 2015~2030년 글로벌 개발협력 패러다임인 SDGs(지속가능발전목표)의 기후변화대응(Goal 17), 지속가능한 생산과 소비(Goal 12), 육상생태계 보존(Goal 15), 빈곤 퇴치(Goal 1) 등과 같은 중요한 목표를 달성하기 위해서는 최빈국과 사막이 집중된 남미 지역, 아프리카 지역에 대한 산림 ODA 사업의 지원 확대를 다각적으로 모색해야 할 것이다.

그동안 우리나라의 산림 ODA 사업은 양자간 ODA로 몽골, 미얀마, 인도네시아, 중국 등 6개 국가에서 임업개발, 특히 건조지역 산림녹화, 사막확산 방지 생태복원 등 주로 산림황폐지 복구를 중심으로 한 단순기술 이전 사업 위주로 이루어져온 경향이 있다(김나희 외, 2018; 국립산림과학원, 2015). 또한 선택과 집중의 원칙에 따라 개발원조의 효과성을 제고하기 위하여 27개 중점협력국을 선정(2021년 기준)하여 국별협력전략(CPS)을 마련하였으나, 산림 분야 중점협력국으로는 인도네시아와 솔로몬 군도 2개 국가만이 선정되어 있는 부족한 상황이다. 한국 산림 ODA 확산 및 발전을 위해서는 산림 ODA 협력사업 대상국가 확대 및 신규사업 과제 발굴을 위한 다양한 노력이 필요하다고 볼 수 있다.

2) 한국의 산림 ODA 미래 전망

한국의 산림 ODA 사업의 예산은 그동안 아시아(동남아시아, 동아시아) 지역에 약 90% 정도가 지원되어왔다(유병일 · 윤보은, 2014). 국립산림과학원(2015)이 2014년에 실시한 설문조사[총 132명, 전문가 67명(국립산림과학원, 외교부 산하 ODA 전담기관 등), 산림전공학생 65명 포함]에 따르면, 향후 바람직한 한국 산림 ODA 지역별 예산 구성 비율(%)에 대한 응답으로 동남아시아(39.7%)와 동아시아(32.0%)에 가장 많은 예산을 배분해야 하는 것으로 나타났으며, 중앙아시아(9.3%)를 제외한 기타 지역에서는 5% 내외의 비교적 낮은 전망치를 나타냈다. 2030년 목표로 장기적으로는 동남아시아와 동아시아 지역의 예산 비중을 줄이고(각 34.2%, 28.8%), 기타 지역의 예산 비중을 늘려나가는 것을 바람직하게 여기는 것으로 응답하였으나, 아시아 지역에서의 절대적인 비중은 여전히 높게 나타나는 경향이 남아 있었다.

[표 8-16] 산림청 ODA 지역별 예산 배분 전망(2030년)

(단위: %)

<table>
<tr><th>지역</th><th colspan="2">2030년 전망</th><th>지역</th><th>2030년 전망</th></tr>
<tr><td>동남아시아</td><td>34.2</td><td rowspan="3">74.3</td><td>오세아니아</td><td>4.8</td></tr>
<tr><td>동아시아</td><td>28.8</td><td>사하라 이남</td><td>7.4</td></tr>
<tr><td>중앙아시아</td><td>11.3</td><td rowspan="2">MENA
(중동 및 북아프리카)</td><td rowspan="2">6.8</td></tr>
<tr><td>중남미</td><td colspan="2">6.7</td></tr>
</table>

출처: 국립산림과학원(2015). 한국의 산림 분야 개발협력 발전 방안 재구성.

한편, OECD-DAC(개발원조위원회)는 1998년부터 리우협약[1992년 브라질의 리우데자네이루에서 개최된 지구환경회담(United Nations Conference on Environment and Development: UNCED)에서 채택]의 주목적 혹은 부수적인 목적에 해당되는 사업에 '리우마커(Rio marker)'를 부여하여 DAC 회원국의 3대 환경협약[기후변화협약(UNFCCC), 사막화방지협약(UNCCD), 생물다양성협약(UNCBD)] 이행을 위한 지원 활동을 파악하고 있는데(허태욱, 2013), 국립산림과학원(2015) 연구에서 이러한 '리우마커'와 더불어 국제산림협정(IAF)에 해당하는 사업 구분을 추가하여 2000~2014년 한국의 산림 ODA 누적 실적을 분류하여 분석하였다.

[그림 8-4] 한국의 산림 ODA 협약 목적별 비중 및 전망(사업 건수)

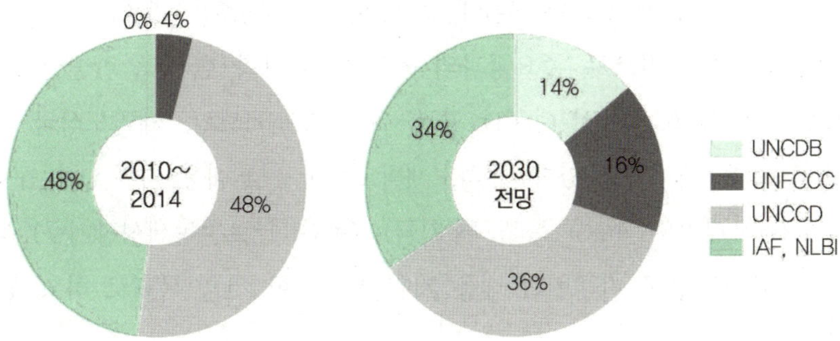

출처: 국립산림과학원(2015). 한국의 산림 분야 개발협력 발전 방안 재구성.

그 결과 한국의 산림 ODA 사업 건수별 비중은 사막화방지협약(UNCCD) 48%, 국제산림협정(IAF) 48%, 기후변화협약(UNFCCC) 4% 정도로 구분되었다. 생물다양성 보존이 사업의 주목적이거나 부수적인 목적인 사업은 조사된 산림 ODA 사업에서는 없는 것으로 조사되었다. 또한 국립산림과학원(2015)의 설문조사에서 국제협약(협정)별 장기(2030년) 전망을 조사한 결과, 기후변화대응(UNFCCC) 사업은 2014년까지의 4%에서 2030년 16%로 4배 가량 증가할 것으로 예상되었으며, 생물다양성보전(UNCDB)은 0%에서 14%로 비약적으로 확대될 것으로 전망되었다. 반면, 사막화방지협약(UNCCD) 사업은 48%에서 36%로 줄어들 것으로 전망되었고, 국제산림협정(IAF) 및 비구속적 산림협정(NLBI)의 사업들은 48%에서 34%로 축소될 것으로 예상되었다. 그러나, 상대적으로 비중 면에서는 한국의 주력 산림 ODA 사업은 앞으로도 사막화 방지 분야일 것으로 전망되었다.

제3절 산림 ODA의 다각화: 그린 거버넌스 활용 다자간 ODA 사업 확대

문재인 정부는 「2050 탄소중립」의 추진전략으로 3+1('경제구조의 저탄소화', '신(新)유망 저탄소산업 생태계 조성', '탄소중립 사회로의 공정 전환'+'탄소중립 제도적 기반 강화') 전략을 추진하고 있다(총예산 11.9조 원). '국제협력 강화'는 '탄소중립 제도적 기반 강화' 전략(예산 2.3조 원)에 주요 분야로 포함되어 있다.

국제협력 강화의 방안으로 '주요국과의 녹색 연대 강화'(한-EU, 한중일 등), '그린뉴딜 ODA 확대'[현 6.4%에서 OECD 평균 수준(22.7%)으로], '개발도상국 기후대응 지원 Hub 구축'을 제시하고 있다. 특히, '개발도상국 기후대응 지원 Hub 구축'을 위해 국내 유치 국제기구들[GCF(녹색기후기금), GGGI(글로벌녹색성장기구) 등]을 적극 활용하여 개발도상국 기후변화 대응 지원에 기여할 것을 목표로 하고 있다.

1. GCF(녹색기후기금)와 산림 ODA 사업

녹색 분야의 세계은행(World Bank)으로 불리는 녹색기후기금(Green Climate Fund: GCF)은 개발도상국의 기후변화 대응을 위한 다자 재원 메커니즘의 필요성이 인정되어 2010년 제16차 유엔기후변화협약 당사국 총회(UNFCCC COP 16)에서 설립 승인이 이루어졌으며, 2013년에 출범하였다(인천 송도에 사무국 입지)(녹색기술센터, 2018). GCF는 유엔기후변화협약(UNFCCC) 재정메커니즘(financial mechanism)의 운영 주체로 연간 1천억 달러(USD) 기후변화 장기재원을 조성하는 중추적 역할을 담당해나가고 있으며, 2021년 현재 202억 달러(한화 약 22조 9,400억 원)의 기금을 조성해 에너지 생산 및 보급과 기후변화 취약 주민·지역사회 지원 분야 등의 사업을 이행기구(IE)를 통해 추진하고 있다(기획재정부, 2016). GCF 최고의사결정기구인 이사회는 총 48명(선진국·개발도상국 각각 이사 12명, 대리이사 12명)으로 구성되며, 우리나라는 이란과 3기(2019~2021년) 이사/대리이사직 순환수임 중에 있다(2019~2020년 대리이사, 2021년 이사)(GCF, 2020).

GCF는 UNFCCC(유엔기후변화협약)의 공통의 그러나 차별적으로 선진국들이 마련한 기금을 활용하여 기술협력 프로젝트의 실행 등을 통해 UNFCCC의 궁극의 목적 달성에 기여하며, 동시에 지속가능발전목표(SDGs) 하에서 저탄소 및 기후복원의 개발 패러다임 변화를 목적으로 하고 있다(GCF, 2020; 2019). GCF의 자금집행의 대상으로는 감축, 적응, 역량배양, 그리고 개발도상국의 국가보고서 지원뿐 아니라, 기술개발 및 지원이 포함되어 있다(주요 사업 분야, [그림 8-5] 참조). 2021년 7월 현재까지,

GCF 추진사업은 총 177건, GCF 지원액 89억 달러(USD), 총사업비 333억 달러 규모로 확대되었고, 기후변화에 취약한 개발도상국의 약 5억 명이 혜택을 받고 총 18억 톤 규모의 온실가스가 감축될 것으로 기대되고 있다.[5)]

[그림 8-5] GCF 주요 프로젝트 분야

기후변화 감축(mitigation)	기후변화 적응(adaptation)
• 저탄소 에너지 생산 및 보급	• 기후변화에 취약한 주민/지역사회의 개선
• 저탄소 교통	• 인프라 및 인공환경
• 건물, 도시, 산업 및 기기 에너지 효율 개선	• 보건, 식량, 물 안보
• **산림 및 토지 이용**	• 생태계 및 생태계 서비스

GCF는 주요한 3대 업무로, ① 재원 마련, ② 개발도상국 대상으로 재정적 측면의 지원을 위한 '준비 지원(Readiness support)', ③ 재원접근 및 재정제안서를 준비하는 '이행기구 선정 및 인가(Accreditation process)'를 수행한다(녹색기술센터, 2018). GCF의 준비 지원 대상은 개발도상국 국가지정기관[Nationally Designated Authority: NDA 또는 국가연락창구(Focal Point: FP)]이다. NDA는 개발도상국별 GCF 재정담당 기관으로, GCF는 NDA와 프로젝트 초기 기획 단계부터 협력하여 개발도상국 수요 기반의 프로젝트 구성을 지원 및 GCF 재정제안서에 대한 NDA와의 긴밀한 협력을 도모한다(기획재정부, 2016). NDA는 국가별로 상이하나 일반적으로 재정부 또는 환경부, 외교부가 국가지정기구 역할을 담당하고 있으며, 우리나라의 국가지정기구는 기획재정부(녹색기후기획과)이다([그림 8-6] 참조).

이행기구(Implementing Entity: IE)는 2021년 현재까지 유엔개발계획(UNDP), 유엔환경계획(UNEP), 세계은행(WB), 아시아개발은행(ADB), HSBC 은행, 일본국제협력기구(JICA) 등 전 세계 113개 기관이 있으며(2021년 7월 현재),[6)] 한국의 산업은행(KDB)

5) GCF 홈페이지(https://www.greenclimate.fund).
6) GCF 홈페이지(https://www.greenclimate.fund).

은 2016년 12월에 국내 기관 중 처음으로 이행기구 인증을 획득했고, 올해 7월에 한국국제협력단(KOICA)도 이행기구로 선정되었다.

GCF의 사업 신청 절차([그림 8-7] 참조)는 다음과 같은 6단계로 이뤄진다.

① 사업제안서 접수 공고(generation of proposals)

② 콘셉트 노트(concept note) 제출

③ 제안서 작성 및 제출(국가지정기구 및 국가연락창구의 동의 절차 포함)

④ 사업제안서 심사(분석 및 제언)

⑤ 이사회 결정

⑥ 약정 서한 송부

[그림 8-6] GCF(녹색기후기금) 운영구조

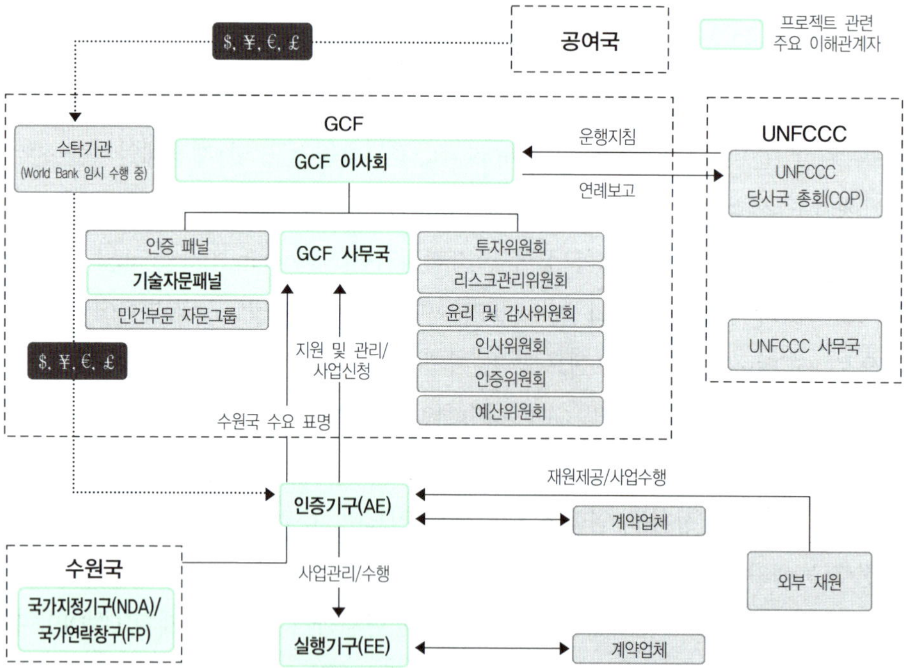

출처: 녹색기술센터(GTC)(2018). 녹색기후기금(GCF) 활용방안 및 제안서 작성 가이드라인.

[그림 8-7] GCF 사업 신청 절차 및 내용

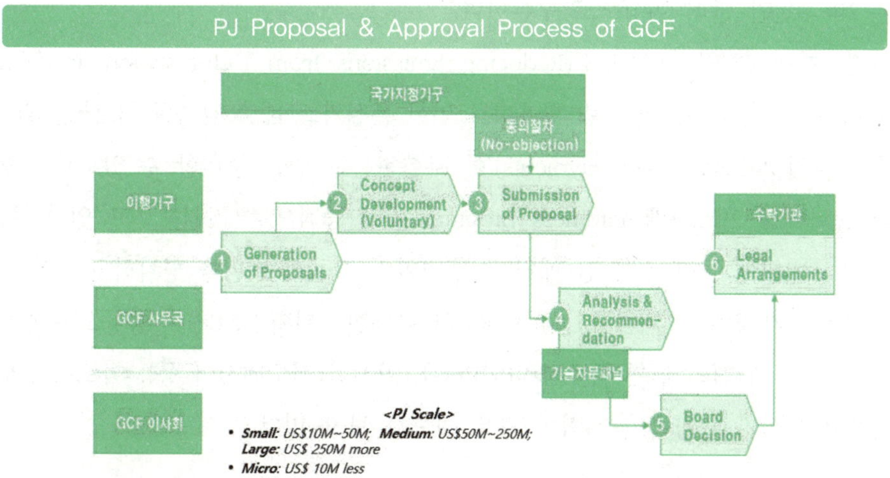

1.1 프로젝트 제안서 요청
1.2 자발적 제안서 제출

2.1 이행기구 또는 중개기구의 콘셉트 노트 제출
2.2 사무국은 국가지정기구와의 논의 하에 피드백 제공

3.1 국가지정기구의 동의 절차(No-objection) 수행
3.2 프로젝트 제안서 제출

4.1 사무국은 ① 투자기준, ② 환경 및 사회 세이프가드, ③ 금융정책을 토대로 제안서 평가
4.2 기술자문 패널의 제안서 평가 수행
4.3 사무국은 검토 및 평가 완료된 서류 패키지를 이사회에 제출

5.1 이사회는 승인, 조건부 승인, 거부(reject) 결정
5.2 사무국은 이사회 결정사항을 이행기구와 국가지정기구에게 통보

6.1 기금과 이행기구의 협정
6.2 수탁기관은 약정서(letter of commitment) 제공

출처: 삼정 KPMG(2015). GCF 지원 절차 및 사업 관련 동향.

GCF 사업의 승인 절차는 우선, 인증기구(AE)가 사업을 개발하여 사업 대상국 국가 지정기구(NDA)와 협의한 후, GCF에 사업제안서를 제출한다. 이 후 최종 이사회 결정이 날 때까지 약 11주가 소요된다. 사무국은 인증기구로부터 제출된 사업제안서의 2차 실사를 수행하는 바, 먼저 1~2주에 걸쳐 사업제안서의 완결성 여부를 검토하고, 그 후 GCF의 환경 및 사회 세이프가드, 젠더정책 등을 만족하는지를 체크하고 투자체계의 여섯 가지 투자 기준에 비추어 사업의 예상성과를 평가한다. 사업별 예산 규모에 따라, 최소 규모(micro) 사업의 경우 1천만 달러(UDS) 이하, 소규모 사업의 경우 1천만 달러~5천만 달러, 중규모 사업은 5천만 달러~2억 5천만 달러, 대규모 사업은 2억 5천만 달러 이상으로 구분한다.

한편, 현재 GCF는 REDD+(Reducing Emissions from Deforestation and Forest Degradation, 산림전용 및 산림 황폐화로 인한 온실가스 배출 감축활동) 관련 '결과기반자금 지원(Results-Based Payments)'에 부합하는 사업을 준비할 수 있도록 개발도상국 능력배양 프로그램(readiness program)을 집중적으로 지원해오고 있다. 특히, IPCC[기후변화에 관한 정부 간 패널: 기후변화의 지구적 위험을 평가하고 국제적 대책을 마련하기 위해 세계기상기구(WMO)와 유엔환경계획(UNEP)이 공동으로 설립한 유엔 산하 국제 협의체]에서는 남미(아마존), 아시아(인도네시아 등), 아프리카의 열대림에서 온실가스 감축 잠재력이 많은 것으로 보고 있다.

2. 다자간 그린 거버넌스 활용 REDD+ ODA 사업 다각화

1) GCF 사업 주체와 산림 ODA 다각화

앞서 설명한 바와 같이([그림 8-6] 참조), GCF 사업의 발굴 및 추진의 핵심 주체는 첫 번째로, 이행기구(Implementing Entity: IE)를 들 수 있다. IE는 GCF 사업의 GCF 사업개발, 시행, 종료까지 사업의 전 과정을 관리하는 기구로, 프로젝트/프로그램 사업제안서 개발 및 제출, 프로그램 운영과 실행 감독, 금융수단의 효율적 이용, 민간자본 동원 등의 주요 역할을 수행한다(녹색기술센터, 2018). IE는 국가·지역 IE와 국제 IE(UN 기구, 다자개발은행 등)로 나뉘는데, 현재까지(2021년 7월 기준) 113개 IE가 선정되어 있다.[7] 두 번째로, IE 중에서도 증여뿐만 아니라 다른 금융수단(차관, 혼합금융 등)을 이용할 수 있는 기관을 중개기구(Intermediaries)라고 한다. GCF는 인증을 요청한 기구의 증여 및 차관의 매개·관리 역량에 따라 중개기구 자격을 부여한다(기획재정부, 2016).

특히, GCF 자금 지원을 신청하고자 하는 IE와 중개기구는 GCF의 인증(Accreditation)을 거쳐야 하며 인증기구(Accredited Entity: AE)만이 GCF에 사업제안서를 제출

7) GCF 홈페이지(https://www.greenclimate.fund).

할 수 있다(녹색기술센터, 2018). 2021년 7월 현재까지 한국산업은행(KDB), 한국국제협력단(KOICA) 등 48개 기구가 인증되었다.[8] 또한 집행/실행기구(Executing Entity: EE)는 인증기구(AE)의 관리·감독 하에 GCF 자금을 사용·집행하여 사업을 수행하는 기구이며, 인증기구(AE) 역시 집행/실행기구(EE)로서 직접 사업을 수행할 수 있다. GCF는 인증기구(AE)를 매개로 하여 집행/실행기구(EE)에 자금을 지원하거나, 차관의 경우 중개기구를 거쳐 원리금을 회수한다(녹색기술센터, 2018).

GCF 재원의 접근 주요 절차는 ① 수원국이 자국의 국가지정기구(National Designated Authority: NDA) 선정, ② NDA가 사업을 수행할 인증기구(AE)를 선정(현재 48개 기관 중), ③ 인증기구(AE)는 재원이 필요한 프로그램 또는 프로젝트 제안서를

[그림 8-8] 국내·외 다자간 그린 거버넌스를 활용한 산림 ODA 다각화 개념도

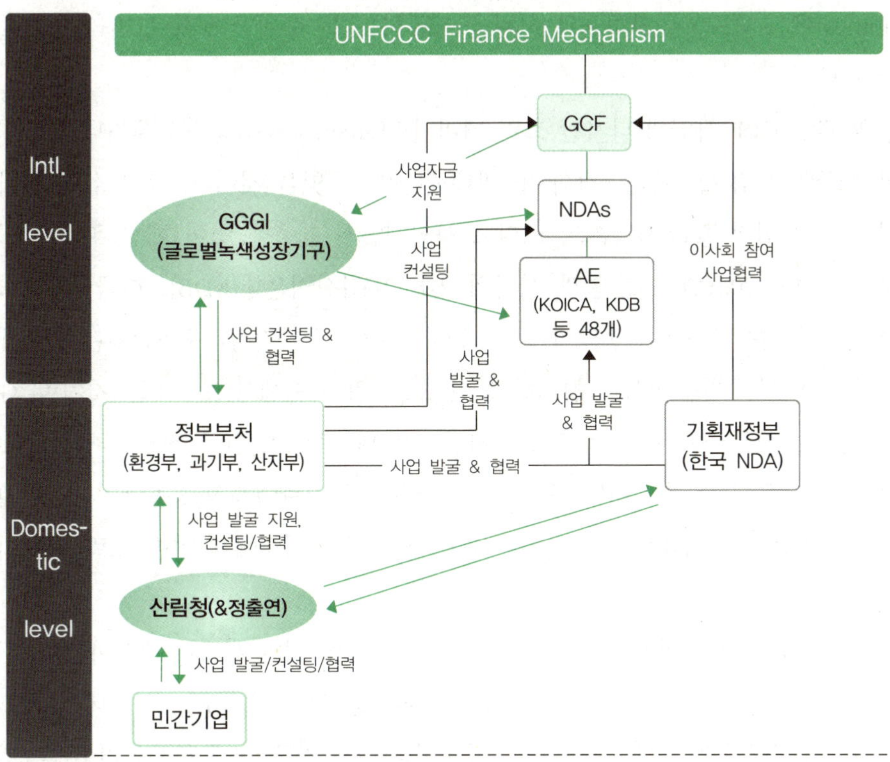

8) GCF 홈페이지(https://www.greenclimate.fund).

GCF에 제출하는 것이다(GCF, 2019). GCF 재원 접근의 방식은 직접접근(Direct Access)과 국제접근(International Access)으로 나뉜다. 직접접근은 수원국이 지정한 지방(Subnational), 국가(National), 지역(Regional)의 인증기구(AE)를 통해 재원을 요청하는 것이고, 국제접근은 UN 기구, 다자간개발은행, 국제금융기구 등 국제 AE를 통해 재원을 요청할 경우를 말한다(녹색기술센터, 2018). GCF 지원 금융 수단으로 크게 증여(Grants)와 양허성 차관(Concessional Loans)을 들 수 있다(기획재정부, 2016). 증여는 무상으로 지원되는 증여와 증여금액을 상환해야 하는 상환조건부 증여(Repayable Grants)로 나뉘는데, 상환조건부 증여는 상환계획에 명시된 상환조건에 따라 증여 금액을 반환해야 하며 재원의 효율성·효과성을 극대화하고 왜곡된 보조금으로 변질되는 것을 방지하기 위해 주로 민간부문사업에 사용된다. 양허성 차관(Concessional Loans)은 공공부문 프로젝트/프로그램의 경우 기후변화 취약국(Vulnerable Countries)에는 더 높은 양허율로 차관을 제공하는 등 수원국 상황에 따라 양허율을 조정한다.

이와 같은 GCF 사업의 다자간 그린 거버넌스(green governance) 매커니즘과 연계하여 한국의 산림 ODA를 다각화 및 확대해나갈 수 있을 것이다. 앞서 설명한 바와 같이 GCF 사업의 발굴 및 추진, 그리고 사업제안서 제출에 있어 핵심 주체는 인증기구(AE)이며, 2021년 7월 현재 한국의 2개 기관[산업은행(KDB), 한국국제협력단(KOICA)]이 인증기구로 선정되어 있다. 한국의 GCF 국가지정기구(NDA)는 기획재정부이며 GCF 이사회에 이사로 참여하고 있다. [그림 8-8]에서 보여주는 것처럼, GCF가 출범하여 사무국이 인천 송도에 입지한 2013년 이후로, 한국 정부부처들(환경부, 과학기술정보통신부, 산업통상자원부 등), 관련 공공기관(한국환경공단 등) 및 정부출연연구원[녹색기술센터(GTC) 등]은 GCF 사업 발굴/협력에 다양한 노력들을 기울여 왔다.

산림 ODA 사업은 양자간 ODA로 특정 국가(몽골, 미얀마, 인도네시아, 중국 등) 중심으로 사업들이 시행되어 왔으며, 산림 분야 중점협력국으로는 인도네시아와 솔로몬군도 2개 국가만이 선정되어 있는 상황이다(현재 전체 27개 중점협력국). 그러나 향후 [그림 8-8]에서와 같은 GCF를 둘러싼 다자간 그린 거버넌스를 활용하여 산림 ODA를 다각화해야 할 필요성이 높다. 이를 통해 앞서 한국 산림 ODA 한계로 분석한 ① 산림 ODA 세부사업들의 편향성, ② 산림 ODA 사업 시행기관의 비확장성, ③ 아시아 국가 중심의 수원국 편중성 문제들을 개선하는 데 일조할 수 있을 것이다.

2) GCF 지원 연계 REDD+ 확대 및 발전

GCF가 최근 REDD+ 관련 결과 기반 자금 지원(Results-Based Payments)에 부합하는 사업을 준비할 수 있도록 개발도상국 능력배양 프로그램(Readiness Program)을 집중적으로 지원하고 있는 것에 초점을 맞춰서, 한국의 중점협력국 27개 개발도상국 국가들에서의 GCF 연계 다자간 REDD+ 사업을 확대해나갈 수 있을 것이다. GCF(Green Climate Fund)는 현재 REDD+의 전(全) 단계(① 준비 단계: 국가 REDD+ 전략개발, 필요한 자금 지원, ② 시범이행 단계: REDD+ 사업실행, 필요한 자금 지원, 결과물 예상 인센티브 제공, ③ 완전이행 단계: MRV(REDD+ 활동 이행 측정·보고·검증(Measurement Reporting Verification)에 의한 결과로 인센티브 제공)를 지원하고 있다(GCF, 2020; 2019).

[그림 8-9] GCF의 REDD+ 3개 단계별 지원

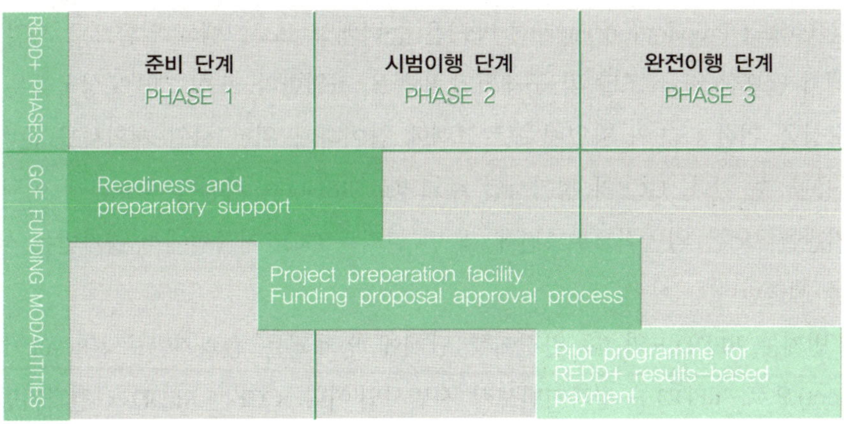

출처: GCF 홈페이지 재구성.

GCF의 REDD+ 전(全) 단계 지원은 다섯 가지 목표('국가 역량 강화', '이해관계자 협의 과정 참여', '직접 접근 실현', '금융 접근 제공', '민간부문 동원')를 가진다(GCF, 2019). 특히, 현재 결과기반보상(Result-based Payment)에 대한 시범사업[5억 달러

(USD)]을 운영하고 있으며, 2021년 2월 기준 브라질, 에콰도르, 칠레, 파라과이, 콜롬비아, 인도네시아, 아르헨티나, 코스타리카 등 총 8개의 국가가 REDD+를 통한 결과기반보상을 승인받았다.[9)]

[그림 8-9]에서 보여주는 바와 같이, 개발도상국들은 REDD+ 3개 전(全) 단계에 걸친 활동에 대한 GCF 지원을 받을 수 있다. 첫 번째는 REDD+의 ① 준비 단계 및 ② 시범이행 단계의 앞 부분에 연계되는 능력배양(Readiness) 지원으로, '능력배양 및 예비 지원(Readiness and Preparatory Support)'이다. 능력배양 프로그램(Readiness Program)은 개발도상국들이 GCF 지원사업에 참여하기 위해 해당 국가(수원국) 국가지정기구(NDA or FP)의 제도적 역량을 강화하기 위한 자금을 제공하며, 주로 보조금 또는 기술 지원의 형태로 제공된다. 이러한 능력배양 프로그램(Readiness Program) 활용을 통해, 한국의 산림 ODA 사업 수원국(중점협력국)의 GCF 재원 접근성을 높일 수 있다.

두 번째는 REDD+의 ② 시범이행 단계 및 ③ 완전이행 단계의 앞 부분에 연계되는 집행(implementation) 지원으로, '사업준비지원금융 및 사업 제안서 승인 절차(Project Preparation Facility & Funding Proposal Approval Process)'이다. 사업준비지원금융(Project Preparation Facility: PPF)은 능력배양 프로그램의 일환으로 사업 준비 과정에서 필요한 자금 조달 및 구체적인 활동을 지원한다. 또한 개발도상국들은 결과기반보상을 위한 GCF의 파일럿 프로그램에 참여하기 위한 사업 계획서를 준비하는 데 사용할 수 있다. GCF의 정기사업 주기별로 REDD+ 지원은 중요하게 이뤄진다. 인증기관들(AE)은 일반적으로 1년에 세 번 열리는 GCF 이사회에서 평가받는 사업제안서를 제출한다.

세 번째는 REDD+의 ③ 완전이행 단계에 연계되는 결과기반보상(Result-based Payment)으로, 'REDD+ 결과기반보상 시범사업'이다. GCF는 REDD+ 결과기반보상을 위한 시범사업의 일부로서 콘셉트 노트(Concept Note: CN) 및 사업제안서를 승인한다. 5년 동안의 시범사업을 통해 GCF의 정식 REDD+ 지원에 중요한 발판을 마련할 수 있다.

현재까지 한국의 해외 REDD+ 개발재원은 100% 공적자금에 의존해왔기 때문에

9) GCF 홈페이지(https://www.greenclimate.fund).

이러한 산림 ODA의 다각화 시도는 중요한 의미를 갖는다. 그동안 해외 REDD+ 사업들이 정부주도로만 개발되어 다양한 주체들(지방자치단체, 기업, NGO 등)이 참여할 수 있는 REDD+ 사업모델들이 부재하고, REDD+ 사업 참여 및 투자를 위한 정책 및 지원제도가 미비하며, REDD+ 사업개발 또는 투자 결정 필요 정보(예: 투자대상국 REDD+ 관련 법·제도·정책 및 REDD+ 사업개발 인프라 구축 현황, 사업 투자타당성 평가에 필요한 정보 등)의 제공이 미비한 점들이 주요 한계들로 지적되어 오고 있다(국립산림과학원, 2020).

특히, 산림청은 2012년부터 REDD+ 시범사업을 수행해오고 있는데, 한국 정부를 대표하여 REDD+ 사업을 프로젝트 수준에서 먼저 진행해 보고, 이를 통해 감축 성과물을 시범적으로 만들어낼 뿐 아니라, 산림청이 얻은 경험과 네트워크를 기반으로 장기적으로 민간의 REDD+ 이행을 지원하겠다는 목표로 사업을 진행하고 있다(산림청, 2021). 산림 전용이 일어나지만 동시에 남은 산림에 대한 보전가치가 높은 산림분야 양자 협력국가를 중심으로, 인도네시아, 캄보디아, 미얀마, 라오스 네 곳의 지역이 시범사업 대상 국가로 선정하였고, 2020년 9월, 산림청 시범사업 중 최초로 캄보디아의 시범사업을 통해 65만 톤을 감축함으로써, 자동차 34만 대가 연간 배출하는 양을 줄이는 성과를 만들어냈다(산림청, 2021). 현재 산림청의 「산림부문 REDD+ 중장기 추진계획(2020~2024)」은 주요 아시아 협력국들과의 REDD+ 시범사업을 마무리하고, 민간부문이 참여할 수 있는 '양자협력체계를 통한 REDD+ 이행모델 개발'을 실행과제로 제시하고 있다(산림청, 2020).

3) GGGI 및 정부출연연구원 협력을 통한 산림 ODA 다각화

[그림 8-8]("국내·외 다자간 그린 거버넌스를 활용한 산림 ODA 다각화 개념도")에서도 제시된, GGGI[글로벌녹색성장기구, 우리나라 주도 하에 출범한 국제기구로 개발도상국의 녹색성장 전략을 지원하는 등의 업무를 담당, 2010년 서울(정동)에 입지/설립, 2021년 기준으로 한국을 비롯한 37개 국가와 동카리브 국가기구(OECS, 7개국) 가입]도 산림 ODA 다각화 차원에서 중요한 주체라고 할 수 있다. GGGI는 GCF의 개발도상국 지원 프로그램인 능력배양사업을 개발도상국과 함께 제안하고 직접 수행하는 '능력배양 지원기관(Delivery Partner, 딜리버리 파트너)'으로도 선정되어 있다.

GGGI(글로벌녹색성장기구)의 우선순위 사업 분야는 에너지, 녹색도시개발, 토지 이용(산림 포함), 물 등이다. 녹색성장과 연계되는 국제개발협력 사업의 계획/협력/집행을 '컨설팅(knowledge) 서비스(진단, 녹색영향평가, 분야별 전략과 계획)'와 '녹색 금융(투자) 서비스[분야별 전략과 계획, 사업 설계, 금융(자금), 집행]'의 가치사슬(value chain) 상에서 수행하고 있다(GGGI, 2019).

GGGI에서 2021년 현재 수행하고 있는 산림 ODA 분야 사업은 총 14개로 확인된다(남아메리카 6개, 아시아 4개, 오세아니아 1개, 아프리카 1개 등).[10] 이 중 수원국, 콜롬비아에서 진행하는 "DAE Support and Sustainable AFOLU Pipeline Development in Colombia" 사업의 경우 GCF(녹색기후기금)의 자금을 지원받아, 총 1년 6개월 간(2020년 11월~2022년 5월) 34만 6천 달러(USD) 예산으로 수행되고 있다.[11] 또한 인도네시아에서 진행하는 "GGP3 Landscapes 2020-2022" 사업의 경우(기간: 2020년 10월~2022년 9월, 2년 간), 총예산이 1천 62만 달러(USD)에 달해 가장 예산 규모

[그림 8-10] GGGI 우선순위 사업 분야 및 Value Chain

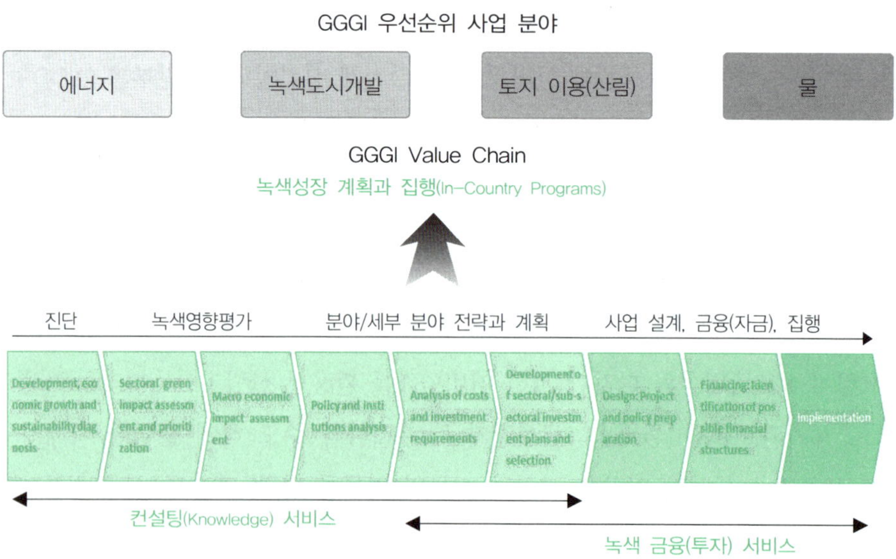

10) GGGI 내부 인트라넷 상에서 확인.
11) GGGI 내부 인트라넷 상에서 확인.

가 큰 것으로 나타난다(한화 약 122억 원).[12]

특히, 산림청이 2020년 9월부터 추진 중인 에티오피아 PFI[Peace Forest Initiative: 평화산림이니셔티브, 2019년 한국 외교부와 산림청이 사막화방지협약(UNCCD) 당사국총회를 통해 발표한 글로벌 정책으로, 이웃한 국가 간의 접경 지역, 또는 다민족 지역에서 산림 조성·복원사업을 지원하는 프로그램] 시범사업은 GGGI와 파트너십을 형성〈민간기업들도 포함[소셜 벤처 기업인 트리 플래닛(Tree Planet), SK 임업 등]〉하여 2023년까지 추진될 예정이다(GGGI, 2021). 에티오피아 PFI 시범사업의 전체 예산 규모는 2020~2021년 37만 달러, 2023년까지 총 137만 달러 규모이다. 본 사업은 P4G(Partnering for Green Growth and the Global Goals 2030: 녹색성장과 글로벌 목표 2030을 위한 연대, 2021년 6월 서울에서 열린 제2회 P4G 정상회의 개최) 사무국을 통해 2021년 올해의 스타트업 사업으로 선정되었다.

또한 [그림 8-8](“국내·외 다자간 그린 거버넌스를 활용한 산림 ODA 다각화 개념도”)에서도 보여지는 바와 같이, 정부부처 및 민간기업들과 GCF 사업 발굴 지원, 컨설팅 등을 수행하는 관련 정부출연연구원들(GTC, KEI 등), 공공기관(국립산림과학원, 한국환경산업기술원 등)과의 협력을 통한 산림 ODA 다각화도 가능할 것이다. 예를 들어, 2020년에 GCF으로부터 국내 최초로 GCF 레디니스(Readiness) 사업(개발도상국 지원 프로그램인 능력배양사업)을 수행할 수 있는 ‘능력배양 지원기관(Delivery Partner)’ 자격을 획득한, GTC[녹색기술센터(KIST 부설), 국가과학기술연구회 산하]가 있다. GTC는 국제기구 개발도상국 기술 지원 사업을 수주하고, 다수의 유관기관 협력사례를 발굴하면서 국제기구와의 네트워킹 또한 다각도로 이뤄내고 있다. 현재 전 세계에 등록된 97개의 ‘능력배양 지원기관’에는 유엔개발계획(UNDP), 유엔공업개발기구(UNIDO) 등의 유엔기구를 비롯하여 정책개발, 역량 강화 사업을 수행하는 독일 국제협력공사(GIZ), 글로벌녹색성장기구(GGGI)와 같은 유수의 기관들이 다수 포함되어 있다.

12) GGGI 내부 인트라넷 상에서 확인.

3. 산림 ODA 확대·다각화를 통한 ESG 시사점

최근에 이해관계자들로부터 요구되는 기대 수준과 기업의 지속가능성이 중요시되고 있으며 전략적 사고로서의 기관의 ESG 경영[기업의 전략을 실행하고 기업의 가치를 높이기 위한 능력에 영향을 미칠 수 있는 환경, 사회 및 지배구조(Environmental, Social and Governance)에 관한 요소들을 포괄하는 비재무적 정보(non-financial information)를 반영하는 경영]이 뜨거운 화두로 부상하고 있다. 사회적 책임과 이익 추구를 모두 놓치지 않는 것은 이제 더 이상 유토피아적인 이념이 아니며, 장기적인 관점에서 지속가능한 기업을 만든다는 것이라는 것을 깨닫기 시작했다고 볼 수 있다. ESG 경영은 리스크 회피를 위한 수비적인 측면과 아울러 이를 새로운 사업 기회로 활용하기 위한 전략적인 측면도 강조되고 있다.

GCF 관련 다자간 그린 거버넌스 활용을 통해 REDD+ ODA 사업을 다각화하는 것은 ESG 경영에도 의미 있는 영향을 줄 수 있다. 구체적으로, 우리나라의 REDD+ 감축 실적의 활용은 UNFCCC(유엔기후변화협약)의 국가감축목표[NDC, 우리나라는 2030년 배출량 목표를 2017년 배출량(7억 910만 톤)보다 24.4% 감축하여 5억 3,600만 톤으로 설정]에 중요하게 반영된다. 문재인 정부는 국가감축목표(NDC)에서 국내 부문별 감축 후 배출량은 574.3백만 톤으로 유지하고, 잔여 감축량은 38.3백만 톤은 산림·흡수원 활용과 국외 감축으로 이행하는 계획을 수립하였다(관계부처 합동, 2020a; 2020b).

산림청은 국내에서의 지속가능한 산림경영을 통해서 약 22백만 톤이 감축될 수 있도록 산림정책을 수립하고 이행하고 있으며, 동시에 해외에서의 REDD+ 사업을 통해서 NDC 목표 달성에 기여하는 노력들을 하고 있다. 이러한 감축 성과는 ESG의 '환경' 부문에서 중요한 성과로 활용될 수 있으며, 향후 산림 ODA 다각화를 통해 확대될 수 있는 가능성이 크다. 더불어, REDD+의 결과기반의 보상(Result-Based Payments)을 받기 위한 네 가지 이행 기반 구축 활동[① 국가전략(National Strategy), 행동계획(Action Plan) 수립, ② 각 국가별 산림(배출) 기준선 설정 및 UNFCCC 제출, ③ 국가산림모니터링 시스템(National Forest Monitoring System) 구축, ④ 안전장치 정보시스템(Safeguard Information System) 구축]은 ESG의 '환경'과 더불어 '사회' 부문의 성과에도 연계될 수 있을 것이다. 이에 더하여 GCF 지원사업으로 사업발굴 시에는 개발도상국(수원국)에 기여하는 GCF '환경 및 사회 세이프가드', '젠더정책' 등을 만족해야 하기 때문에, GCF 지원 연계 산림 ODA 사업이 발굴·확대된다면 ESG의 사회공헌 요소로도 반영될 수 있는 가능성이 높다고 하겠다.

한편, 2021년 3월, 기획재정부는 공공기관의 사회적 가치와 관련된 공시 항목의 대폭 확대를 추진하였다. 이는 ESG의 최근 논의 동향을 반영하여 ① '안전 및 환경 항목', ② '사회공헌활동', ③ '상생협력', ④ '일가정양립' 등 관련 항목을 대폭 신설·보완하는 것을 특징으로 한다. 이러한 환경, 혁신조달 등 ESG 관련 공시항목 확대를 통해 탄소중립과 그린뉴딜 분야에서 공공기관의 선도적 역할이 더욱 부각될 것으로 기대하고 있다. 더불어, 문재인 정부 당시 여당은「공공기관운영법」,「국가재정법」,「국민연금법」,「조달사업법」에 각각 환경·사회·지배구조(ESG) 요소를 반영하는 내용의 'ESG 4법'을 발의하기도 하였다. 이를 통해 공공기관의 경영활동, 공적 연기금 운용, 공공조달 사업 절차에 환경(Environment)·사회(Social)·지배구조(Governance)를 반드시 고려하고, 그 노력의 정도를 평가에 반영할 것을 요구하고 있다.

이와 같은 공공기관 ESG 기조 확산의 흐름에 맞춰, 산림청을 비롯한 산림 ODA를 수행하는 기관들의 관련 기여 및 성과를 보다 활용할 수 있을 것이다. 또한 궁극적으로 한국의 산림 ODA 수행기관, 사업 수, 사업 예산의 규모를 확대하는 효과를 추구해볼 수 있을 것이다.

참고문헌

국립산림과학원(2015). 한국의 산림 분야 개발협력 발전 방안.

국립산림과학원(2020). 신기후체제 대응 산림부문 온실가스 감축로드맵 이행방안.

국제개발협력위원회(2017). 2017년~2021년 국제개발협력 종합시행계획.

기획재정부(2016). GCF 사업 참여 방안 안내.

김나희·문주연·송철호·허성봉·손요환·이우균(2018). 국내 임업분야 공적개발원조(ODA) 사업과 지속가능발전목표(SDGs)와의 연관성 분석. 『한국산림과학학회지』, 107(1): 96-107.

김호석(2020). P4G 파트너십 의제개발 및 국내 대응방안 연구. 『KEI 환경포럼』, 24(241).

관계부처 합동(2020a). 제4차 지속가능발전 기본계획(2021~2040).

관계부처 합동(2020b). 2050 탄소중립 추진전략(案).

관계부처 합동(2021a). 제3차 국제개발 협력 기본계획(2021~2025).

관계부처 합동(2021b). '21년 국제개발협력 종합시행계획(확정액 기준).

관계부처 합동(2021c). ODA 중점협력국 재선정.

녹색기술센터(GTC)(2018). 녹색기후기금(GCF) 활용방안 및 제안서 작성 가이드라인.

산림청(2020). 탄소흡수원 증진 종합계획 시행을 위한 2021년 연차별 실행계획.

산림청(2021). 알고보면 쓸모있는 REDD+ 이모저모 설명집.

삼정 KPMG(2015). GCF 지원 절차 및 사업 관련 동향. 녹색기술센터(GTC) 워크숍(2015. 7).

유병일 · 윤보은(2014). 산림분야 공적개발원조 사업평가와 성과 제고 방안. 『농촌경제』, 37(3): 145-164.

정지선 · 오태현(2013). ODA 국별 성과관리체제 및 평가방법에 관한 연구. 대외경제정책연구원.

한국국제협력단(2013). 국제개발협력의 이해. 한울아카데미.

한국환경산업기술원(2020). 신기후체제 출범에 다른 국제개발협력사업의 그린뉴딜 적용방안 연구.

허태욱(2013). 환경정의론과 생태근대화론을 통한 한국의 녹색 ODA 논의의 고찰. 『한국정책학회보』, 22(1): 301-329.

홍재환(2012). ODA 정책사업의 평가체계 연구. 한국행정연구원.

환경부(2021). 2021년 환경부 탄소중립 이행계획.

GCF(2019). *Strategic Plan for the GCF: 2020-2023.*

GCF(2020). *Updated Strategic Plan for the Green Climate Fund: 2020-2023.*

GGGI(2019). *GGGI STRATEGY 2030: A Low-Carbon, Resilient World of Strong, Inclusive, and Sustainable Growth.*

GGGI(2021). *ANNUAL REPORT 2020: ACCELERATING CLIMATE AMBITION AND BUILDING BACK BETTER.*

GIZ(2012). Commited to Biodiversity: Germany's International Cooperation to Implementing the Convention on Biodiversity for Sustainable Development.

Shin, M. S., Yeon, J. H. & Kim, K. W.(2017). Developing Regional Government's ODA Improving Method by using the Center for International Development Cooperation in focused area. *Journal of International Development Cooperation*, 2: 95-120.

Yoo, B. I. & Yoon, B. E.(2014). Strategies for progress of korea's official development assistance in the forestry Sector: based on the comparison of finland and norway's development cooperation strategies. *Journal of International Development Co-operation*, 6(1): 187-222.

Yoon, J. Y., Park, G. S., Kim, S. B., Lee, J. W., Sung, Y. J., Park, B. H. & Jang, G. W. (2013). A study on the direction of korean official development assistance in forestry. *CNU Journal of Agricultural Science*, 40(1): 19-26.

Zoo, H., Son, H., & Lee, H.(2016). A review of international development studies in south Korea: trends and challenges, *Journal of International Area Studies*, 20(4): 3-34.

독일 국제협력공사(GIZ) http://www.giz.de/en/html/index.html

독일 연방경제협력개발부(BMZ) http://www.bmz.de/en/

일본 국제협력기구(JICA) http://www.jica.go.jp/english/

OECD International Development Statistics Online DB. http://www.oecd.org/dac/stats/idsonline

C·H·A·P·T·E·R 9

ESG 경영의 중요성과 산림정책 적용방안

오수길

제1절 서론

ESG는 환경(Environment), 사회(Social), 지배구조(Governance) 등 기업의 3대 비재무 지표의 첫 글자를 조합한 것으로, '지속가능성(sustainability)'을 기본정신으로 한다. 세계 최대 자산운용사 블랙록(Blackrock)의 CEO 래리 핑크(Lawrence Douglas Fink)의 2020년 초 연례 서한에서 향후 기후변화와 지속가능성이 투자의 최우선순위라고 공표한 데 이어 2021년 1월에는 "기업의 사업구조가 탄소중립과 양립할 수 있는 계획을 공개하라"고 밝힌 것이 ESG 경영을 더욱 촉발한 것으로 알려졌다. 코로나19 이후 ESG 상장지수펀드(ETF)에 약 55조 원 이상의 자금이 유입되었고, 2030년에는 ESG ETF 규모가 700조 원에 이를 것으로 전망된다(한국경제신문, 2021: 40).

1991년 유엔환경계획(United Nations Environment Programme: UNEP)이 세계 주요 금융회사들과 함께 지속가능발전을 위한 금융부문의 역할 수행을 위해 만든 것이 UNEP 금융 이니셔티브(UNEP FI)인데, ESG라는 용어가 공식적으로 나타난 것은 2005년 유엔글로벌콤팩트(UNGC)에서 부터라 할 수 있다. UNGC는 '사회책임투자에 관한 글로벌 이니셔티브' 설립을 결의하고, 2006년 유엔책임투자원칙(UN PRI)을 마련했다. 2021년 1월 현재 3,615개의 기관이 서명했고, 한국에서는 국민연금을 비롯해 11개사가 가입되어 있다(한국경제신문, 2021: 42).

ESG 경영은 환경경영, 윤리경영, 지속가능경영, 기업의 사회적 책임 등으로 제도화되면서 정립된 개념으로, 새로운 개념이라 할 수는 없으나 투자펀드의 핵심요소로 자리잡게 되면서 기업의 대응이 좀 더 활발해지고 긴장을 불러일으키고 있는 것이라 할 수 있다. ESG 경영은 최소한 지속가능발전(sustainable development) 개념이 정립된 1987년 유엔 세계환경개발위원회(World Commission on Environment and Development: WCED)의 보고서 「우리 공동의 미래(Our Common Future)」(WCED, 1987)까지 거슬러 올라가 그 기원을 찾아볼 수 있다.

WCED 위원장이었던 그로 할렘 브룬트란트(Gro Harlem Brundtland)의 이름을 따 '브룬트란트 보고서'라고도 불리는 「우리 공동의 미래」에서는 '미래 세대의 필요를 충족시킬 잠재력을 훼손하지 않으면서 현재 세대의 필요를 충족시키는 발전'을 지속가능발전이라고 규정했다. 우리나라의 경우 이것이 경제발전, 사회통합, 환경 보전을 통합적으로 인식해야 한다는 점을 포착한 것은 한참 뒤의 일로, 당시에는 북반구 선진국과 남반구 개발도상국의 갈등과 빈부격차의 문제를 다루는 '남의 일'로 보았거나 자연자원을 후손들에게 물려주자는 환경적 지속가능성만을 지속가능발전 개념으로 인식하는 경향이 있었다.

지속가능발전 개념을 더 위로 거슬러 올라가면, 1972년 스웨덴 스톡홀름에서 개최된 유엔인간환경회의(United Nations Conference on the Human Environment: UNCHE)에서도 그 기원을 찾아볼 수 있다. 당시 인디라 간디(Indira Gandhi) 인도 수상은 제3세계를 대표해 행한 연설에서 "가난이 최악의 오염이다"라고 주장하였고, 경제와 환경을 양립시킬 수 있을까 하는 고민을 유엔 차원에서 시작한 것이 결국 1983년 브룬트란트위원회를 설치하게 된 배경인 것이다. 1972년 UNCHE의 결과물 중 하나로 UNEP가 환경 관련 유엔 종합조정기관으로 설립된 것이다.

1989년에는 미국 알래스카에서 유조선 엑슨 발데즈호(Exxon Valdez)가 좌초하여 1,100만 갤런의 원유를 유출하는 사상 최악의 석유 유출사고를 냄으로써 CERES 원칙, 일명 발데즈 원칙이 만들어졌다. 10만 마리의 바다새와 100만 마리가 넘는 해양동물이 희생된 엑슨 발데즈호 사건에 따라 미국의 환경단체 CERES(Coalition for Environmentally Responsible Economies)가 기업의 환경윤리기준을 정해 발표한 것이 CERES 원칙이다. 이 원칙은 기업의 활동으로 인한 재해에 대한 기업의 책임, 원상회복을 위한 노력, 철저한 정보 공개, 에너지 이용효율 향상, 폐기물 감축, 천연자원의 지속가능한 이용, 환경 및 안전상의 위험 경감, 환경 담당자 임명, 환경문제에 관한 기업감사서 공표 등을 포함하고 있다.

1972년의 유엔인간환경회의 이후 20년이 지난 시점인 1992년에는 '환경적으로 건전하고 지속가능한 발전(Environmentally Sound and Sustainable Development: ESSD)'을 기치로 세계 178개국 정상들이 참여하여 브라질 리우데자네이루에서 개최된 유엔환경개발회의(UN Conference on Environment and Development: UNCED)가 있었다. 일명 리우회의라고 불리는 이 회의에서는 각국의 지속가능발전 약속인 '의제 21(Agenda 21)'뿐만 아니라 기후변화협약, 생물다양성협약, 사막화방지협약 등 세계

3대 환경협약이 체결되었다.

기업의 지속가능경영보고서 가이드라인을 제시하는 비영리기구인 GRI(Global Reporting Initiative)도 ESG 경영과 관련하여 거론할 수 있다. CERES와 UNEP를 중심으로 1997년에 설립된 GRI는 지속가능성 보고 방식을 표준화해 왔는데, 2000년에 첫 번째 가이드라인을 발표했고, 2016년에는 GRI 스탠더드를 정립해 글로벌 지속가능성 보고 표준이 되었다. 전 세계 15,400여 개 조직이 GRI 가이드라인에 따라 지속가능경영보고서를 작성하고 있다. 이상의 ESG 경영 관련 주요 사건을 정리하면, [그림 9-1]과 같다.

[그림 9-1] ESG 관련 주요 사건

연도	사건	내용
1987	UNEP, WCED 브룬트란트 보고서 발간	지속가능발전을 의제로 제시
2006	UN PRI(책임투자원칙) 발표	ESG를 투자 결정, 자산 운영에 고려한다는 원칙 발표
2016	GRI 표준 발표	기업 및 기관의 기속가능성 평가 지표 설정
2017	TCFD(기후변화 관련 재무정보공개 TF) 권고안 발표	기후변화 관련 리스트와 기회요인, 재무정보공개 권고안 제시
2019	BRT(Business Roundtable) 연례회의, 'New Purpose' 선언	이해관계자 가치가 통합된 새로운 기업 목적 선언
2020	세계경제포럼, 지속가능성 의제 논의	지속가능 가치를 측정할 수 있는 백서 발간
2021	한국거래소, 기업공시제도 개선안 발표	2025년부터 일정 규모 이상 기업, 2030년부터 모든 코스피 상장사 지속가능경영보고서 발간 의무화

출처: 한국경제신문(2021: 43).

이 글은 ESG 경영에 대한 최근 논의에서 쟁점이 되는 내용을 검토하면서 공공부문에서 ESG 경영 개념을 활용하고 적용하는 것의 중요성을 다루기로 한다. 이를 통해 ESG 개념은 2015년 유엔 193개 회원국 만장일치로 채택된 지속가능발전목표(Sustainable Development Goals: SDGs)와 정합성이 있고, 공공부문에서는 SDGs를 중심으로 목표체계를 전환하는 것이 필요함을 제시하기로 한다.

제 2 절 ESG 경영 측정과 평가

한국기업지배구조원은 기업지배구조 평가에서 지속가능경영 수준 평가로 평가 방향을 전환한다고 하면서 2003년부터 시작한 국내 상장회사의 기업지배구조 평가를 2011년부터는 ESG 평가로 전환하였다. 2018년부터는 비상장 주요 금융기관 지배구조를 별도로 평가하고 있다. ESG 평가의 목적으로는 국내 900여 개 상장회사 지속가능경영 수준 점검과 개선 지원을 들고 있고, OECD 기업지배구조 원칙이나 ISO 26000 등 국제기준을 반영한 것으로 제시하고 있다. 한국기업지배구조원의 ESG 평가 프로세스는 [그림 9-2]와 같다.

[그림 9-2] ESG 평가 프로세스

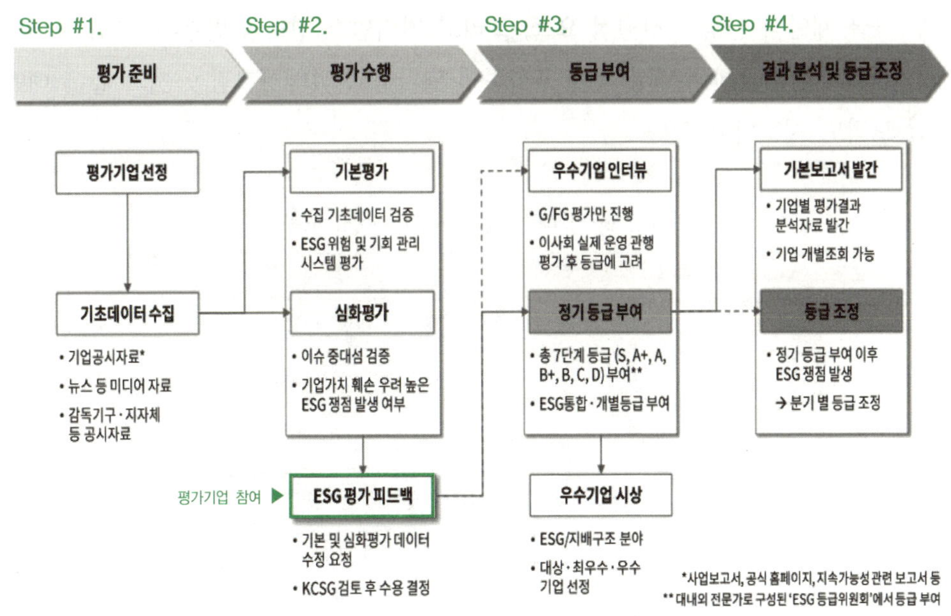

출처: www.cgs.kr

한국기업지배구조원의 ESG 평가 주요 지표를 보면, 환경 영역에서는 환경전략, 환경조직, 환경경영, 환경성과, 이해관계자 대응 등의 분야에서 중분류와 소분류의 주제들로 평가하고 있다. 사회 영역에서는 근로자, 협력사 및 경쟁사, 소비자, 지역사회 등의 분야에서 중분류와 소분류의 주제들로 평가하고 있다. 그리고 지배구조 영역에서는 주주총회, 배당, 기업지배구조 공시, 이사회 독립성, 이사회 운영실적, 이사회 내 전문위원회, 감사기구, 감사위원회 운영 현황, 외부감사인 독립성, 이사회 운영규정 등의 공개, ESG 등급 공개 등을 제시하고 있다.

국제적으로는 MSCI(Morgan Stanley Capital International)의 ESG Leaders 지수, DJSI(Dow Jones Sustainability Indexes)의 S&P 500 ESG 지수, FTSE Russell(FTSE International Limited)의 FTSE4Good 지수 등이 글로벌 3대 ESG 지수로 알려져 있다. MSCI의 경우 환경 축에서는 기후변화, 자연자본, 오염 및 폐기물, 환경적 기회 등으로, 사회 축에서는 인적자본, 생산물책임성, 이해당사자의 반대, 사회적 기회 등으로, 거버넌스 축에서는 기업 거버넌스와 기업 행태 등으로 ESG를 평가하고 있다. FTSE의 경우 공급 체인의 환경과 사회적 요소, 그리고 거버넌스 영역의 반부패, 기업 거버넌스, 리스크 관리, 납세 투명성 등을 포함하여 평가하고 있다. [그림 9-3]과 같은 대안적인 노력도 시도되고 있다.

[그림 9-3] 대안적인 ESG Ratings 노력

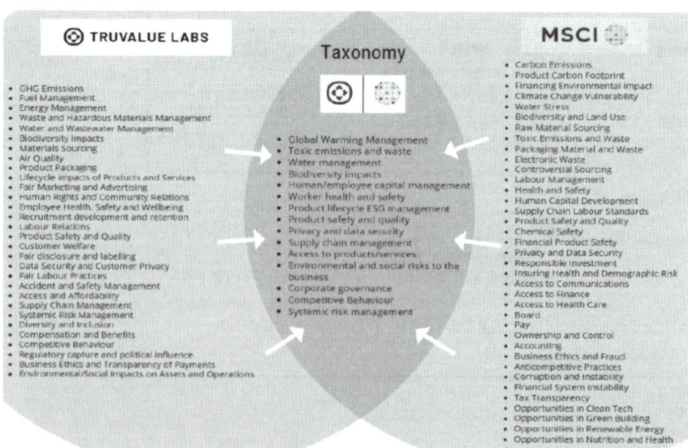

출처: Hughes et al.(2021: 3551).

그런데 문제는 ESG 데이터 제공기관별 ESG 점수의 상관계수를 보면 상관관계에 차이가 많이 난다는 것이다([그림 9-4] 참조). 상관관계에 차이가 난다는 것은 투자기관별로 중점을 두는 내용이 다르기 때문일 수도 있으나 같은 지표라도 데이터 수집과정에서의 객관성을 확보할 수 있는가 하는 점을 지적할 수도 있다. 또한 국내의 경우, 예컨대 100대 기업 정도까지는 전문기관의 도움을 받으면서 국제 또는 국내 표준에 맞춰가려는 노력을 진행할 수 있다 하더라도 대부분의 기업, 최소한 100대 기업 이후의 기업은 이러한 평가에 적절히 대처하기 어려운 상황이라는 점도 고려할 필요가 있다. 그리고 공공부문의 경우 일반적인 양식의 지속가능경영보고서를 발간하거나 ESG Ratings를 준비하는 것을 넘어선 또 다른 논의가 필요하다 할 것이다.

[그림 9-4] ESG 데이터 제공기관별 ESG 점수 상관계수

	MSCI	Sustainalytics	RobecoSAM	Bloomberg
MSCI	1	0.53	0.48	0.47
Sustainalytics		1	0.76	0.66
RobecoSAM			1	0.68
Bloomberg				1

주: MSCI World 지수 기업 기준.
출처: STATE STREET, 신한금융투자.

ISO 26000은 2010년 CSR에서 SR로 개념을 확대한 바 있다. 그리고 SR의 궁극적인 지향은 지속가능발전에 대한 조직의 기여를 극대화한다는 것이었다. 이에 비춰보면, ESG 경영 이니셔티브는 전혀 새로운 차원의 경영이고 모든 것을 새롭게 준비해야 한다는 의미는 아닐 것이다. 기존의 환경 실천이나 고민, 사회적 책임 활동, 거버넌스의 구성에 대한 계획 등을 다시금 정비하는 것으로 시작할 수 있다.

IISD(International Institute for Sustainable Development)는 2030 목표를 위한 기업 로드맵 3단계를 제시하였다. 여기에는 명확하고 분명한 목표의 설정, 과정에 대한 적극적인 공유와 보고, 우선순위에 걸맞은 재정계획의 수립 등이 포함된다.[1] 첫째, 명확하고 분명한 목표의 설정이라는 것은 SDGs와 관련하여 자사 사업의 손에 잡히

1) https://sdg.iisd.org/commentary/guest-articles/getting-businesses-back-on-track-with-the-sdgs/

[그림 9-5] ISO 26000의 지향

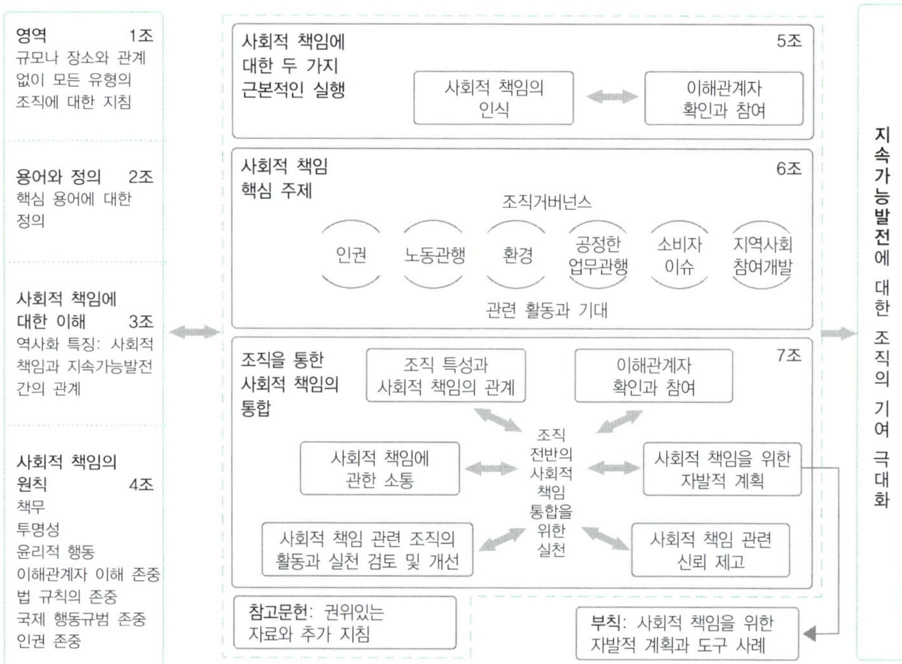

출처: https://www.iso.org/publication/PUB100260.html

는 목표를 기본으로 하자는 것이다. 둘째, 과정에 대한 적극적인 공유와 보고는 연간 프로세스를 설정하고, 목표 달성을 위해 취한 조치, 효과, 차년도 계획을 설정하자는 것이다. 셋째, 우선순위에 걸맞은 재정계획의 수립은 공동의 목표 의식을 갖게 하고 SDGs 목표 행동에 대한 적절한 인센티브를 부여하자는 것이다.

무작정 국제기준에 맞추기보다는 자사의 실정에 맞게 목표를 세워보고, 작은 실천 사례들을 모아볼 필요가 있다. ESG 경영 촉진을 위한 간이 지수도 활용할 수 있다. 평가를 위한 평가가 아니라 ESG 경영의 의의를 이해하고 확산하는 데 목표를 두자는 것이다. 지역 차원에서 모범적인 노력을 장려하는 인센티브와 컨설팅의 의미를 둘 수도 있다. 국제적 평가기관이 정한 지표나 수치와의 괴리를 극복하고 'as is'에서 'to be'로 나아가는 학습 과정으로 생각해 볼 수 있으며, 공감대 확산과 적응적 이니셔티브로 활용해보자는 것이다.

제 3 절 공공부문의 ESG 경영 활용

2015년 9월 채택된 유엔 합의문의 서문에서는 "이 의제는 사람, 지구, 그리고 번영을 위한 행동계획이다"라고 밝히고 있으며, 좀 더 많은 자유가 있는 보편적인 평화를 강화하고자 함을 강조하고 있다. 이어서 "모든 국가와 모든 이해당사자들은 협력적 파트너십을 통해 이 계획을 이행할 것이다"라고 하고 있다. "지속가능하고 복원력 있는 경로를 향해 세계를 전환시키는 데 긴급히 필요한 대담하고 변혁적인 단계를 취하기로 결정했다"면서 "이러한 집단적인 여정에 나서는 데 어느 누구도 뒤에 남겨 놓지 않을 것을 선언한다"라는 의지를 천명했다(United Nations, 2015: 3). 유엔 SDGs 2030은 17개의 목표 169개의 세부 목표로 구성되어 있다([그림 9-6] 참조).

SDGs의 목표와 하위목표가 향후 15년 동안 인류와 지구에 대단히 중요한 영역들에서 행동을 고취시킬 것인데, 이들 영역이 소위 5Ps로 일컬어지고 있다(United Nations, 2015: 3-4).

첫째, 사람(People)으로서 모든 인류가 존엄성과 평등 속에서, 그리고 건강한 환경 속에서 자신의 잠재력을 실현시킬 수 있도록 모든 형태와 차원의 빈곤과 기아를 종식시킨다는 것이다.

[그림 9-6] 2030 UN SDGs 17개 목표

출처: un.org

둘째, 지구(Planet)로서 지속가능한 소비와 생산, 자연자원의 지속가능한 관리, 기후변화에 대한 긴급한 행동을 비롯하여 지구가 악화되는 것을 막아 현재와 미래의 필요를 지탱할 수 있도록 한다는 것이다.

셋째, 번영(Prosperity)으로서 모든 인류가 번창하고 풍족한 삶을 누릴 수 있고, 경제적, 사회적, 기술적 진보가 자연과의 조화 속에서 일어날 수 있도록 한다는 것이다.

넷째, 평화(Peace)로서 근심과 폭력 없는 평화롭고 정의로우며 포용적인 사회를 촉진한다는 것이다.

다섯째, 파트너십(Partnership)으로서 가장 가난하고 가장 취약한 사람들의 필요에 특히 초점을 두면서 모든 국가, 모든 이해당사자, 모든 사람들의 참여로 강화된 지구적 연대의 정신에 바탕을 두고 지속가능발전을 위한 글로벌 파트너십을 부흥시킴으로써 이 의제를 이행하는 데 필요한 수단들을 동원하기로 했다는 것이다.

1987년 「우리 공동의 미래(Our Common Future)」에서는 지속가능발전을 위해 정치체제(정책결정에 시민들의 참여를 보장), 경제체제(자립적이고 지탱할 수 있는 잉여생산물과 기술 지식을 창출), 사회체제(조화롭지 못한 개발로 인한 긴장에 대한 해결책 제공), 생산체제(발전을 위한 생태적 토대를 보존할 의무를 존중), 기술체제(끊임없이 새로운 해결책을 추구), 국제체제(지속가능한 형태의 무역과 재정을 촉진), 행정체제(유연하고 자기교정 능력을 갖춘 행정)의 변화가 필요하다고 했다.

이 가운데 유연하고 자기교정 능력을 갖춘 행정체제라는 것은 부서별, 기능별로 분할되어 경직되어 있는 칸막이 행정(silo effect)을 극복하고, 동질적인 관료제 내에서뿐만 아니라 행정 외부의 자원과 지혜를 모아 협력적으로 문제 해결 메커니즘을 구축해 가자는 의미이다. 이것이 현재까지도 적용되고 있는 국제적인 지속가능발전 추진체계의 원리라 할 수 있다.

이와 유사하게 ICLEI(2016)는 유엔 SDGs를 성공적으로 이행하려면 다양한 이해당사자들과의 대화 및 타협 능력, 그리고 변화를 이끌어내는 행동이 요구된다고 지적하면서 국제-국가-지방 수준의 수직적 통합과 부처 간, 경제부문 간 수평적 통합이 있어야 한다고 제시하였다. 수직적 통합은 효과적인 다층적 거버넌스를 구축함으로써 국제적 규범에 맞춰 국정의 가치를 정립하면서도 지역의 리더십을 일관되게 강화할 수 있어야 한다는 의미이다. 수평적 통합이란 각 부서가 특정 분야의 기능을 수행하는 것으로 지속가능발전이 이뤄질 수는 없고, 중앙과 지방행정에서 물리적, 심리적 장벽을 허물고 공동의 해결책을 모색해야 한다는 의미이다.

「우리 공동의 미래」가 갖고 있는 당위적 의미를 상기시킨 홀덴 외(Holden et al., 2017)는 인간의 필요를 충족시키고, 사회적 형평성을 확보하며, 환경적 한계를 존중한다는 세 가지의 도덕적 당위에 기초한 지속가능발전 모델을 제시하였다. SDGs는 경제, 사회, 환경이라는 세 가지 영역에 대한 통합적인 고려를 바탕으로 발전한 것이라 할 수 있다. 이는 세 축을 모두 고려해야 한다는 'Triple Bottom Line 모델'에서 경제-사회-환경의 균형점을 잡는다는 '약한 지속가능성 모델'을 거쳐 환경이 지탱할 수 있는 한계와 사회적 포용성 내에서의 경제발전을 도모한다는 '강한 지속가능성 모델'로 점차 지향점이 심화된 것이다([그림 9-7] 참조).

[그림 9-7] 지속가능발전 개념의 지향성 차이

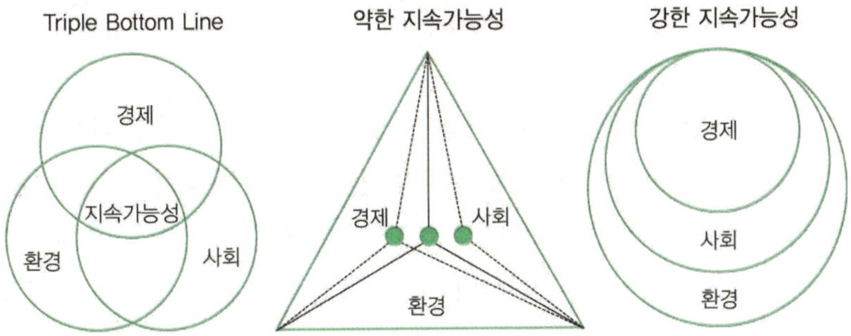

출처: Wu(2013: 1002).

그렇다면 유엔 SDGs의 이행은 강한 지속가능성을 어떻게 확보할 것인가? 가령, OECD는 2011년부터 'FEW(Food, Energy, Water) Nexus 전략'을 논의해 왔다. 2014년 11월 27~28일에는 글로벌환경포럼(Global Forum on Environment)을 개최하고, 식량-에너지-물에 관한 새로운 관점을 제시하였다. 기후변화로 물이 부족해지고, 이것이 식량생산과 에너지에 영향을 줄 것이며, 이 때문에 에너지 생산과 소비 방식이 변화하여 또다시 기후변화로 이어질 것이라는 전망 하에 연계 전략을 모색한 것이다.

[그림 9-8] FEW(Food, Energy, Water) Nexus 전략

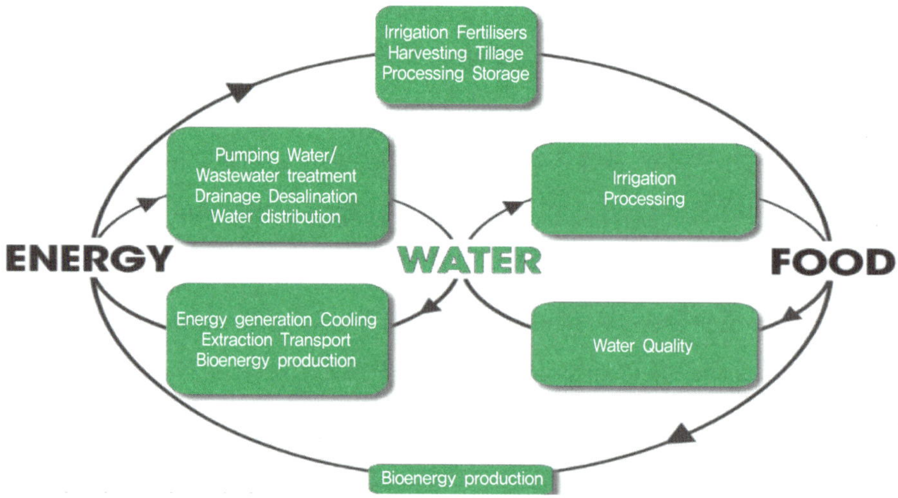

출처: International Renewable Energy Agency(2015). Renewable Energy in the Water, Energy & Food Nexus(http://futureearth.org/future-earth-water-energy-food-nexus).

이처럼 식량, 에너지, 물은 별개의 자원이 아니라 서로 연계된 핵심적인 전략 자원임을 알 수 있다. 이런 예측을 바탕으로 대응 방안을 마련한다면 기술적 해결책뿐만 아니라 사회적 불균형을 해소하기 위한 접근방법도 검토하게 될 것이다. 유엔 SDGs 17개 목표에 대해 이미 16번 평화, 인권, 제도 목표와 17번 글로벌 파트너십 목표는 전 목표에 걸친 목표(cross-cutting goals)로서의 의미가 있다는 논의도 같은 맥락에서 이해할 수 있다.

유엔 SDGs는 1992년 리우회의의 '의제21(Agenda 21)'이 규정한 '9개 주요 그룹(9 Major Groups)'과 2012년과 2013년에 유엔에 의해 인정된 '기타 이해당사자 그룹(other Stakeholders)'이 참여하는 'MGoS 프로세스'에 의해 합의가 이뤄지고 채택된 것이다. 9개 주요 그룹에는 여성, 아동 및 청소년, 원주민, NGO, 지방정부, 노동자, 기업, 과학기술, 농민이 포함되고, 기타 이해당사자 그룹에는 노인, 지역공동체, 이주민, 민간자선단체, 재단, 교육 및 학술단체, 장애인 그룹이 포함된다.

5P 축, 여섯 가지 SDGs 전환, MGoS 프로세스와 같은 접근과 인식은 새로운 시대와 새로운 역할을 견인하고 도출하는 역할을 할 수 있으며, 소위 '정의로운 전환'이나

'ESG 경영'과 같은 좀 더 근본적이고 도전적인 주제, 과제, 쟁점을 이끌어낼 수 있을 것이다. 기업활동은 물론 공공부문의 전환과 통합적인 관점을 부여하는 논쟁을 새롭게 촉발시킬 수 있을 것이며, 미래 지향적인 논의를 바탕으로 공공부문의 역할과 성과관리를 제고하는 데 기여할 수 있을 것으로 기대된다([그림 9-9] 참조).

[그림 9-9] ESG와 SDGs의 연계

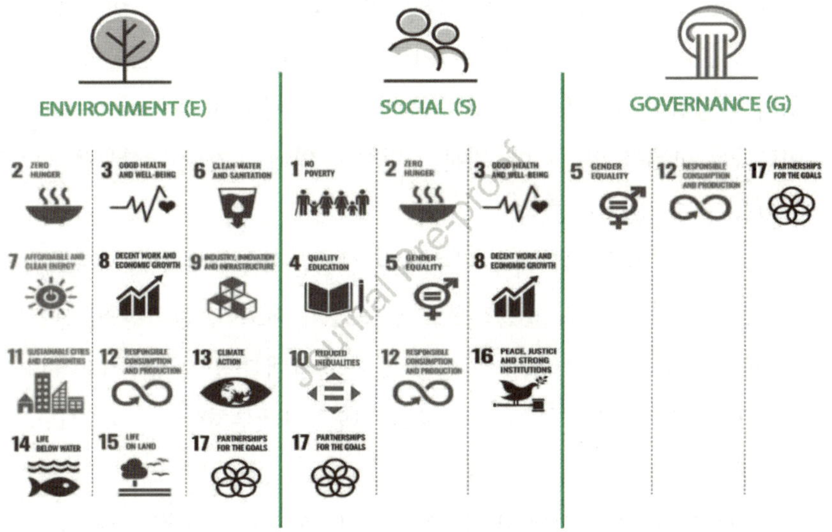

출처: Khaled et al.(2021: 7).

제 4 절 산림정책 적용방안

ESG 경영은 SDGs를 달성하고 지속가능발전을 이루는 유용한 도구가 될 수 있다. 기관 전체의 지향점은 SDGs에 맞추고 기관의 관리를 ESG 경영으로 수행해갈 필요가 있다. ESG 경영의 각 요소가 SDGs의 어떤 목표에 기여할 수 있을지를 매칭하는 작업이 기본적인 것이 될 것이다.

산림청의 산하기관 또는 관련 공공기관들이 전략적으로 ESG 경영을 도입할 필요가 있다. 최근 발표된 'K-ESG 가이드라인 v1.0'(관계부처합동, 2021)이 제시하고 있는 정보공시(정보공시 형식, 정보공시 검증), 환경(환경경영목표, 원부자재, 온실가스, 에너지, 용수, 폐기물, 오염물질), 사회(노동, 다양성 및 양성평등, 산업안전, 지역사회), 지배구조(이사회 구성, 이사회 활동, 주주권리, 윤리경영)의 영역 모두가 각 기관의 현장과 관련이 높기 때문이다.

이에 따르면, 각 기관의 활동은 온실가스 배출량 감소나 폐기물 재활용 비율, 친환경 인증 제품 및 서비스 비율, 전략적 사회공헌과 같은 항목에서 특히 직접적으로 연결될 수 있을 것이다. 그런데 'K-ESG 가이드라인 v1.0'은 기본 진단항목이 기업의 규모나 산업의 다양성이 아니라 공통 기준을 우선 고려했기에 다양한 상황에 모두 적용되기 어렵다는 한계를 인정하며, 기본 진단항목 외에 추가 진단항목을 선택적으로 포함하여 활용할 수 있도록 했다.

가령, 환경 영역의 기후변화 대응 범주에는 '산림탄소흡수량'을 제시하고 있다. "조직의 탄소배출을 상쇄하기 위한 목적으로 신규조림, 재조림, 산림경영, 신생복구, 목제품 이용, 산림바이오매스 이용, 산림전용 및 산림황폐화 방지 활동(REDD+ 등) 등 산림을 통해 탄소 흡수량을 획득하는 수준을 확인"(관계부처합동, 2021: 158)하는 것이다.

이와 같이 ESG 가이드라인에 비춰 각 기관이 추진하는 정책과 사업의 궁극적인 사회적 가치 내지는 공공가치가 어떤 식으로 구현될 수 있을지를 모색하는 과정에서 ESG 경영이 시작될 수 있고, 차츰 이것을 구체화하는 과정에서 ESG 경영을 내재화할 수 있을 것이다.

산림청의 경우 2021년에는 'ESG와 산림 분야 연계방안 및 기업 ESG 경영 활성화 지원 기반 마련', '산림을 활용한 탄소중립 · ESG 실천을 위한 민관협력 네트워크 구축', '기업의 ESG 경영을 위한 국내외 산림 분야 연계 지표 발굴 및 체계화', '산림을 통한 탄소중립 및 사회공헌활동 등과 연계 가능한 기업의 시범사례 발굴 지원', 'ESG 연계를 통한 해외산림자원투자 활성화 방안' 등을 추진해 왔다. 또한 민간기업들과 함께 '탄소중립 활동 및 기업 ESG 경영 상호협력을 위한 업무협약'도 체결했다.

이처럼 산림청과 산림청 관련 각 기관은 별도의 ESG 경영체계를 새롭게 모색한다기보다는 산림정책이 제공하는 산림생태계서비스를 통해 각 유형과 항목별로 ESG

경영의 어떤 측면에서 기여하고 있는지를 연계할 필요가 있다. [표 9-1]에서 볼 수 있는 산림생태계서비스의 공급, 조절, 문화, 지원서비스 등은 생물자원, 물, 토양, 생물다양성, 기후변화 및 탄소제로, 사회적 가치 등 ESG 경영 관련 여러 요소들과 연결되어 있음을 알 수 있다. 더 나아가 재생에너지 이슈나 탄소상쇄제 임업, REDD 및 REDD+ 등과 관련하여 지속가능한 임업 투자를 촉진할 수 있는 산림금융정책도 추진해볼 수 있을 것이다(공공기관경영연구원, 2021).

[표 9-1] 산림생태계서비스 분류체계

산림생태계서비스 유형		산림생태계서비스 항목
공급서비스	식량자원	열매, 산채, 버섯 등
	수자원	식수, 산업용수 등
	원자재	목재, 바이오연료, 석재 등
	유전자원	생명공학 증진 자원 등
	약용자원	천연약재, 약초, 생화학물질 등
	장식자원	조경식물, 장신구의 재료 등
조절서비스	공기정화	미세먼지 흡착 등
	기후 조절	탄소흡수, 온도조절 등
	자연재해 조절	산사태・홍수・태풍 피해 조절 등
	유량 조절	자연 배수, 가뭄 예방 등
	수질정화	수질개선 등
	토양비옥도 유지	토양형성 등
	수분(화분)	종자산포 등
	생물학적 조절	질병발생 조절 등
문화서비스	심미적 기능	미적 경관요소 등
	휴양 및 관광 기능	자연휴양림, 등산・산책로, 산악레포츠 등
	문화・예술적 영감	예술 및 예술품 소재 등
	영적・종교적 경험	마을 산신, 정신적 안정감 제공 등
	산림교육	산림체험교육, 숲학교 등
	문화유산 보전	산촌문화 전승, 산림유적 등
지원서비스	생태계다양성	다양한 서식지 제공 등
	생물종다양성	멸종 및 희귀종 보호 등
	유전자다양성	유전자 원천 보호 등

출처: 국립산림과학원(2021: 7).

참고문헌

공공기관경영연구원(2021). 산림분야 ESG 적용체계의 개발과 중장기 정책추진방안.

관계부처합동(2021). K-ESG 가이드라인 v1.0.

국립산림과학원(2021). 산림생태계서비스 증진을 위한 생태적 산림관리 기술 개발.

한국경제신문(2021). ESG: 개념부터 실무까지 K-기업 서바이벌 플랜. 한국경제신문.

Holden, Erling, Kristin Linnerud, & David Banister(2017). The Imperatives of Sustainable Development. *Sustainable Development*, 25: 213-226.

Hughes, Arthur, Michael A. Urban, & Dariusz Wojcik(2021). Alternative ESG Ratings: How Technological Innovation is Reshaping Sustainable Investment. *Sustainability*, 13: 1-23.

ICLEI(2016). Cities and the Sustainable Development Goals. 이클레이 한국사무소 역. 도시, 그리고 지속가능발전목표(SDGs). *ICLEI Briefing Sheet*, 2.

International Renewable Energy Agency(2015). Renewable Energy in the Water, Energy, and Food Nexus(http://futureearth.org/future-earth-water-energy-food-nexus).

Khaled, Raneem, Heba Ali, & Ehab K. A. Mohamed(2021). The Sustainable Development Goals and Corporate Sustainability Performance: Mapping, Extent and Determinants. *Journal of Cleaner Production*, 311: 1-10.

United Nations(2015). *Transforming Our World: The 2030 Agenda for Sustainable Development*.

WCED(1987). *Our Common Future*. Oxford University Press.

Wu, Kianguo(2013). Landscape Sustainability Science: Ecosystem Services and Human Well-Being in Changing Landscape. *Landscape Ecology*, 28: 999-1023.

C·H·A·P·T·E·R

10

탄소중립을 위한 숲해설가의 시대적 역할

양세훈

제 1 절 서론

우리 사회가 과학문명 발전을 토대로 편리하고 안락한 삶을 추구한지 오래되었다. 제4차 산업혁명 시대, 인공지능(artificial intelligence: AI) 시대를 맞이한 인간세계는 물질만능주의의 최고 정점을 달려가고 있다고 해도 과언이 아닐 것이다. 하지만, 이러한 삶의 질을 추구하는 방식으로 진행되어 온 하드웨어적 개발이 가져오는 역기능 폐해는 심각하다.

인간의 윤택한 생활을 위해 재생 불가능한 지구자원의 무분별한 사용으로 자원의 고갈, 탄소 과다 배출로 인한 지구온난화 현상 등 고통이 시작되었다. 심지어, 환경오염으로 인한 아토피 환자 증가 등 신체의 변화에도 영향을 미치고 있다. 편한 삶의 방식으로 인한 운동부족과 도시생활의 스트레스는 계속 확대되는 상황이다. 이렇듯 삶의 질 저하는 새로운 건강한 삶의 탈출구를 찾게 만드는 계기가 되었다. 탄소중립을 위한 전 세계적 노력이 시작되었지만 그 과정과 결과를 확인하기까지는 상당한 시일이 소요될 것이다. 당장 눈앞의 답답한 콘크리트 회색도시환경에서 탈출하여 숨을 쉴 수 있는 곳을 찾는 발길이 잦아지고 있다. 그곳이 도시속 공원이며, 인근 숲속이며, 나무가 울창한 산이다. 도시공원에서 숲속에서 둘레길에서 건강한 삶의 길을 안내해주는 숲해설가 등 산림교육전문가들의 역할이 주목을 받고 있다.

각종 공해 및 스트레스 치유를 위한 가장 손쉬운 방법 중의 하나가 가까운 산을 찾는 방법이라 할 것이다. 나무에서 뿜어나오는 피톤치드 등 영향도 있겠지만 푸르름을 바라보는 시각적 효과와 나뭇잎을 만지면서 느끼는 감각적 효과도 한몫한다. 이러한 경험 등을 통해 많은 사람들이 산을 찾고 있다. 최근에는 COVID-19 영향으로 젊은층 사이에서도 급속히 확대되어 가고 있다. 가족 단위의 산책 및 산행도 꾸준히 증가하는 추세를 보이고 있다.

우리나라 등산인구를 보면 쉽게 알 수 있다. 한국갤럽이 2004년부터 2019년까지 16년 간 추적조사한 결과, 한국인이 좋아하는 취미 중 등산이 부동의 1위 자리를 지켰다. 또 2019년 『월간 산』이 주관한 설문조사에 따르면, 매월 한 번 이상 등산이나 트레킹을 즐기는 국민은 전체 성인의 62%에 해당하는 2,600만 명에 이른다(국제신문, 2020.5.6). 2020년 초부터 발생된 COVID(코로나바이러스감염증)-19와 전 세계 팬데믹(pandemic, 세계적인 질병)에 따른 감염증 우려로 사람과의 접촉이 현저히 감소되었다. 이런 상황이 숲을 찾아 가족 단위로 휴식 및 산림욕을 즐기는 나들이객의 꾸준한 증가로 이어지고 있는 것이다. 실제로 최근의 데이터들을 보더라도 도심 인근의 산을 찾는 인구가 많아졌음을 알 수가 있다.

국립공원공단은 2020년 기준 한라산을 제외한 전국 21개 국립공원의 탐방객 수가 2019년 대비 18.3% 줄어든 3,527만 7,568명으로 집계되었다고 밝혔다. 하지만, 북한산과 계룡산, 치악산 등 도심권에 위치한 3개 국립공원 탐방객 수는 2019년(828만 3,545명)보다 16.8% 증가한 967만 1,213명으로 집계되었다. 이들 산은 각각 서울과 대전, 강원 원주시 인근에 있다. 특히, 서울 근교인 북한산 탐방객 수는 2020년 656만 1,211명으로 1년 새 17.7% 늘었다. 코로나19 확산에 따라 실내 모임이 어려워지면서 상당수 인원이 도심 근처 국립공원을 찾은 것이다(동아일보, 2021.3.30).

이러한 현상은 COVID-19가 시작된 2020년에는 감염병 전파를 우려하여 각 대피소 등이 폐쇄되면서 1박을 하는 산행에 제동이 걸렸다고 봐야 할 것이다. 또한 대중교통을 이용해 장거리 왕복하거나 다수의 사람이 모여 다니는 것에 대한 부담 등이 작용한 것으로 추정된다. 산행 관련 각종 동아리 모임 등의 축소 및 활동 금지가 이어졌다. 외출에 대한 부담감으로 전체적으로 감소되었지만 나홀로 산행 또는 소수 인원이 찾는 인근 산행 인구는 증가한 것이다. 특히, 도심속 공원과 숲을 찾는 시민이 증가하고 있다. 건강에 대한 관심이 증가하면서 자연에서 활력을 찾으려는 산림휴양 욕구는 더 커지고 있다.

이처럼 COVID-19 펜더믹으로 인해 숲의 중요성이 더욱 부각되는 상황이다. 문재인 대통령이 인터뷰에서 다시 태어난다면 '숲해설가'로 태어나고 싶다는 말이 인구에 회자되었다. '2021 P4G 서울 녹색미래 정상회의' 개최를 앞두고 촬영한 특별 홍보영상에서 문 대통령은 "인생을 다시 산다면 숲해설가가 되고 싶다. 나무를 전공으로 자연 속에서 (살고 싶다)"라고 말했다(매일경제, 2021.5.27).

그동안 수목원 등 방문 시 숲길을 안내하는 역할로 비쳐진 숲해설가에 대한 존재감이 부각되기 시작했다. 얼마나 좋은 직업이기에 한 국가의 "대통령이 선망할 정도

일까"라는 관심이 높아졌다. 대통령의 발언으로 숲해설가라는 직업이 세간의 관심을 받기 시작했다. 동시에 숲해설가라는 제도와 현실적 구조에 대한 논의도 시작되었다. 즉, 숲해설가를 재조명하는 목소리가 높아지고 있다.

숲해설가는 그동안 양성과정을 통해 2020년 말 기준으로 14,083명이 자격증을 취득했다. 2021년 8월 말 기준 전국 31개 산림교육전문가 양성기관에서 연간 약 1,500여 명의 숲해설가 배출이 이루어지고 있다. 2021년 말 기준으로 약 1만 6천여 명의 숲해설가 탄생이 예상되고 있다.

그러나 숲해설가가 전국에 산재해 있는 숲, 공원, 수목원 등에서 활동할 수 있는 숫자는 제한되어 있다. 최근에는 산림청 이외 지방자치단체별로 숲해설가 채용 등을 통해 지역의 산림자원을 시민들에게 개방하고 이용하도록 하고 있다. 그럼에도 불구하고 숲해설가의 활동무대는 제한적이다. 국가공인자격증인 숲해설가는 산림교육전문가 3대 자격증의 하나이다. 수개월에 걸쳐 이론과 실무를 겸비한 자격증을 취득했지만 활용할 장소가 많지 않다. 약 2천여 명의 숲해설가만 상근직 또는 비상근 계약직으로 활동하고 있다. 나머지 1만 4천여 명의 숲해설가는 소위 '장롱면허'로 방치되고 있는 것이 현실이다.

숲은 미세먼지 흡착 등 환경 개선 기능과 치유의 기능을 두루 갖추고 있다. 우리 인간에게 도심에서의 스트레스를 풀어주는 촉매제 역할을 하는 숲의 기능은 대단히 중요하다. 이러한 숲의 선한 안내자 역할을 하는 숲해설가의 시대적 소명과 역할과 달리 환경적 · 제도적 수요가 따라주지 못한다. 이러한 상황에서 발생되는 문제는 우리 사회의 큰 손실이라 할 수 있다.

따라서 현대 사회에서 숲이 부여하는 순기능을 다양한 해설기법으로 전달하고 이끌어내는 숲해설가의 시대적 소명을 다할 수 있는 장을 마련하는 방안을 모색해야 할 시기다. 특히, 숲을 통한 탄소중립 실천을 위한 선도적 역할에 적합한 숲해설가의 시대적 역할을 살펴보았다. 이러한 관점에서 숲해설가의 역할 정립과 활성화를 위한 제도적 방법에 대한 방안을 찾아보았다. 생명공간인 숲과의 만남을 통해 시민들의 삶과 환경을 바꾸고 자연과 더불어 살아가는 미래 문화를 선도하는 기능을 수행하는 숲해설가다. 탄소중립 시대에 숲해설가의 사회적 역할과 학교 현장교육에 참여할 수 있는 방안을 탐색해보았다.

제 2 절 숲해설가 선행연구

숲해설가는 「산림교육의 활성화에 관한 법률」 제2조 제2항 가호, "국민이 산림문화・휴양(「산림문화・휴양에 관한 법률」 제2조 제1호의 산림문화・휴양을 말한다)에 관한 활동을 통하여 산림에 대한 지식을 습득하고 올바른 가치관을 가질 수 있도록 해설하거나 지도・교육하는 사람"을 말한다.

「산림교육의 활성화에 관한 법률」의 제정은 "산림교육의 활성화에 필요한 사항을 정하여 국민이 산림에 대한 올바른 지식을 습득하고 가치관을 가지도록 함으로써 산림을 지속가능하게 보전하고 국가와 사회 발전 및 국민의 삶의 질 향상에 이바지함을 목적"으로 하고 있다. 위 법 제2조 제2항의 산림교육전문가는 산림교육전문가 양성기관에서 산림교육 전문과정을 이수한 사람으로서 숲해설가, 유아숲지도사, 숲길등산지도사 등 각 자격증을 취득한 사람을 지칭한다.

산림교육전문가인 숲해설가는 숲해설을 통해서 방문객들에게 올바른 산림의 이용을 지도(Shin, 2000)하고, 산림에 대한 지식을 습득하고 국민들이 올바른 가치관을 가질 수 있도록 해설하거나 교육하는 사람으로서 매우 중요한 역할을 수행하고 있다. 따라서 산림교육전문가로서 권위와 위엄을 갖추고 경험을 많이 쌓고 전문성을 갖추고 숲을 보호하는 최일선의 봉사자가 되어야 한다(Kim, 2015). 그러나 이론적 정의와는 달리 숲해설가의 현실은 방문객에게 꽃과 나무의 유래 및 특성 등을 알리는 제한적 환경에서 벗어나지 못하고 있다. 1시간 30분~2시간 동안 이동하면서 보는 식물을 설명하기에도 부족한 상황에서 산림에 대한 바른 가치관을 부여하기까지는 무리가 있다. 유아숲지도사의 경우 대상의 특성에 따라 많은 꽃과 나무를 설명하기에도 버겁다. 숲의 자원을 이용해 아이들이 관심을 가지고 좋아할 수 있는 놀이 중심으로 진행되는 현실이다. 숲길등산지도사의 경우 도시공원, 수목원 등이 아닌 도심 주변의 둘레길 등에서 숲과 등산예절 등을 병행한 수업을 진행하지만 참여자 수가 많지 않은 것이 현실이다.

[표 10-1] 산림교육전문가 세 가지 유형

산림교육전문가	「산림교육의 활성화에 관한 법률」
숲해설가	국민이 산림문화·휴양(「산림문화·휴양에 관한 법률」 제2조 제1호의 산림문화·휴양을 말한다)에 관한 활동을 통하여 산림에 대한 지식을 습득하고 올바른 가치관을 가질 수 있도록 해설하거나 지도·교육하는 사람
유아숲지도사	유아(「유아교육법」 제2조 제1호의 유아를 말한다. 이하 같다)가 산림교육을 통하여 정서를 함양하고 전인적(全人的) 성장을 할 수 있도록 지도·교육하는 사람
숲길등산지도사	국민이 안전하고 쾌적하게 등산 또는 트레킹(길을 걸으면서 지역의 역사·문화를 체험하고 경관을 즐기며 건강을 증진하는 활동을 말한다)을 할 수 있도록 해설하거나 지도·교육하는 사람

출처: 한국산림복지진흥원 산림복지전문가 자격관리시스템 홈페이지(2021).

산림교육전문가는 실내교육 방법보다는 실외교육을 중심으로 이루어지는 방식이다. 숲, 공원 등 산림자원을 배경으로 현장에서 유아에서 시니어까지 전 국민을 대상으로 해설하거나 지도·교육하는 사람이다. COVID-19로 인해 유치원, 어린이집에서부터 초·중·고생의 등교 제한은 물론 야외활동의 제약이 강화되고 있다. 이에 실외교육을 중심으로 하는 숲해설가, 유아숲지도사, 숲길등산지도사의 어려움이 많아졌다. 외부환경 변화로 다수가 모이는 집합교육 방식에 제동이 걸린 것이다. 소수 인원만 대상으로 교육을 하거나, 온라인으로 대체하는 교육 방식으로 전환되었다.

문제는 꽃과 나무를 관찰하고 만져보고 냄새를 맡는 등 실외교육의 장점을 온라인 교육에서 그대로 살리기는 한계가 있다는 것이다. 체험이 중심인 숲해설 교육을 온라인 수업으로 대체하기는 어렵다. 숲해설가의 영역에는 실내에서의 이론교육은 가능하지만 실외교육은 필수불가결한 교육이라 할 수 있다. 이러한 실외교육은 유럽, 미국, 일본 등에서도 활성화되고 있다. 스웨덴에서 1950년대 중반부터 시작된 실외교육 운동은 독일, 영국, 스위스, 덴마크 등 유럽에서 확대되었다. 이후 미국과 캐나다, 일본을 거쳐 우리나라의 숲 관련 실외교육에 영향을 미친 것으로 알려졌다.

외국에서 숲교육과 관련한 명칭은 다양한 용어로 사용되고 있다. 이들 국가에서는 숲유치원(forest kindergarten, Waldkindergarten), 숲학교(forest school), 숲과 자연학교(forest and nature school) 등의 이름으로 운영되고 있다(Forest School Canada, 2014; Knight, 2013a; Robertson et al., 2009; Sobel, 2015). 또한 UN에서는 지난 2002년에 지속가능 발전교육(The United Nations Decade of Education for Sustainable

Development: UNDESD, 2005~2014)을 선포했고, 독일, 일본, 미국 등에서도 산림교육은 일반화되어 가고 있는 실정이다(Korea Forest Service, 2014; 엄윤경, 2019 재인용).

이렇듯 실외교육이 중심인 산림교육전문가 양성을 위해 미국, 영국, 캐나다, 독일, 오스트리아, 스위스, 일본에서 다양한 형태의 조직을 활용하여 운영 중에 있다. 국가공인자격에서부터 민간자격에 이르기까지 국가별 형태와 운영방법이 다르다. 국가별 숲해설가와 유사한 제도운영 방식을 살펴보면 다음과 같다.

미국은 국가해설가협회(National Association for Interpretation) 주관으로 자격제도를 운영하고 있으며, 환경청에서는 숲해설을 포함한 환경교육 프로그램을 개발하고 있다(Ko et al., 2011). 국가해설협회(The National Association for Interpretation: NAI)가 중심이 되어 운영되고 있다. NAI는 해설(공원, 동물원, 자연학습원, 역사유적, 박물관, 수족관 등의 현장체험 사회교육 프로그램)의 전문성을 향상시키는 것을 목표로 설립되었다. NAI는 2개의 조직[자연해설가협회, the Association of Interpretive Naturalists(AIN)와 서부해설가협회, the Western Interpreters' Association(WIA)]이 하나로 합쳐진 것이다. AIN은 1954년 설립, WIA는 1965년에 설립되어 각각 운영되다가 1988년에 국가해설가협회로 통합된 것이다. NAI 회원의 약 30%는 연방정부에 고용, 25%는 주정부, 또 다른 25%는 지방정부, 나머지는 사설 영리・비영리기구에서 일하고 있다. NAI에서 제공하는 자격증 프로그램은 전통문화해설가(Certified Heritage Interpreter), 해설안내자(Certified Interpretive Guide), 해설관리자(Certified Interpretive Manager), 해설계획가(Certified Interpretive Planner), 해설양성가(Certified Interpretive Trainer)로 다섯 가지가 있다(이양주, 2008).

미국의 국가해설 자격증은 역할과 대상에 따라 세분하여 운영하고 있다. 국가해설협회에 소속된 회원의 80%가 행정기관에서 고용하여 운영되고 있고, 나머지 20%만이 민간단체에서 활동하고 있다. 미국은 국가해설협회를 통해 해설가 자격증 제도 및 양성과정을 통합하여 학습의 표준화를 추진하였다. 또한 대학교와의 파트너십을 통해 해설가 자원을 확보하며, 자격증 양성과정의 프로그램 구체화를 지향하고 있는 등 체계적인 시스템을 구비하고 있다.

영국은 2012년 조직된 숲학교협회(Forest School Association: FSA)가 영국 전역을

대표하는 중심기관으로써 숲학교 전문가 양성 및 숲학교 운영지원체계에 핵심적인 역할을 담당하고 있다(FSA, 2012). 양성된 숲지도사들이 각급 학교와 기관에서 숲학교 프로그램을 운영하며 영국 전역에 숲학교 교육을 활성화시키는 데 원동력이 되고 있다(Shin, 2015). 1995년 영국에서는 숲교육을 하기 위해 덴마크의 교육을 토대로 숲학교를 운영하기 시작한 것으로 알려졌다. 이를 위해 숲교육 관련 자격제도를 1단계 입문 단계, 2단계 보조 단계, 3단계 리더 단계로 구분하고 있다. 레벨 3단계를 획득하기 위한 자격이 엄격하다. 70시간의 강의와 6회의 숲학교 프로그램의 기획과 운영을 포함하여 총 110시간의 활동을 마쳐야만 취득할 수 있다.

캐나다에서는 숲유치원, 숲학교라는 명칭 대신에 숲과 자연학교(Forest and Nature School)라는 명칭을 채택하여 사용하고 있으며, 숲학교 프로그램을 운영하는 숲지도사는 교사자격증을 가지고 숲교육을 훈련받은 전문교사이며, 일주일에 1회, 10회를 운영하고 있다(Shin et al., 2015).

독일의 경우는 블랑겐슈타인(Blankenstein) 시의 접경지역인 잘레탈(Saaletal)이란 지역에 168km에 이르는 렌스타이크(Rennsteig) 트래킹 코스 및 방문객센터가 있으며, '페르데반엑스프레스(Pferdebahnexpress)'라 불리는 예전의 철로를 활용한 소규모 철로안내관광코스와 지역의 역사문화관광코스가 운영되고 있다. 이곳에는 국립공원에서 인증을 받은 전문해설사가 자원봉사로 참여하여 지역의 문화와 역사에 대해 설명하고 있다(이양주, 2008).

독일과 오스트리아는 국가가 주관하는 산림교육전문가 인증제를 실시하고 있는데, 배경과 발전 역사 및 인증시스템, 교육내용이 양국이 유사하다. 전국 모든 주의 국유림관리소, 공공기관, 산림교육기관이 양성기관으로서 연방산림교육전문가 인증과정을 시행하고 있으며, 주산림관리부(Landesforstverwaltungen)가 주관하고 있다. 평균 1년 6개월에서 2년의 시간이 소요되는 과정 수료와 평가 후 연방정부가 인증하는 국립산림교육전문가로 인증받게 되며, 주에 상관없이 어디에서나 자격을 인정받게 된다. 스위스의 경우 숲체험 교육을 활성화하고, 산림공무원, 교사, 전문가들이 참여하는 산림학교를 운영하고 있다(Korea Forest Service, 2014; 엄윤경, 2019 재인용).

일본의 자격증 제도는 관리 주체가 누구냐에 따라 국가자격, 공적자격, 민간자격 등 세 가지 유형으로 구분하고 있다. 국가자격은 국가가 일정한 기준에 따라 개인이 소유한 지식이나 기술을 검정하는 자격이며, 주로 국가의 안전, 국민의 생명, 사회 질서를 유지하기 위한 면허적 성격을 갖는 자격이다. 공적자격은 민간이 해당 관청의 인정을 받아 운영하는 국가자격과 민간자격의 중간 형태의 자격이며, 주로 해당 관청의 고시를 통해 인정된다. 민간자격은 민간이 스스로 교육훈련을 실시하고 그 성과를 평가한 후에 발급하는 자격이다. 전국적으로 표준화된 환경교육 관련 자격은 없지만, 민간 비영리단체들을 중심으로 한 지도자 양성 강좌가 중심이 되어 사회환경교육 지도자를 양성하고 있다(송영은, 2004).

일본은 숲해설을 위한 수준별 지도자를 양성하기 위한 자연체험활동 추진협의회(CONE)가 있다(Ko et al., 2011). 숲교육 지도자와 관련하여 수목환경네트워크협회가 주관하는 그린 세이버(Green Saver), 전국산림레크리에이션협회가 주관하는 산림인스트럭터(안내자) 등의 두 개 민간자격증이 도입되어 운영되고 있다.

산림인스트럭터(안내자) 자격은 공적과 민간자격으로 도시주민 등의 일반 산림이용자에게 산림과 임업 지식을 전달하고, 산림 안내와 산림 안에서의 야외활동을 지도하는 산림인스트럭터를 육성하여 산림의 종합적 이용을 추진함과 동시에 산촌과 임업을 활성화시키는 것을 목적으로 하고 있다. 산림인스트럭터는 산림을 이용하는 일반인에게 산림과 임업 지식을 전하고 산림 안내와 산림 안에서의 야외활동을 지도하는 사람이다.

그린세이버 자격제도는 공적과 민간자격으로 수목환경네트워크협회(SHU)가 1990년부터 시작하여 주관하는 민간자격제도인 Green-Saver 자격제도다. 식물이나 자연환경 및 생태계에 관한 올바른 지식을 펼치기 위하여 Green-Saver 검정을 실시하고 있다(이양주, 2008).

현재 우리나라에서도 산림의 공익적 기능을 향상시키기 위해 다양한 방면에서 산림서비스를 확대하고 있다. 산림청은 2005년 「산림문화·휴양에 관한 법률」의 제정으로 숲해설가 양성 및 활용에 대한 법적인 근거를 마련하였고, 2011년에는 「산림교육의 활성화에 관한 법률」을 통해 숲해설가 등 산림교육전문가 자격제도를 도입하였다. 우리나라는 산림자원을 활용한 산림교육전문가 자격제도를 실시하고 있으며, 미국, 영국, 독일, 캐나다, 스위스, 일본도 국가에서 숲해설가 제도 또는 이와 유사한 제도를 운영하고 있다.

[표 10-2] 국가별 산림교육전문가 자격제도 운영 현황

국가	주관(양성)기관	자격증	숲해설(환경교육 포함)
미국	• 국가해설가협회(NAI), 1988년	• 전통문화해설가 • 해설안내자 • 해설관리자 • 해설계획가 • 해설양성가	• 환경청 • 자연해설가협회(1954년) • 서부해설가협회(1965년)
영국	• 숲학교협회(FSA), 2012년	• 숲지도사	• 학교 및 기관
캐나다		• 숲지도사(교사자격증)	• 숲과 자연학교
독일	• 국유림관리소 • 공공기관 • 산림교육기관	• 국립산림교육전문가 • 산림교육전문가 인증제	• 철로안내관광코스 • 역사문화관광코스
오스트리아	• 주산림과학부 주관 • 국유림관리소 • 공공기관 • 산림교육기관	• 국립산림교육전문가 • 산림교육전문가인증제	• 양성과정 18개월~2년
스위스	• 산림학교		• 산림공무원, 교사, 전문가 참여
일본	• 국가자격, 공적자격, 민간 자격으로 구분 • 민간자격증 2개	• 그린세이버(수목환경네트워크협회) • 산림인스트럭터(전국산림레크레이션협회)	• 자연체험활동추진협의회(CONE)
대한민국	• 산림청	• 산림교육전문가(숲해설가, 유아숲지도사, 숲길등산지도사)	• 수목원, 도시공원 등

숲해설가는 2020년 말 14,083명이 배출되었다. 전국 국립자연휴양림과 공·사립자연휴양림, 국·공립수목원, 지방자치단체 휴양림 등 숲을 찾는 국민들을 숲으로 안내하고 숲을 좀 더 폭넓게 이해시키는 등 다양하게 활동하고 있다.

숲해설가는 숲을 이용하는 사람들에게 숲의 형태, 구성 상태, 구성원 간의 관계 등 자연적인 요소와 인간의 삶과 관련된 것, 역사적인 사항 등 문화적인 요소를 망라한 내용을 소개함으로써 이용자로 하여금 숲에 대한 전반적인 이해를 증진시키고, 숲과 자연에 흥미를 가질 수 있도록 유도하고 정보를 제공하는 사람을 말한다(산림임업사전, 2018).

숲해설가에 대한 선행연구는 숲해설가의 직무교육에 대한 직무만족도 또는 교육프로그램 개발, 교육과정 인식조사, 학습사례, 유아숲 체험활동 등 현장에서 활동하고

있는 숲해설가를 대상으로 설문 또는 심층인터뷰(focus group interview: FGI)를 통해 도출한 연구가 대부분이다. 그 중에서도 현장에서 수요가 가장 많은 유치원 및 어린이집을 대상으로 한 아동대상 숲해설가 활동이 많다. 그러나 어린이를 대상으로 하는 숲해설은 숲체험과 숲놀이를 중시하는 유아교육의 특성상 숲해설가보다는 유아숲지도사를 선호하고 있다.

숲해설가 직무교육 프로그램 만족도에 대한 연구는 다음과 같다. 고대현 외(2011)는 국·공립 휴양림 및 수목원 등에 근무하는 숲해설가 중 50대 이상이 전체의 60.6%를 차지하고 있고, 활동지역은 인구 분포보다는 휴양림, 수목원의 시설위치에 따른 분포를 보였다. 숲해설가 직무교육에 대한 만족도는 5점 만점에 3.01로 현장성 있는 교육과 실전경험 사례를 선호하는 것으로 나타났다.

최일선 외(2014)는 IPA 기법을 활용한 숲해설가 직무교육프로그램에 대한 중요도와 성취도 차이분석에서 우선순위를 비교한 결과, 숲해설가들이 직무교육 프로그램에서 가장 중요하게 생각하는 것은 해설가로서의 자신감(4.33)이었다. 다음으로, 숲의 가치를 깨달음(4.30), 적극적 교육 참여(4.30), 해설가의 임무 이해(4.22) 등의 순이었다. 반면에, 직무교육프로그램에 참여한 이후 성취도에 대한 우선순위 분석결과 숲해설가들은 적극적 교육 참여(4.33)가 가장 높게 성취를 나타냈다. 교육내용 청취 시의 집중력(4.23), 해설가의 임무 이해(4.06), 해설가의 자질 이해(4.04) 등의 순으로 나타났다. 이에 숲해설가 직무교육 프로그램의 다양한 교과목에 대한 개발이 필요하며, 다양한 심화학습교육을 통하여 숲해설가 직무교육 프로그램의 만족도를 높일 수 있을 것으로 보았다.

황주영 외(2015)는 IPA 기법을 통한 18개 식물해설 유형에 대한 숲해설가와 전문가 집단 간 비교를 통해 숲해설가의 경우 식물소개를 할 때 '식물의 생장과 번식', '계절 변화'에 관련해서, 즉 개화, 열매 성숙 등 이용하여 계절별 변하는 모습을 설명하거나, 식물의 생육환경, 곤충, 바람에 의한 번식방법 대해서 해설을 진행했다. 반면, 전문가의 경우 식물종에 대한 구체적인 연구 내용과 관련 있는 특정 지역의 식물종 혹은 보전해야 할 희귀·특산식물, 식물분류학적 구분하는 내용 등 해설중요도와 성취도가 높게 나타났다.

손지원 외(2014)의 연구에서 숲해설가 직무동기의 일반적 특성을 살펴보면 전체 직무동기 평균은 3.95로 나타났고, 조직몰입도는 평균 4.06으로 나타났고, 요인분석 결과 '관계 지향적 몰입'과 '목표 지향적 몰입'으로 구분되었다. 전체 조직몰입은 50~60대에서 높았고, '관계 지향적 몰입' 요인의 경우는 40~60대에서 높았다. 또한 국립수목원에 소속된 숲해설가가 자연휴양림이나 지방자치단체의 수목원에 소속된 해설가의 몰입도보다 더 높은 것으로 나타났다.

전부기 외(2014)는 대구・경북지역에서 활동 중인 숲해설가 40명을 대상으로 조사한 직무만족도는 5점 중 평균 3.86으로 나타났다. 자기계발 항목에서 가장 높은 직무만족도를 나타냈고, 직무에 참여한 동기가 직무수행 만족도에 중요한 영향을 미치는 것으로 나타났다.

어린이들에게 왜 숲해설가에 의한 숲놀이 등 숲체험이 필요한지에 대한 연구도 있다. 권태원(2009)은 인터넷 게임을 할 때 우리 뇌는 옳고 그름을 판단하고 충동을 억

[표 10-3] 숲해설가 관련 선행연구 비교

연구 분야	연구자	주요 내용
직무교육 프로그램	고대현 외(2011)	50대 이상 숲해설가, 현장교육과 실전경험 선호
	최일선 외(2014)	IPA 기법조사, 해설가로서의 자신감, 교육 참여의 적극성 높음
	황주영 외(2015)	IPA 기법조사, 숲해설가와 전문가집단 간 비교, 해설 중심과 연구 중심의 만족도
직무만족도	손지원 외(2014)	조직몰입은 50~60대, 관계 지향적 몰입은 40~60대 높음, 국립수목원 소속 높음
	전부기 외(2014)	자기계발 직무만족 높고, 직무참여동기가 직무만족도에 영향을 미침
숲놀이 및 숲체험	권태원(2009)	만 5세 이전의 전두엽 활성화를 위해 숲을 통한 치유 및 해설놀이 제안
	엄윤경(2017)	숲해설가는 유아들의 교육적, 비교육적 방안을 해결하는 중요한 역할
	엄윤경(2019)	위험요소가 많은 숲환경을 고려한 유아 숲체험 프로그램 개발 및 보급 주장
숲해설가 현실구조	하시연 외(2007)	사회적 지위 향상 및 유지, 취업 및 인정 등 자격증 취득요인 작용
	이주희 외(2009)	숲해설가의 효율적 활용과 활성화 부족, 숲해설가 활동 14%, 자원봉사 77%
	조규성(2012)	숲해설의 인적자원, 숲해설가 다양한 관심과 실천 필요성 제기
	박건재(2019)	숲해설가 해설 이외 사람으로서의 도리까지 포함한 살아있는 참교육 역설

제하는 기능은 거의 마비 상태가 된다고 보았다. 유아기부터 과도한 주입식 교육을 받은 아이도 전두엽 발달을 방해받고 생각하는 기회가 없어 창의력이 저해될 뿐만 아니라 충동 제어에 문제가 생길 수 있다. 이에 놀이와 운동, 독서 등을 통해 균형 잡힌 두뇌 자극이 필요하고, 특히 뇌 발달이 빠르게 이루어지는 만 5세 이전에 전두엽을 활성화시켜야 한다고 주장한다. 학습 능력은 물론 언어 능력, 상황판단 능력, 사회성 등이 고루 발달한다며 숲을 통한 치유 및 해설 놀이를 제안했다.

엄윤경(2017)은 숲해설가에게 들어보는 아이들과 함께하는 숲놀이 연구에서 숲 체험 활동 진행자인 숲해설가의 역할은 단순히 숲을 안내하는 안내자의 역할뿐 아니라, 유아들의 교육적·비교육적 방안을 해결해 줄 수 있는 중요한 역할을 하고 있다고 했다. 또한 엄윤경은 2019년 연구에서는 유아 대상 숲체험 활동 프로그램의 수집 경로는 주로 소속 단체에서 서로 공유를 통해 수집하며, 유아에게 적용할 숲체험 프로그램이 다양하지 않은 것으로 나타나 유아 대상 숲체험 프로그램 개발 및 보급이 시급함을 알 수 있었다. 또한 나무의 가시나 독성이 있는 열매, 독버섯, 벌과 같은 위험한 곤충들과 바위 등의 곳곳에 위험요소가 많은 환경 등을 고려하여 유아 숲체험 활동 시 유아의 안전성을 중요한 요소라고 보았다.

숲해설가의 현실을 지적한 연구도 있다. 하시연 외(2007)의 연구에서는 숲에서의 활동이 기존의 등산 중심에서 벗어나 다양한 형태를 띠기 시작하면서, 숲에서의 자연체험을 중심으로 하는 해설 프로그램의 중요성이 강조되었다. 숲해설가 양성 교육과정 참여동기 중 사회적 지위향상 요인은 사회생활의 경쟁에서 뒤지고 싶지 않아서, 숲해설가 수료증 또는 자격증을 취득하고 싶어서, 동료와의 경쟁에서 뒤떨어지지 않으려고, 사회적 지위를 향상하거나 유지시키기 위해 취직하는 데 필요하므로, 주위 사람들로부터 인정받고 싶어서 등으로 나타났다.

이주희 외(2009)는 인증된 교육기관을 통한 숲해설가 교육과정의 활발한 사회적 움직임에도 불구하고 인증 교육기관의 지역적 편재, 인증 교육과정을 수료한 숲해설가의 효율적 활용과 활성화 부족, 숲해설가 교육과정별 교육시수 및 다양한 교육프로그램의 부족 등의 문제점이 있다고 보았다. 숲해설가 교육과정을 수료한 이후 실제 현장에서 숲해설의 실시 빈도의 경우 1~3회가 38.1%로 가장 높게 나타났으며, 50회 이상 숲해설을 실시하여 상대적으로 활발하게 숲해설가로 활동하고 있는 사람은 14%

정도로 비교적 낮게 나타났다. 이는 곧 숲해설 교육과정을 이수한 사람이 실제 현장에서 활용되는 빈도가 낮음을 의미한다. 반면, 숲해설가로서 자원봉사자로 참여할 의향이 있냐는 질문에 '참여할 의사가 있다' 약 77%로 높게 나타났다. 이렇게 숲해설가를 취득한 사람은 자원봉사자로서의 활동이라도 할 의욕이 많음을 알 수 있다.

조규성(2012)은 숲해설가로 산다는 것의 의미에 관한 연구에서 숲해설가 제도가 더욱 성숙해지고 발전하기 위해서는 숲해설의 인적자원, 즉 숲해설가에 관심을 기울일 필요가 있다는 인식에서 출발하였다. 교육의 질은 교사가 교육을 대하는 관점과 수준에 따라 영향을 받는다는 점에서 숲해설의 발전을 위해서는 숲해설가와 관련된 다양한 관심과 실천이 뒷받침되어야 한다고 보았다. 박건재(2019)는 숲해설가는 숲에 대한 해설뿐만 아니라, 학생으로서, 사람으로서 살아가며 지켜야 할 도리까지도 일일이 다듬어 주는 모습이 진정 살아있는 참교육이라고 주장했다.

제 3 절 숲해설가 운영 현황

산림청은 숲해설가들의 질적인 수준을 높이기 위해서 '숲해설가 양성 교육과정 인증제'를 법적인 근거에 의해 시행하고 있다(하시연 외, 2007). 산림청이 숲체험에 대한 국민적 관심이 높아짐에 따라 이에 부응하기 위한 일환으로 시행한 것이라 할 수 있다. 1999년부터 숲해설가 자원봉사자를 국립공원 및 자연 휴양림에서 활동할 수 있도록 하였다. 정부는 2006년에 「산림문화 · 휴양에 관한 법률」을 제정하여 숲해설 관련 인증제도를 도입하였다. 2011년에는 「산림교육의 활성화에 관한 법률」을 제정하여 숲해설가를 산림교육전문가로서 본격적으로 양성 · 관리하기 시작했다. 이로써 숲해설가 제도는 법률적 근거를 갖추게 된 것이다.

산림청은 2013년에 '산림휴양 3.0'을 발표하였다. 이는 국가나 공급자 중심에서 수요자 중심으로 변화를 꾀한 것이다. 산림휴양 부분에 있어 국유자연휴양림 정보를 적극 개방 · 공유하고, 맞춤형 산림휴양 서비스를 제공하는 새로운 산림휴양 패러다임을 의미한다. 또한 2014년에는 전국 156개소의 국 · 공사 휴양림을 조성하여 국민들에게 휴식과 휴양을 할 수 있도록 공간을 제공하고 있다.

숲해설가를 양성하는 과정들이 1999년 국민대학교 사회교육원에서 시작된 이래로 매년 증가하고 있다. 산림청의 조사에 따르면 2007년 기준으로 양성과정이 전국에 126개 단체에서 숲해설가를 양성하고 있었다. 2000년대 초 숲해설가 교육이 민간단체 중심으로 활성화를 이루었다고 해도 과언이 아닐 정도로 많았다고 할 수 있다. 당시의 양성교육과정은 천차만별이었다는 평가를 받았다. 단체에 따라서는 3일 교육에서 길게는 1년의 과정으로 진행된 상태에서 숲해설가가 쏟아져 나온 것이다. 숲해설가 자격에 대한 논란이 일어날 수밖에 없는 환경이었다. 일정 수준 이상의 교육을 통한 자격이 필요하다는 요구가 봇물처럼 터져 나왔다. 이에 산림청이 2008년 숲해설가 초급교육과정을 개설하였다. 2011년 「산림교육의 활성화에 관한 법률」을 계기로 산림청이 주관하는 양성기관을 지정하였다. 2007년 기준 126개까지 설립된 숲해설가 양성기관이 2014년 기준 46개까지 감소되었다. 숲해설가 양성기관에 대한 검증 등 평가를 통해 관리한 결과 2021년 기준으로 31개의 양성교육기관이 활동하고 있다.

2021년 기준 숲해설가 양성기관 31개, 유아숲지도사 양성기관 18개, 숲길등산지도사 양성기관 8개 등 총 57개 기관이 운영되고 있다. 그러나 이 중 자격증 2개 이상 양성기관으로 등록되어 있는 곳도 5개소나 된다. 2011년부터 공인 자격증을 교부한 숲해설가는 2013년 말 기준으로 4천 명을 넘었고, 2020년까지 1,200명에서 1,500명 전후로 양성기관을 통해 배출되었다. 10년 사이에 1만 4천여 명의 숲해설가가 쏟아져 나온 것이다.

2020년 말 기준으로 유아숲지도사는 5,656명, 숲길등산지도사(구 숲길체험지도사)는 2,015명으로 3개 산림교육전문가 숫자는 전체 2만여 명을 넘어서고 있다. 숲해설가 자격증을 취득한 사람중 에서 유아숲지도사 자격증을 취득한 경우가 있다. 이 중

[표 10-4] 산림교육전문가 양성기관 지역별 현황

구분	계	서울	부산	대구	광주	대전	인천	울산	세종	강원	경기	충북	충남	전북	전남	경북	경남	제주
A	31	6	2	0	2	2	1	1	0	4	3	3	1	1	0	3	1	1
B	18	3	1	1	1	1	1	0	1	1	2	1	1	2	0	1	1	0
C	8	2	0	1	0	1	0	0	0	1	2	0	0	1	0	0	0	0

출처: A(숲해설가), B(유아숲지도사), C(숲길등산지도사), 한국산림복지진흥원(2021.8.31).

일부는 숲길등산지도사까지 취득한 경우도 있다. 유아숲지도사를 먼저 취득하고 나서 숲해설가 취득을 하는 경우가 많고, 숲해설가를 취득하고 숲길등산지도사를 취득하는 경우도 있다.

이러한 현상은 유아숲지도사 또는 숲해설가 단독 자격증만으로는 현장에서 차별화를 이루지 못하거나 활동할 수 있는 무대를 찾지 못함으로써 나타나는 현상이라 풀이된다. 실제로 숲해설가의 일부 사람들은 산림 및 환경 관련해 많은 자격증을 보유하고 있으나 숲 관련 활동과 연계되지 못하는 경우가 많다.

[표 10-5] 산림교육전문가 양성 인원 현황

연도	숲해설가	유아숲지도사	숲길등산지도사	소계
2013년	4,083	47	436	4,566
2014년	1,334	303	139	1,776
2015년	1,411	586	185	2,182
2016년	1,464	637	167	2,268
2017년	1,246	828	126	2,200
2018년	1,401	1,067	253	2,721
2019년	1,592	1,197	323	3,112
2020년	1,552	991	386	2,929
합계	14,083	5,656	2,015	21,754

출처: 한국산림복지진흥원(2021.8.31).

숲해설가라고 하면, 일반적으로 숲에 온 사람들에게 나무와 곤충에 대해 설명하는 사람이라고 생각하는 경향이 있다. 하지만, 실제 숲해설은 단순한 정보 전달에 그치지 않고 숲에 대해 그 의미를 일깨우기 위해 실시되는 정보 제공이라 할 수 있다(황동국, 2018). 숲해설은 숲에서 이루어지는 교육활동의 한 분야다. 숲에 대한 직접적인 체험이 가능한 여건에서 시행되는 정보의 전달로서, 단순한 정보전달에 그치지 않고 숲에 대해 그 의미를 일깨우기 위해 실시되는 정보 제공의 행위라 할 수 있다. 실제로 스마트폰으로 바로 확인이 가능한 식물정보에 대한 내용보다는 온라인에서 찾을 수 없는 숲에 대한 다양한 이야기를 듣고 싶어한다. 숲해설가를 통한 현장의 나무에 대한 설명에 집중을 하지 않는 일이 많다. 이러한 현상은 초・중・고 학생뿐만 아니라 일반 성인에게서도 나타나고 있다. 따라서 숲해설가의 경우는 다양한 정보를 접하고 숲해설가로서의 개인의 역량 강화를 위해 노력할 수밖에 없는 환경에 처해 있다. 숲에서 만날 수 있는 나무와 꽃 이외 인문학적 소양까지도 갖추어야 할 정도라 할 수 있다.

숲해설은 숲을 찾아오는 탐방객들에 대한 교육적 활동이고, 숲에 대한 인식을 높여 주는 활동이며, 숲을 이용하는 사람들에게 새로운 이해와 통찰력, 열의, 흥미를 불러일으키는 활동인 동시에, 환경 보존에 대한 필요성을 일깨워 주는 기술이다. 숲해설가는 숲과 관련된 환경생태적 · 문화적인 지식을 갖춘 자로서 해설 대상자에게 다양한 방법으로 숲해설을 계획 · 수행 및 평가할 수 있는 전문가이다(이양주 외, 2008). 이처럼 숲해설은 숲이 지니고 있는 다양한 존재를 설명할 수 있다. 꽃과 나무는 물론 조류와 곤충에 이르기까지 다양한 동식물의 생태를 보여줄 수 있다. 피톤치드의 유용성 등 숲이 가지고 있는 여러 기능과 혜택 등을 알기 쉽게 설명하는 과정이다. 이러한 설명을 통해 방문자가 숲을 이해하고 느낄 수 있도록 도와주는 프로그램 실행의 일환이다. 숲에 대한 교육과 해설에는 차이가 있다. 숲교육은 숲환경에 대한 지식 위주의 전달체계라면 숲해설은 상호 수평 관계의 의사소통 중심의 학습과정이라 할 수 있다.

[표 10-6] 숲교육과 숲해설 개념의 차이

구분	숲교육	숲해설
전달 목표	• 숲환경에 대한 관심 태도 고취 • 숲환경 문제의 해결 기술 제공 • 숲환경에 대한 참여 유도	• 대상지의 적절한 이용 도모 • 관리 주체의 이해 증진 • 참여자의 경험 만족 제공
정보 전달체계	• 공식적 학습과정 • 정형화된 교과과정에 기초 • 일정 대상자 연속과정 가능 • 지식 전달 강조	• 비공식적 학습과정 • 정형화된 교과과정 없음 • 대상자에 대한 1회성 전달과정 • 자극, 메시지 전달 강조
흥미와 즐거움	• 학습 효과의 수단 요소	• 커뮤니케이션의 목적 요소
대상자	• 일정 의무적 참여자	• 자율적 참여자
참여자와 강사 관계	• 수직 관계	• 수평 관계

출처: 송형섭(2000: 20-21).

제 4 절 숲해설가 환경의 현실구조

2012년 UN은 숲이 생태계에 미치는 중요성을 알리기 위해 3월 21일을 '세계 숲의 날'로 지정했다. 민간 자격증으로 1999년부터 시작된 숲해설가 배출된지 20년이 지났다. 2011년 법률 제정 이후에 산림청이 진행한 숲해설가 교육은 숲해설가 등 산림교육전문가라는 제도를 통해서 이루어지고 있다. 이처럼 휴양림, 수목원, 국립공원 등지에서 일하면서 양적인 팽창이 이루어졌지만, 숲해설가에 대한 인식과 처우는 좋다고 할 수 없다.

숲해설가의 해설 및 교육 업무 이외에도 행정업무, 기타 업무까지 과중한 업무부담이 존재하고, 교육준비업무 기간이 길다는 문제점도 지적되고 있었다(이기원, 2011). 또한 숲해설가는 기부와 봉사로서의 의미가 강하기 때문에 취업과 수입이 열악하고, 숲해설가의 수가 과도하게 증가하여 경쟁이 심화되고 있으며, 그에 따른 전문성 요구가 증가하면서 힘든 직업이라는 인식이 강해지고 있다(최수경, 2015). 숲해설가들이 활동할 수 있는 공간을 확보하는 것은 정책적으로 중요한 사안이다. 산림교육의 활성화와 숲해설가의 역량 및 전문성 강화를 통해 일자리를 확대하고 자원봉사 활동을 통한 사회공헌과 삶의 보람을 고취할 수 있도록 산림청에서는 숲해설가 자원봉사 운영 사업을 시작하였다(Korea Forest Service, 2014). 숲해설가들은 국민의 건강과 휴양을 위해 자신들의 전문성과 재능을 기부하며 본인들의 삶의 질을 높이는 데 보람을 느끼는 현장이 안타깝게도 일자리 경쟁의 현장이 되어야 하는 것에 대해 피로감과 사기가 저하되고 있다. 따라서 숲해설가로서 정체성을 유지하며 활동할 수 있도록 대책이 필요하다고 하겠다(박석희 · 장인영, 2016).

외견상 보여지는 숲해설가 모습 뒤에는 현실적 어려움이 상존하고 있다. 산림교육 분야의 구조적인 문제와 제도적 한계가 발목을 잡고 있는 형국이다. 제도적 문제 이외에도 학교 등 현장에서 보이는 관심도에 따라 희비가 엇갈리는 상황이다. 즉, 학교에서의 교사가 숲 자원에 대한 관심과 이해 여부에 따라 달라지는 교육빈도 수가 달라진다. 또한 실외수업 중심으로 실내수업 소재의 한계를 안고 있다. 환경단체의 경우 교육비를 지원받아 활동하는 반면, 숲해설가의 경우는 유아숲지도사, 숲길등산지도사 등 유사 제도의 도입으로 일자리 확보에 어려움이 있다. 인터넷 발달에 따른 정보취득이 용이함에 따라 국민 누구나 숲공부의 원활함이 숲해설가의 존재감을 상실시키는 요인으로 작용한다고 할 수 있다.

동물은 물론 식물의 권익을 위해 산림자원 보호를 외치는 시민과 개발이익을 추구하는 기득권층과의 장벽 사이에 고민하는 경우도 많다. 숲해설가 자격증 취득과 달리 기존 숲해설 경력자와의 관계 설정도 애매하게 작용하는 경우가 빈번하게 발생한다. 선배와 후배와의 자리다툼 등 신구 숲해설가들의 보이지 않는 갈등도 존재한다. 현장에서의 문제점도 다양하게 나타나고 있다. 강의형식과 방법에 치중하는 인증교육방식, 전문 숲해설가로서의 성장하고픈 그룹과 단순 노후여가를 목적으로 하려는 그룹 간의 인식 차이가 분명하다. 강의경험자와 그렇지 못한 숲해설가의 역량 차이는 물론 유사해설가제도 도입에 따른 자리보전 등 내부갈등이 많아졌다. 또한 현장 수업에 준비되지 않은 숲해설가, 설명식 실내수업의 한계, 아동과 어린이 상대의 유아숲교육에 대한 부담, 자원봉사와 강사비 사이의 갈등, 고정된 수입보장이 어려운 현실, 경력과 능력 인정받기 어려운 구조, 상대적으로 일이 있는 유치원 숲해설 대비 성인 중심의 교육기회가 적어 나타나는 공허함, 프리랜서로서의 활동으로 소속감 결여 등 다양한 문제점이 숲해설가의 성장에 발목을 잡고 있다고 해도 과언이 아니다. 이처럼 숲해설가의 활동할 수 있는 공간과 프로그램이 제한적이다. 숲해설가의 입장에서 우호적인 일자리가 나오게 되면 경쟁적일 수밖에 없는 실정이다. 정부의 재정 지원을 통해 유지되는 일자리 수는 제한적이나 숲해설가는 매년 증가하고 있다. 한정된 수요에 공급과잉 현상이 나타나고 있는 것이다. 사회적 일자리의 일환으로 서서히 자리를 잡아가고 있는 숲해설가 영역이지만 해결해야 할 일이 많다. 예를 들어, 산림서비스도우미사업 등과 같은 행정 중심의 사업에 참여하는 숲해설가와 민간단체에서 활동하는 활동가의 보수 차이가 있다. 산림청 산하기관 또는 각 지방자치단체에 소속되어 있는 숲해설가의 경우는 계약직이란 환경에 처해 있지만 상대적으로 안정적이라 할 수 있다. 민간단체에 소속 또는 프리랜서로 활동하는 숲해설가의 보수 등 처우는 열악하다 할 수 있다. 그럼에도 불구하고 숲해설가 자격증을 취득하고도 활동을 하지 못하는 사람이 많은 상황이다. 숲해설가의 활동무대가 확대되어야 할 시점이다. 숲해설가가 전문직업으로 인식될 정도로 숲에 대한 국민적 관심은 높다. 과거의 기부와 봉사 개념의 활동 중심에서 숲을 통한 탄소중립 실천의 선도적 역할도 기대되고 있다.

제 5 절 탄소중립을 위한 숲해설가 역할

숲해설이 등장하게 된 배경은 환경문제를 해결하기 위한 방안 중의 하나로 환경교육이 대두되기 시작한 것이다. 초기의 환경교육 방식은 공해교육으로 오염현장을 찾아가서 오염의 실태를 살펴보고 이로 인한 경각심을 갖도록 하여 환경 보전을 유도하였다. 하지만, 현재의 환경교육은 오염현장 보여주기식이 아닌 자연의 아름다움을 보여주는 방향으로 전개되고 있다. 숲 생태계를 통해 탄소배출량을 감소시키고, 미세먼지를 줄이고, 도시숲을 통해 온도를 낮춰주는 데이터를 보여준다. 숲해설가의 역할이 단순히 나무와 꽃을 설명하는 수준을 뛰어넘어 숲이 인간에게 유익함을 주는 순기능에 대한 설명이 확대되어야 할 것이다. 열악한 도시환경과 숲 사이에 숲해설가의 적극적인 역할이 필요한 시점이다.

산림청 국립산림과학원 연구에 따르면 숲은 여름 한낮 평균 기온을 3~7℃ 가량 끌어내린다. 습도는 9~23% 상승시켜 여름철 천연 에어컨의 역할을 너끈히 해낸다. 숲은 미세먼지를 줄이는 데에도 탁월하다. 1ha(3,025평)의 숲은 연간 대기오염 물질 168kg을 흡수·흡착한다. 가로수로 많이 식재되는 느티나무 한 그루(엽면적 1,600m^2 기준)는 5~10월 사이 1.8톤의 산소를 방출하고 2.5톤의 이산화탄소를 흡수한다. 회색빛 도심에 신선한 산소를 제공하고 기후변화의 주범인 탄소를 포집하는 탄소저장고의 역할까지 수행하는 것이다(국민일보, 2021.8.31).

산림청에 등록된 국내 수목원·식물원은 2021년 기준 국립 3개소, 공립 30개소, 사립 29개소, 학교 3개소로 총 65개소에 이른다. 산림청에서 조성 중인 국립새만금수목원을 포함하면 향후 지속적으로 증가할 것으로 보인다. 국립세종수목원은 2020년 7월에 설립되어 운영중에 있으며, 국립새만금수목원은 2026년에 설립 예정이다.

이처럼 수목원·식물원 이용객들은 단순한 관람뿐만 아니라 자연으로부터 지식과 경험을 습득하고자 하는 요구가 증가하면서 수목원·식물원을 자연 휴양에 대한 욕구를 충족시킴과 동시에 지식과 경험을 습득할 수 있는 교육적 여가시설로의 기대가 높다(윤도이 외, 2020). 최근에는 편백나무의 다양한 기능이 알려지면서 지방자치단체마다 편백나무 숲을 가꾸는 사례가 증가하기 시작했다. 편백나무는 소나무·잣나무보다 세 배 많은 피톤치드를 내뿜는 것으로 알려졌다. 편백나무의 피톤치드는 항우울, 항스트레스 성분이 많이 포함되어 있다. 이로 인해 편백나무 숲을 찾으면 스트레스 수치가 낮아지고 저항력도 높아진다(광주일보, 2014.7.16). 서울시 은평구 봉산도시자연공원 가운데 산림이 훼손된 곳을 선택해 2014년 1ha로 시작한 편백나무숲은 2019년 12ha까지 확대되었다. 1만 2,400그루까지 심은 뒤 2019년부터 2년 간은 전문가 자문에 따라 초기 생장이 느린 편백 아래 꽃잔디 등 키작은 나무와 풀꽃을 심었다. 2024년이면 서울의 유일한 편백나무숲과 무장애길이 연결된다(내일신문, 2021.9.24).

우리나라는 OECD 국가 중 핀란드(72.9%), 일본(68.5%), 스웨덴(68.7%)에 이어 네 번째로 산림비율이 높은 것으로 나타났다. 이처럼 우리나라 국민은 세계 어느 나라보다 숲 가까이 살고 있다(신윤호, 2014). 국토의 64%가 산으로 이루어진 우리나라의 환경에서 숲은 자연을 대표하는 중요한 자원이다. 삼면이 바다이지만 해양체험 및 갯벌체험을 할 수 있는 기회는 많지 않다. 반면, 도시를 조금만 벗어나면 갈 수 있는 곳이 산이다. 도시숲 조성으로 인해 언제든 원하는 장소에서 숲체험을 할 수 있는 기회가 많아졌다.

서울시의 경우 서울을 감싸고 있는 북한산을 시작으로 도봉산, 용마산, 아차산, 고덕산, 일자산, 대모산, 우면산, 관악산, 안양천, 봉산, 앵봉산에서 다시 북한산까지 157km 둘레길을 조성했다. 총 8개의 코스로 이루어진 '서울둘레길'은 숲길, 마을길, 하천길로 구성되어 있다. 또한 사대문 도심을 중심으로 인왕산, 북악산, 남산, 안산 등을 연결해 성곽길을 걷는 약 19km의 '한양도성길'이 있다. 여기에 홍릉숲, 서울숲, 월드컵공원 하늘공원 등 수많은 공원이 조성되어 있다. 서울 시민의 입장에서는 멀리 가지 않아도 주거지 인근에서도 숲을 체험을 할 수 있는 공간이 많은 것이다. 도시공원뿐만 아니라 서울둘레길이나 한양도성길, 청계천길에서 나무이야기를 풀어내는 숲해설가 영역의 개척도 필요한 시점이다.

기후이상과 스트레스를 풀고자 하는 사람이 많아지면서 숲에 대한 중요성이 강조되고 있다. 숲을 찾는 사람들이 늘어나고 있다. 과거에는 단순히 숲을 찾아 걷는 수준에 만족을 했다면 이제는 숲을 방문하는 것 이상의 경험을 얻고자 하는 열망이 많아졌다. 숲교육 프로그램에 대한 요구가 높아지고 있다. 숲을 찾고 공원을 찾고 그곳에서 보거나 체험할 수 있는 숲과 관련한 경험을 하고자 하는 수요자가 증가하고 있는 것이다. 바로 그곳에서 수요자와 숲을 연결해주고 중개자로써 또는 전문가로서의 활동을 하고 있는 사람이 숲해설가다. 숲에서 교육과 프로그램을 진행하는 숲해설가의 역할이 점점 더 중요해지고 있다.

숲 관련 교육은 학교의 인성교육의 일환으로 확대되고 있다. 유치원의 경우 한국산림복지진흥원에서 진행하는 '유치원 숲교육 직무연수'에 교사들이 참여하고 있다. 유치원에서의 숲교육 지도 능력 향상을 목적으로 교사 등을 대상으로 진행하고 있다. 강의 내용을 보면 유아 산림교육의 필요성, 자연을 놀잇감 만들기, 새와 친구하기, 숲놀이의 이해, 노래로 들려주는 식물 이야기 등 다양하다. 유아를 대상으로 하는 유치원에서는 유아숲지도사를 외부강사로 활용하는 경우가 대부분이나 위처럼 교사의 직무교육을 통해 접근하는 경우도 많다. 어린이를 대상으로 하는 교육은 숲해설가보다는 유아숲지도사의 영역이 더 부합한다고 볼 수 있다. 따라서 숲해설가는 초·중·고 학생들을 대상으로 하는 영역에 출구가 마련되야 한다.

최근에는 각국에서 초·중등 교육프로그램에 숲을 활용하는 사례가 부쩍 늘고 있다. 더불어, 건강과 여가 차원에서 산림 활용을 위한 노력도 함께 하고 있다. 여가시간이 늘어나고 건강에 대한 관심이 증가하면서 숲을 통해 건강을 증진시키고, 숲속에서 여가시간을 즐기려는 사람들이 늘어나고 있다(신윤호, 2014). 숲해설가는 자연에서 숨쉬는 생명을 통해 학생들이 자연의 소중함뿐만 아니라 자신의 생명까지도 소중하게 여기기를 바라고 있었다(황동국, 2018). 최근에 청소년 자살, 학교폭력 등이 사회문제로 대두되기 시작하면서 청소년 문제를 산림교육으로 풀어보고자 하는 시도가 계속되고 있으며, 청소년들에게 산림교육을 했을 시 신체적 면역력 증가, 환경 감수성 증진, 심리 안정, 사회성 발달 등 네 가지 효과가 있다는 연구결과도 보고된 바 있다(Choi et al,, 2014; 윤도이 외, 2020 재인용).

청소년을 위한 산림교육 활성화를 위해서는 국가의 교육제도와 학교현장의 협조가 필수적이다. 하지만, 현실적으로 학교 내 수업을 중심으로 하고 있는 교육현장과 달리 학교 외 실습교육이 중심인 숲교육의 적용에 거리감이 존재한다. 이는 교육부에서 시행하는 자유학기제에서 찾아볼 수 있다. 예를 들어, 중학생의 '자유학기제' 시행에 이어 최근에는 '자유학년제'에 아르기까지 학생의 창의적 체험활동을 위한 교육으로 도입되고 있다. 이런 제도를 활용하여 숲해설가의 활동무대를 확대할 필요가 있다. 2015년 7월 「인성교육진흥법」의 시행으로 자연체험활동 중심의 산림교육 수요가 증가하고 있다. 청소년의 창의성 및 인성 함양을 위한 교육은 의무적이다. 「인성교육진흥법」은 "인간으로서의 존엄과 가치를 보장하고 「교육기본법」에 따른 교육이념을 바탕으로 건전하고 올바른 인성(人性)을 갖춘 국민을 육성하여 국가사회의 발전에 이바지함"을 목적으로 하고 있다.

자유학기제는 2016년부터 전국 중학교에서 시행하였으며 그 효과를 인정받아 2018년에는 그 기간을 더 확대하여 운영할 수 있게 되었고, 2018년 기준 1,500여 개 학교에서 2학기 동안 자유학기제를 운영하는 자유학년제가 운영되고 있다(Kim & Kim, 2018). 자유학기 활동에는 진로탐색, 주제 선택, 예술·체육, 동아리가 있는데(Lee, 2018), 이 활동들을 산림 분야와 연계한다면 많은 중학생이 산림교육의 대상이 될 수 있을 것으로 보인다(윤도이 외, 2020). 국립수목원 교육센터에서는 2018년 상반기 신규 자유학기제 프로그램의 일환으로 국립수목원 전문직업 중 하나인 숲해설가를 주제로 '1일 숲해설가 되어보기' 프로그램을 자유학기제 학생들에게 적용하기도 했다.

최근 사회적 문제가 되고 있는 학교폭력과 관련하여 청소년의 정서 함양이나 인성교육 차원에서 숲해설가 기여의 폭을 확대하는 것도 방안이 될 수 있다. 그러나 숲해설가는 실외수업 중심이라는 이유로 법적 제도가 마련되어 있지 않다는 사유로 학교의 숲교육과 연계되지 못하고 있는 실정이다. 초·중·고의 정식 수업의 일환으로 채택되어 숲해설가의 지속가능성을 보장할 수 있을 것이다. 최소한 방과후 학습의 일환으로 매년 상반기와 하반기로 구분하여 일정 이상 시간을 숲을 통한 인성교육 등을 실시하는 방안이 필요하다. 이러한 관점에서 현행 법적 기반에서 가능한 부분을 살펴보았다.

2021년 전부개정으로 2022년부터 시행된 「환경교육의 활성화 및 지원에 관한 법률(약칭: 환경교육법)」은 "환경교육의 활성화 및 지원에 필요하 사항을 정하여 모든 국민의 환경학습권을 보장하고 기후변화 등 다양한 환경문제를 효과적으로 예방하고 해결할 수 있는 소양과 역량을 갖추게 함으로써 국가와 지역사회의 환경 보전 및 지속가능한 발전에 이바지하게 함을 목적으로 한다"라고 명시한다. 제2조(정의) 제2항에서는 유치원, 초・중・고, 대학, 그리고 한국과학기술원, 광주과학기술원, 대구경북과학기술원・울산과학기술원을 대상으로 설정하고 있고, 제3항에서 학교환경교육을 제외한 환경교육을 '사회환경교육'으로 정하고 있다. 그리고 제3조(다른 법률과의 관계)에서는 환경교육에 관한 다른 법률에 특별한 규정이 있는 경우를 제외하고는 이 법에서 정하는 법에 따라야 한다고 했다.

그런데 「환경교육법」에서는 숲해설가의 교육・활용에 대해서는 학교환경교육 및 사회환경교육을 적용하지 않고 「산림문화・휴양에 관한 법률」을 따르도록 하고 있다. 그러나 「산림문화・휴양에 관한 법률」에는 숲해설가의 내용이 없다. 위 법에서는 산림치유지도사, 산림레포츠지도사 운영과 한국등산・트레킹지원센터의 설치운영에 대해서만 정하고 있을 뿐이다. 「산림문화・휴양에 관한 법률」 제2조 제1항 "산림문화・휴양"이라 함은 산림과 인간의 상호작용으로 형성되는 총체적 생활양식과 산림 안에서 이루어지는 심신의 휴식 및 치유 등을 말한다. 즉, 산림휴양시설에서 진행되는 휴식 및 치유 관련 활동에 대한 내용을 다루고 있다.

다시 말해, 「환경교육법」에서 타법을 준용하라고 이야기하는 숲해설가의 내용은 해당되지 않는다. 숲해설가에 대한 법률 규정은 「산림교육의 활성화에 관한 법률」 제2조 제2항 가호로 정의하고 있다. 따라서 숲해설가 교육은 「환경교육법」에서 말하는 유치원, 초・중・고, 한국과학기술원, 광주과학기술원, 대구경북과학기술원, 울산과학기술원을 대상으로 하는 "학교환경교육"과 학교환경교육을 제외한 "사회환경교육"을 실시할 수 있다는 해석이 가능하다.

최근 환경 관련 시민사회단체는 「환경교육법」 전부 개정을 통해 학교, 사회 전 분야에서 환경교육제도를 활성화하기 위한 방안과 지원책 마련에 나서고 있다. 환경교육 우수학교 지정 및 교원 연수기회 제공, 사회환경교육기관 지정제 도입, 사회환경교육지도사를 환경교육사로 명칭 변경하는 등 자격제도 개선, 환경교육도시 지정제 도입 및 지역환경교육센터 정비에 나서고 있다.

결론적으로 「환경교육법」에서 말하고 있는 숲해설가 교육의 배제 사유로 지목한

「산림문화 · 휴양에 관한 법률」이 적용되지 않음으로 초 · 중 · 고 등 학교 내에서의 숲해설 교육 참여 여부를 확대해 나가야 할 것이다. 「산림교육의 활성화에 관한 법률」에 의한 숲해설가는 물론 유아숲지도사, 숲길등산지도사 등 산림교육전문가 자격을 취득하고 교육현장을 찾지 못하는 2만여 명의 산림교육전문가의 출구를 마련해야 한다. 이에 따른 제도적 방안에 대한 고민과 적극적인 대응이 필요한 시기다. 숲해설가의 전문 직업인으로서의 출구전략은 학교의 인성교육과 숲체험 등 숲교육의 제도화를 통해 가능하다. 그러나 교육부와 학교 현장의 동의와 협력이 필수적이다. 또한 제도가 마련되어도 시행에 따른 예산 마련 등 해결해야 할 일도 많다. 따라서 숲해설가의 시대적 역할을 찾아야 한다. 그 중에 하나가 숲을 이용한 탄소중립의 선도적 역할이라 할 수 있다.

대한민국은 1996년에 경제협력개발기구(OECD)에 가입되었다. 1995년 우리의 PPP (Purchasing-Power-Parity) 기준 1인당 GDP(국내총생산)는 13,422달러에 그쳤다. 2020년 기준으로 43,319달러로 성장, 영국과 프랑스, 이탈리아 수준에 도달하고 있는 상황이다. OECD 경제지표인 고등교육 이수율, R&D 투자, ICT 인프라, 국제학업성취도평가(PISA) 등 대한민국의 미래를 가늠하는 지표는 상당히 높은 수준에 이르고 있다.

반면, 사회적 지표인 노인의 상대적 빈곤율과 기후변화 대응도 등은 하위권 수준에 머무르고 있다. 출산율, 고령화, 노인빈곤율, GDP 대비 복지지출, 건강인식, 자살률, 삶의 만족도, 정부신뢰도, 미래불안, 50대 고립감 등은 최악의 수치를 보이고 있다. 특히, 기후변화에 대한 대응에 있어서 긴밀하지 못하다는 평가를 받고 있다. 전 세계가 탄소중립을 위한 다양한 실천계획에 들어가고 있다.

우리나라도 2050년 탄소제로 시대를 열기 위한 다양한 정책을 수립하고 연도별 목표수치를 제시하였다. 광역지방자치단체의 경우도 자체 탄소중립을 위한 연구를 하거나 실천계획을 발표하고 있는 상황이다.

서울시의 경우 탄소중립을 위한 5대 추진전략을 발표했다. 그린빌딩(저탄소 제로에너지빌딩 전환 추진), 그린모빌리티(보행 친화도시를 넘어 그린모빌리티 선도), 그린숲(녹지 확보를 통한 온실가스 상쇄), 그린에너지(신재생에너지로 전환 가속화), 그린사이클(폐기물 원천 감량 및 직매립 제로화)이다. 그러나 탄소중립 실행전략 단계에서는 다음과 같은 내용의 검토가 필요하다. 그린빌딩의 경우 건물 보유자에 국한된 정책이다. 그린모빌리티는 전기 및 수소자동차로 교체해야 하는데 서민의 입장에서 경제적 부담이 크다. 그린숲 조성은 해당 사용할 공간과 그에 따른 예산 마련이 필수적이다. 그린에너지는 행정 중심의 공공주도라는 한계가 있다. 그린사이클은 시민공감과 시민의 절대적 협조가 필수사항이다.

이 중 시민의 관점(입장)에서 정책공감이 높은 탄소중립 정책은 그린숲(도시숲)이다. 그마저도 정책순응과 성공을 위해서는 거버넌스적 이해와 구조가 필요하다.

기후변화 대응을 위한 도시숲 마련과 공원녹지 조성 등 그린숲 정책 구현을 위한 거버넌스가 필요하다. 서울 도심을 바람길숲, 한강숲, 하천숲, 미세먼지 차단숲, 가로숲으로 조성할 계획으로 3천만 그루 나무심기를 단계별로 진행한다. 행정의 일방적 선언과 시행에 따른 시민은 보이지 않는다. 이러한 탄소중립을 위한 노력에 대한 홍보를 접하기도 어렵다. 시민의 입장에서는 그저 공원하나 생기고 도시숲 하나 조성된 것으로 인식하는 단계에 멈출 수 있다. 시민의 이해와 동의, 참여가 없는 정책 실행은 인프라 조성에 불과하다. 이러한 방법으로 도시숲을 조성한들 탄소중립이 가능할 것인가라는 의문이 든다.

행정 주도로 이루어지는 그린숲 조성이지만 나무심기부터 시민의 참여를 유도하고 이끌어내야 한다. 예를 들어, 시민 1인당 나무 한그루를 배당하여 심는 것에서부터 가꾸고 관리하는 단계까지 맡겨주는 '1인 1나무 관리제' 같은 정책을 고려할 수 있다. 시민의 입장에서 정책과정에 직접 참여하면서 해당 정책에 대한 이해도가 높아지는 것은 지극히 일반적이다. 이 과정을 통해 그린숲이 온실가스 감축에 미치는 영향 등을 학습하게 되는 순기능이 발휘된다. 바로 이 과정에 숲해설가의 전문성을 활용한 숲교육과 안내와 해설이 이뤄지면 실행속도는 빨라질 수 있다. 시민의 시민에 의한 시민을 위한 숲가꾸기에 시민참여가 확대되어야 한다.

이러한 과정 속에 숲과 산림자원을 이용한 사회적 경제기업 등 일자리 창출은 물론 활용방법을 찾지 못하고 있는 숲해설가의 출구 전략에도 도움이 될 수 있다. 도시에서 숲을 통한 탄소중립 실천은 숲해설가의 역할이 중요하다. 나무 1그루와 시민 1인의 인연맺기 등 탄소중립을 위한 현장체험을 확대하는 과정에서의 숲해설가의 전문성과 신뢰는 선행조건이다. 행정과 시민의 연결 구심체로 작용하는 숲해설가를 활용한 그린숲의 실천력에 촉매제 역할을 할 수 있다. 숲해설가가 선도적으로 앞장서고

시민이 직접 참여하고 느끼고 실천하는 구조가 탄소중립 성공의 지름길이라 할 수 있다.

참고문헌

권태원(2009). 숲 해설가의 행복한 삶. 『한국산림휴양복지학회 학술발표회 자료집』, 3-7.

고대현 · 신원섭 · 연평식(2011). 2011년 숲해설가 직무교육에 대한 직무만족도 및 교육요구도 분석. 『한국산림휴양학회 학술발표회 자료집』, 53-54.

박건재(2019). 숲해설가: 얼을 심는 노인들. 『숲과 문화』, 28(4): 67-68.

박석희 · 장인영(2016). 숲해설가의 자원봉사 참여동기와 활동내용이 활동만족도에 미치는 영향. 『한국산림휴양학회지』, 20(1): 57-67.

손지원 · 하시연 · 최일선(2014). 숲해설가의 조직몰입 영향요인에 관한 연구: 직무동기를 중심으로. 『한국임학회지』, 103(4): 655-663.

송형섭(2000). 숲해설가 활동을 하려는 분들게. 『숲과 문화』, 9(4): 20-21.

신윤호(2014). 우리나라 산림분야 자격제도 운영과 전망에 관한 연구. 『실과교육연구』, 20(1): 199-218.

엄윤경(2017). 숲해설가에세 들어보는 아이들과 함께 하는 숲놀이. 『숲과 문화』, 26(2): 48-53.

엄윤경(2019). 숲해설가의 유아 숲체험 활동에 대한 인식 및 요구분석. 『한국산림휴양학회지』, 23(1): 33-42.

윤도이 · 김보경 · 윤미정(2020). 수목원 · 식물원의 자유학기제 프로그램 개발, 적용 및 분석: 국립수목원 '1일 숲해설가 되어보기' 프로그램을 중심으로. 『한국산림휴양학회지』, 24(2): 41-52.

이양주 · 박나영 · 윤은주 · 김인호 · 하시연(2008). 경기도 숲해설가 인증제도 도입방안. 경기개발연구원. 『정책연구』, 1-111.

이주희 · 심규원 · 나혜현(2009). 숲해설가 교육과정 인식조사. 『한국산림휴양학회 학술발표회 자료집』, 28-30.

전부기 · 정흥국 · 장진구 · 이주형(2014). 숲해설가 실태조사를 통한 활성화 방안. 『한국산림휴양학회 학술발표회 자료집』, 40-41.

조규성(2012). 숲해설가로 산다는 것의 의미에 관한 연구: 교육과 복지로서의 삶. 『한국산림휴양학회지』, 16(3): 117-128.

최수경(2015). 숲해설가의 직무 경험에 관한 질적 연구. 『한국산림유양학회지』, 19(3): 27-40.

최일선 · 하시연 · 손지원(2014). IPA 기법을 활용한 숲해설가 직무교육프로그램에 대한 중요도와 성취도 차이분석. 『한국임학회지』, 679-686.

하시연 · 김인호 · 유리화(2006). DACUM 기법을 통한 숲해설가 직무분석. 『한국임학회 하계 학술연구발표회』, 426-427.

하시연 · 유리화 · 윤은용 · 김재준 · 이덕재(2007). 숲해설가의 직무에 대한 해설가와 이론가의 인식에 관한 연구. 『한국산림휴양학회 학술발표회 자료집』, 56-57.

황동국(2018). 숲해설가의 교수경험에 대한 사례연구. 『학습자중심교과교육연구』, 18(9): 689-706.

황주영 · 김성희 · 전부기 · 신성우 · 김희채 · 이해주 · 윤미정(2015). IPA 기법을 통한 식물해설유형에 대한 숲해설가와 전문가 집단 간 비교. 『한국환경교육학회 학술대회 자료집』, 185-190.

국민일보(2021.8.31). 기후변화 시대… 숲에서 답을 찾는 사람들. http://news.kmib.co.kr/article/view.asp?arcid=0016219503&code=61121111&cp=nv

국제신문(2020.5.6). 산행 · 트레킹 인구 2,600만 시대의 등산교육. http://www.kookje.co.kr/news2011/asp/newsbody.asp?key=20200507.22017010777

내일신문(2021.9.24). 10년전 심은 10그루 '치유의 숲'이 되다, 서울 은평구 '봉산 편백나무숲'. http://m.naeil.com/m_news_view.php?id_art=399738

동아일보(2021.3.30). 북한산-계룡산으로… 도심 인근 국립공원 탐방객 급증. https://www.donga.com/news/article/all/20210330/106146071/1

매일경제(2021.5.27). 문 대통령 "다시 태어난다면 숲 해설가로 살고파". https://www.mk.co.kr/news/politics/view/2021/05/512951/

오마이뉴스(2021.9.6). 한국의 툰베리들, 미래세대는 생태환경교육을 요구한다. http://www.ohmynews.com/NWS_Web/View/at_pg.aspx?CNTN_CD=A0002771925&CMPT_CD=P0010&utm_source=naver&utm_medium=newsearch&utm_campaign=naver_news

한국산림복지진흥원(2021). 산림복지전문가 자격관리시스템. https://license.fowi.or.kr/index.do? urlFlag=L

C·H·A·P·T·E·R 11

산림청 탄소중립 정책 홍보전략의 시사점

황태연 · 유정모

제 1 절 서론

2020년대의 가장 큰 화두는 지구온난화이다. 지구온난화로 인한 기후위기는 당면 문제가 되어 인류의 생존을 위협하고 있고, 세계 각국은 지구 온난화의 극복방안을 탄소중립에서 찾고 있다. 우리나라는 2020년 10월 28일에 탄소중립을 선언한 이후 본격적으로 탄소중립과 관련된 정책을 추진하고 있다. 산림청의 '2050 탄소중립 산림부문 추진전략' 역시 이러한 정책의 일환으로 시작되었다. 하지만, 기후변화와 탄소중립을 바라보는 관점, 그리고 문제의 해결방안에 대한 관점의 차이로 다양한 의견의 표출과 충돌이 발생하였다. 산림청의 '2050 탄소중립 산림부문 추진전략' 역시 다양한 이해관계 간의 의견충돌을 경험하였고, 결국은 민관협의체를 통해 합의에 이를 수 있었다. 이 과정에서 이해관계자들은 서로의 의견을 정책에 반영하기 위해 다양한 전략을 사용하였다.

정책에 영향을 미치기 위한 이해관계자들의 전략적 행동에는 의사소통과 설득을 위한 내러티브의 사용이 포함된다. 대중에게 전달되는 다양한 정책 내러티브 중에서 많은 대중이 동조하는 정책 내러티브는 힘을 얻어 정책에 더 큰 영향을 줄 수 있다. 현대 민주주의 사회의 정책결정 과정에서 여론이 갖는 힘은 결정적이다. 그렇다면 어떠한 내러티브가 대중여론에 영향을 줄 수 있는가? 그리고 어떻게 정책에 영향을 미칠 수 있는가? 산림청의 탄소중립 정책과정에서 나타난 의사소통의 패턴은 이에 관한 단서를 제공한다.

이 글에서는 산림청의 탄소중립 산림부문 추진전략이 발표된 이후 언론의 보도경향과 소셜미디어 여론을 분석하여 정책 내러티브가 대중여론에 미치는 영향을 확인하고자 하였다. 이를 위해 정책 내러티브의 의미와 숙의 민주의의에 관한 논의를 바탕으로 텍스트 분석을 수행하였고, 산림청의 탄소중립 정책과정에서 나타난 의사소통의 패턴과 영향을 확인하고자 하였다. 분석은 언론에 보도된 주요 의제 및 키워드를 분류하고, 주요 기사의 논조와 소셜미디어 여론 변화를 분석하는 데 초점을 맞추었다. 결론에서는 분석결과를 바탕으로 정책 홍보전략 수립의 중요성과 정책과정에서 나타날 수 있는 갈등 해결에 숙의 민주주의가 갖는 함의를 제시하였다.

제 2 절 이론적 논의

1. 정책 내러티브

정책의 형성과 변화에 영향을 미치는 요인은 정책학의 오랜 관심 대상이었다. 정책문제와 정치, 정책대안의 결합으로 정책의제의 설정과 정책의 산출이 일어난다는 정책흐름모형(Policy Stream Model), 균형이 깨지면서 나타나는 단절적 변화로 정책의 변화를 설명하고자 하는 단절적 균형 모형(Punctuated Equilibrium Model), 정책하위체제 내에서 옹호연합 간 상호작용을 통해 정책이 결정된다는 옹호연합 모형(Advocacy Coalition Framework)은 정책의 형성, 변화, 결정이 발생하는 과정에 대한 설득력 있는 설명을 제공해왔던 정책학의 오랜 이론들이다. 이처럼 정책의 변동을 설명하기 위해 다양한 요인과 설명이 고려되어 왔으나, 주류 정책학에서 상대적으로 소홀히 다루어져 왔던 정책 내러티브가 최근 새로운 주목을 받고 있다.

내러티브는 잘 꾸며진 이야기를 의미한다. 인간의 의사소통과 정보획득은 주로 이야기를 통해 이루어진다. 때문에 인간이 세계를 이해하고 받아들이는 과정은 곧 이야기에 의해 화자와 청자 간에 사회적 사건이나 행위의 의미가 형성되고 전달되는 과정이라고 볼 수 있다(Fisher, 1984; McComas & Shanahan, 1999). 잘 꾸며진 이야기로서 내러티브의 영향은 인간 생활의 모든 영역에 존재한다. 행정과 정책의 영역도 예외가 아니다. 공공정책을 만들고 집행하는 데 있어서도 내러티브는 큰 영향력을 미치고 있다(Fulton et al., 2005; Polletta, 2006; McBeth et al., 2007).

정책과정은 내러티브에 의해 더 복잡한 양상을 띠기 쉽다. 내러티브를 생산하는 화자는 자신이 선호하는 방향으로 정책을 이끌기 위해 공공의 의견에 영향을 미치고자 한다(Layzer, 2006). 대개 내러티브를 만들고 확산시키는 쪽은 이익집단이나 언론, 정치인이며, 이러한 내러티브를 받아들여 화자의 세계관에 동조하게 되는 쪽은 일반

시민들이 된다. 문제는 잘 꾸며진 이야기가 객관적으로 존재하는 세계를 그대로 반영하지 않는다는 점이다. 스톤(Stone, 1989)은 정책문제의 정의와 의제형성의 과정을 문제의 속성, 원인, 책임, 처방 등에 관한 이야기를 만들어 전달하는 과정으로 보았다. 즉, 정책 내러티브에 의해 정책문제의 특정한 측면은 강조되고 다른 측면들은 축소되어 단순하게 묘사된다는 것이다. 화자는 자신이 선호하는 정책결과의 산출을 위해 객관적 사실보다는 화자의 주관적 신념에 따라 의도적으로 묘사된 정책문제에 관한 이야기를 만들어 전달한다. 무엇이 문제이고, 왜 발생했으며, 누가 어떻게 해결해야 하는가에 관한 잘 꾸며진 이야기에 의해 여론이 형성되며, 정책결정은 이러한 여론에 큰 영향을 받는다. 특정한 정책집단에 의해 일단 이슈가 선점되고 정책 내러티브가 확산되면 객관적 사실과 증거는 큰 힘을 갖지 못한다. 확증편향(confirmation bias)은 이러한 경향을 더욱 부추겨 인식과정을 왜곡하고 합리적인 정책결정을 어렵게 만든다.

2. 숙의 민주주의

정책 내러티브에 의한 정책결정 과정의 왜곡과 비합리성이 이론적 차원에서 논의되는 문제현상이라면, 숙의 민주주의에 의한 정책결정의 노력은 그와 같은 문제현상을 해결하기 위한 실천적 기제로 이해될 수 있다. 흔히 공론화라는 용어를 통해 더 잘 알려져 있는 숙의 민주주의는 대의 민주주의의 위기를 배경으로 등장했다. 특히, 대의 민주주의 하에서 시민들이 느끼는 정치적 소외감, 무관심, 무지, 그리고 효능감 저하가 문제로 지목되었다. 더불어, 풍부한 자금력을 바탕으로 한 이익집단의 활동과 공익에 대한 무관심 등이 대의 민주제의 폐단으로 논의된다(Frey, 2003). 대의 민주주의가 가진 많은 장점들에도 불구하고 대의 민주주의가 과연 시민들의 의사를 제대로 반영하는 것인지, 그리고 민주주의의 본래적 가치에 얼마나 부합하는지에 관한 의문이 제기되었다(권숙도, 2016).

대의 민주주의에서 시민들은 투표를 행사할 때만 의사결정의 주체가 되곤 한다. 이와 더불어 선거에 대한 영향력과 함께, 선거기간 외에도 지속적으로 정치과정에 막대한 영향력을 행사하는 이익집단의 존재는 정책이 누구의 선호를 반영하여 결정되는가라는 의문을 제기하게 만든다. 대의 민주주의와 같은 선호집약적 민주주의는 어떠한 견해가 공적으로 더 정당한가에 관해 이유와 근거를 들어 토론할 기회를 제공하지 않으며 권장하지도 않는다. 시민들의 선호는 고정되어 있는 것으로 간주되기 때문이다. 그러나 타당한 이유와 근거를 바탕으로 자신의 견해와 다른 시민의 견해를 비교할 수 있는 기회를 제공받지 못했다면 숫자가 부족했기 때문에 패배했다고 생각하기 쉽다. 이러한 생각은 민주적 정당성에 대한 의심으로 귀결된다.

우리 사회에서 나타나는 다양한 공론장의 모습은 참여 민주주의와 숙의 민주주의를 바탕으로 한 것이라고 볼 수 있다. 숙의 민주주의는 기본적으로 대의 민주주의에서와 같이 선호의 집합을 통해 의사결정을 정당화하지 않는다(이상명, 2019). 시민들은 자유롭고 평등한 공적 숙의를 통해 민주적 의사결정에 참여할 수 있다. 자유롭고 평등한 참여를 바탕으로 합리적 추론능력을 활용하여 공적 문제에 관해 숙의하고 의사결정을 내리는 것이 숙의 민주주의가 지향하는 정책결정의 모형이다. 숙의 민주주의와 공론장이 뗄 수 없는 개념인 이유가 여기에 있다. 공론화는 숙의를 통해 올바른 공론을 형성하는 과정을 의미한다. 즉, 공론화란 "어떤 사안(이슈)에 대해 여럿이 함께 모여 숙의와 학습을 통해 정제되고 합의된 의견을 형성하는 과정"(김정인, 2018)이다. 공론화의 핵심은 숙의와 학습이다. 사안에 대한 다양한 관점과 그러한 관점들과 관련된 균형잡힌 정보들을 충분히 제공받아 토론에 임함으로써 시민들은 더 합리적인 선택으로 나아가게 된다. 균형잡힌 정보를 충분히 제공받지 못했거나 충분한 숙고의 시간을 제공받지 못한 상태에서 형성된 즉흥적・피상적 선호의 집합은 공론이라고 할 수 없다.

정책 내러티브에 의한 정책과정의 왜곡에 대해 숙의 민주주의는 매우 큰 함의를 갖는다. 사람들은 흔히 이야기의 형식을 갖춘 정보를 더 좋아하고 잘 받아들인다. 그러나 이야기, 즉 내러티브에는 특정한 관점이 반영되어있어 문제의 특정 측면을 강조하거나 다른 측면을 축소하기 때문에, 문제의 정의, 책임, 해결책 등에 대한 특정한 관점에 동조하여 균형감을 잃기 쉽다. 이처럼 내러티브를 통해 형성된 여론 또는 중론은 공론과 거리가 멀다. 공론의 형성은 객관적이고 사실에 입각한, 균형잡힌 정보를 제공받고 다양한 관점에 존재하는 장단점을 따져본 후에야 비로소 가능해진다. 최근 들어 많이 도입되고 있는 숙의적 참여기법 혹은 공론화 기법들은 숙의적 공론형성을 위한 실천적 기법으로서 큰 가치를 지닌다. 정책 내러티브에 의해 복잡하고 심화된 갈등양상을 띠고 있을수록 숙의적 참여기법의 도입은 큰 의의를 갖는다. 그러나 갈등이 심화된 이후에는 숙의의 효과가 잘 나타나지 않을 수 있다. 서로 다른 관점의 존재를 받아들이고, 그 장・단점을 평가하기에 우호적인 조건이 갖추어져 있다고 보기 어렵기 때문이다. 따라서 무엇보다 중요한 것은 갈등의 발생을 조기에 감지하고 숙의적으로 풀어낼 수 있는 역량을 갖추는 것이라고 할 수 있다.

제 3 절　제도적 맥락

이 절에서는 2021년 산림청의 탄소중립 정책과 관련하여 어떠한 사건들이 발생하였는지 언론보도 내용을 통해 확인하였다. 2021년 1월 산림청이 '2050 탄소중립 산림부문 추진전략'을 발표한 이후 정책의 실효성에 대해 다양한 논의가 진행되었다. 그러던 중 5월 산림 벌채와 관련된 기사가 '오마이뉴스'에 기고되었고, 이를 기점으로 부정적인 여론이 폭발적으로 확산되었다. 부정적 여론의 확산으로 산림청은 민관협의체를 구성하여 논의하겠다고 발표하였고, 7월 '산림부문 탄소중립 민관협의회'가 출범하였다. 이후 10월 산림청은 민관협의회의 논의결과를 바탕으로 수정된 '산림부문 탄소중립 전략(안)'을 발표하였다.

산림청의 탄소중립 정책과 관련하여 2021년 동안 발생한 주요 사건은 ① 산림청의 정책발표(1월 20일), ② 언론의 비난과 부정적 여론의 확산(5월 14일), ③ '산림부문 탄소중립 민관협의체' 출범(7월 8일), ④ 민관협의체의 협의결과 발표(10월 27일)로 나눠볼 수 있다. 이 글은 이들 주요 사건을 기준으로 시기를 구분하여 분석을 진행하였다. 1기는 산림청이 '2050 탄소중립 산림부문 추진전략'을 발표한 1월 20일부터 5월 13일까지이고, 2기는 언론('오마이뉴스')에서 벌채 비판 기사를 기고한 5월 14일부터 7월 7일까지이다. 3기의 경우 산림부문 탄소중립 민관협의회가 출범한 7월 8일부터 10월 26일까지이며, 4기는 민관협의회가 '산림부문 탄소중립 전략(안)을 발표한 10월 27일부터 11월 30까지이다. 다음으로, 각 시기별 주요 사건들을 구체적으로 검토한다

([표 11-1] 참조).

[표 11-1] 탄소중립 산림부문 추진전략 관련 주요 사건

일자	사건	주요 행위자
1월 20일	산림청 '2050 탄소중립 산림부문 추진전략' 발표	산림청
1월 23일	과학자들 바이오에너지 반대성명 발표	환경단체
3월 3일	2021년 나무심기 추진계획 발표	산림청
3월 29일	신임 산림청장 취임	산림청
3월 30일	산림생태복원과 신설	산림청
4월 19일	녹색연합 성명서 발표 탄소흡수 산림 기능, 생물다양성과 공존해야 한다.	환경단체
4월 21일	산림바이오매스에너지협회, 산림청 바이오매스 이용을 주제로 국회토론회 개최	산림바이오매스 에너지협회, 산림청
4월 22일	환경단체, 산림청에 탄소중립 계획 재검토 요청	환경단체
4월 29일	산림청 탄소중립 전략 관련 논란 해명	산림청
5월 14일	'오마이뉴스' 벌채 비판 기사 기고	오마이뉴스
5월 17일	최병암 산림청장 언론 브리핑 "경제림벌채는 정상적인 산림경영 활동"	산림청
5월 20일	산림청 탄소흡수 전략 마련을 위한 민관협의체 구성 발표 (4월 환경부 제안, 5월 초 산림청 수락)	환경부, 산림청
5월 26일	임업단체총연합회 성명서 발표	임업인
7월 8일	산림부문 탄소중립 민관협의회 출범	산림청, 임업인, 환경단체, 전문가
8월 23일	한겨레 REDD+ 비판 기사 기고	한겨레
9월 15일	최병암 산림청 언론 브리핑 모두베기 벌채면적 50ha에서 30ha로 축소	산림청
9월 16일	산림청 REDD+ 시범사업 추진 현황 브리핑	산림청
10월 21일	한·일 환경단체 국제 바이오매스 행동의 날 공동 온라인 기자회견	환경단체
10월 27일	산림청 산림부문 탄소중립 전략 수정협의안 발표	산림청
11월 2일	COP26(기후변화당사국총회) 문대통령 북한삼림조성, 세계정상 벌채중단 합의	대통령

1. 1기: 1월 20일~5월 13일

2021년 1월 20일 산림청은 '2050 탄소중립 산림부문 추진전략'을 발표했다. 이는

2050년까지 30억 그루의 나무를 심어 탄소배출을 3,400만 톤으로 줄인다는 내용으로 정부의 탄소중립 정책과 궤를 같이하고 있다. 세부적인 정책 방향으로는 산림의 탄소흡수능력 강화, 신규 산림탄소흡수원 확충, 목재와 산림바이오매스의 이용 활성화, 산림탄소흡수원 보전·복원이 있다. 산림 탄소흡수능력의 강화는 산림의 구조 개선을 통해 이루어진다. 우리나라의 경우 대부분의 산림이 1970~1980년대에 조성되었다. 2018년 기준 국내 산림은 연간 4,560만 톤의 온실가스를 흡수할 수 있으나, 산림의 노령화로 인해 2050년에 들어 흡수량이 1,400만 톤까지 낮아질 것으로 산림청은 예측하고 있다. 따라서 불균형한 산림의 영급(수목의 나이) 개선, 탄소흡수력이 우수한 기후수종 도입 및 개발, 경제림 중심의 산림경영 활성화로 탄소흡수 증진 등을 통해 국내 산림의 탄수흡수능력을 강화하고자 하고 있다. 신규 산림 탄소흡수원 확충은 도시, 도서 및 유휴토지, 그리고 국외에 산림을 조성하여 탄수흡수원을 확보하는 것을 의미하며, 여기에는 REDD+[1]와 황폐화된 북한의 산림 복구가 포함되어 있다. 목재와 산림바이오매스의 이용 활성화는 건축, 가구, 생활소품에 탄소를 흡수한 목재의 활용을 확대하여 탄소의 장기저장을 유도하고자 하는 계획과 산림의 부산물인 산림바이오매스의 공급과 이용을 활성화하여 화석연료를 대체하고자 하는 계획을 포함한다. 마지막으로, 산림 탄소흡수원 보전·복원에는 보호구역의 확대와 정비, 주요 산림생태축 복원, 그리고 산림피해예방이 포함된다. 이와 관련하여 산림청은 3월 3일 2021년도 나무심기 추진계획을 발표하였다. 주요 내용으로 경제림육성단지, 섬, 도로변, 도시 외곽 등 2만여ha에 4800만 그루의 나무를 심는 것과 지구온난화에 따라 식목일을 3월로 앞당기는 계획이 포함되었다. 이처럼 산림청은 다양한 방법을 통해 탄소중립을 달성하겠다고 발표하였으나, 산림의 노령화에 따른 벌채, REDD+ 및 산림바이오매스의 실효성과 관련한 반론들이 제기되었다.

제일 먼저 반론이 제기된 쟁점은 산림바이오매스의 실효성이다. 2월 23일 '한겨레'

1) 해외온실가스감축사업(REDD+)란 "산림전용 및 산림황폐화 방지, 산림보전, 지속가능한 산림경영, 탄소축적 능력 향상 등 개발도상국에서 산림을 통해 온실가스를 감축하는 활동(Reducing Emissions from Deforestation and forest Degradation, and the role of conservation, sustainable management of forests and enhancement of forest carbon stocks in developing countries)"으로 산림청은 인도네시아(13-16), 캄보디아(15-22), 미얀마(16-22), 라오스(18-22)를 사업 대상으로 하였다(산림청 홈페이지).

의 기사에 따르면 국내·외 500여 명의 과학자들이 각국 정상들에게 바이오에너지는 화석연료를 대체할 수 없기 때문에 바이오에너지 생산에 보조금을 지급하면 안 된다는 내용의 성명을 발표했다. 이들은 바이오에너지 발전을 위해 나무를 수확하는 과정에서 숲에 저장된 탄소가 대기 중으로 방출되며, 나무는 화석연료에 비해 효율이 낮기 때문에 더 많은 양의 탄소가 방출되며, 천연림의 파괴로 자연파괴가 발생할 수 있다고 주장한다. 그러나 3월 8일 '동아일보'의 기사는 국립산림과학원과 산림바이오매스에너지협회를 인용하여 산림바이오매스 에너지원인 목재펠릿이 탄소중립에 용이하다는 기사를 냈다. 바이오매스가 논란의 도마에 오르자 산림청은 4월 21일 산림바이오매스에너지협회와 '미이용 산림바이오매스의 활용방안'을 주제로 국회토론회를 개최하였다.

한편, 환경단체들은 노령화된 산림의 탄소흡수량이 감소하기 때문에 벌채한다는 것에 대해 반론을 제기하였다. 녹색연합은 4월 19일 성명서를 통해 산림이 우리에게 제공하는 혜택은 탄소흡수뿐만이 아니며, 많은 야생동물이 산림에 기대어 살고 있으므로 탄소흡수원 확충을 위해 산림을 벌채하는 계획을 전면 재검토해야 한다고 주장했다. 또한 4월 22일 환경운동연합은 기자회견에서 네이처, 국립수목원 등의 연구결과를 인용하여 오래된 산림이 탄소를 더욱 잘 흡수하므로 멀쩡한 나무를 베지 말라며 계획의 전면 재검토를 요청했다. 환경단체의 주장을 요약하면 2050년까지 30억 그루의 나무를 심는다는 산림청의 계획으로 인해 모든 산림에서 30년 이상된 나무가 벌채되고, 이로 인해 생태적으로 가치가 있는 숲이 훼손될 수 있다는 우려를 담고 있다. 이에 산림청은 4월 29일 브리핑을 열어 환경단체와 일부 전문가들의 의견에 대한 입장을 설명하였다. 산림청은 보전가치가 높은 산림은 생물다양성 보전을 위해 최선적으로 보존할 계획이며, 나무를 수확하고 심는 것은 전체 산림의 3분의 1인 경제림을 대상으로 할 계획이라고 발표하였다. 또한 30억 그루의 나무는 도시숲과 산림복원에 1억 그루, 북한 황폐지에 3억 그루, 그리고 나머지 26억 그루는 경제림과 산림피해지에 심을 계획이라고 발표하였다.

1기는 이슈가 형성되는 시기로 볼 수 있다. 산림청의 '2050 탄소중립 산림부문 추진전략'의 발표 이후 환경단체는 바이오매스의 실효성에 대한 의문과 노령화된 산림의 벌채에 대해 반론을 제기하였다. 이에 산림청 등 주요 행위자들은 반론에 대해 자신들의 입장을 바탕으로 재반박하였다. 이처럼 1기에는 행위자들이 서로 간의 의견교환을 통해 산림부문 탄소중립과 관련한 이슈가 점차 의제화되고 확대되어가는 것을 확인할 수 있다.

2. 2기: 5월 14일~7월 7일

4월 29일 환경단체의 우려에 대해 산림청은 보전가치가 높은 산림은 보호하고 경제림을 대상으로 영급개선을 통해 산림의 탄소흡수능력을 강화할 것이라고 발표하였다. 그러나 5월 14일 '오마이뉴스'의 기사, "산림청이 저지른 엄청난 사건, 국민 생명 위험하다"에서 충북 제천과 강원도 홍천에서 모든 나무가 대규모 벌채되어 붉은 흙을 드러낸 산의 모습은 사람들에게 충격을 주기에 충분하였다.

[그림 11-1] 언론에 보도된 벌채현장 사진

출처: 오마이뉴스(2021.5.14).

산림 벌채에 대한 기사가 기고된 이후 최병암 산림청장은 5월 17일 언론브리핑을 통해 해당 지역들에서의 벌채는 탄소중립과 무관한 통상적이고 합법적인 목재 수확이고, 교토의정서 3.3조[2]에 따라 권장되는 산림경영활동이라고 밝혔다. 이어 산림청

2) 교토의정서 3.3조 원문 번역: 1990년 이후에 인간에 의하여 야기된 직접적인 토지 이용 변화와, 조림·재식림 및 벌채 등 임업활동에 의하여 발생된 배출원에 의한 배출과 흡수원에 의한 제거로 인한 온실가스 배출량의 순 변화는, 각 공약기간 동안 저장량의 검증 가능한 변화로 측정되어, 부속서 1의 당사자가 이 조의 공약을 달성하는 데 사용될 수 있다. 이러한 활동과 연관된 배출원에 의한 온실가스 배출량과 흡수원에 의한 제거량은 투명하고 검증 가능한 방식으로 보고되며, 제7조와 제8조에 따라 검토된다(환경부, 2000).

은 5월 20일 탄소중립 산림부문 추진전략을 구체화하기 위해 핵심 이해관계자와 전문가로 구성된 민관협의체를 운영하기로 했다고 발표하였다. 해당 협의체는 환경부가 4월 제안하였고, 산림청이 5월 초에 수락하였다(중앙일보, 2021.5.20). 이렇게 출범한 '산림부문 탄소중립 민관 협의회'는 7월 8일 첫 회의를 진행하였다.

2기는 이슈가 확산되는 시기로 볼 수 있다. 1기에서 생성되었던 이슈가 '오마이뉴스'의 기사 보도라는 사건을 통해 폭발적으로 확산되었다. 해당 기사가 등장한 이후 관련 후속 기사들이 우후죽순으로 보도되었다. 이에 산림청은 언론 브리핑을 통해 해명을 시도하였으나, 이미 확산된 이슈를 잠재우기에는 역부족이었다. 산림청의 언론 브리핑 이후에도 산림 벌채와 관련한 논란은 지속적으로 이어졌다. 대표적인 사례는 'KBS 시사저격' 유튜브 채널에 6월 25일 업로드된 "벌거숭이산의 진실, 우리만 몰랐다"라는 영상[3])으로 해당 영상은 5,778개의 댓글이 달려 있다. 결국 확산되어 가는 반대의견을 수렴하기 위해 산림청은 민관협의체를 구성하였다.

3. 3기: 7월 8일~10월 26일

'산림부문 탄소중립 민관협의회'가 출범한 이후 이전처럼 폭발적으로 확산되는 이슈는 등장하지 않았다. 다만, 8월 23일 기고된 '한겨레'의 기사는 캄보디아에서 REDD+가 진행 중이지만 실제 환경단체의 조사결과 오히려 산림파괴가 나타났다고 발표하였다. 이에 산림청은 9월 16일 한・캄보디아 REDD+ 시범사업 추진 현황 브리핑을 열어 사업지 일부(1.68%)가 훼손되기는 하였지만 캄보디아 연간 평균 산림 훼손율인 2.38%와 비교해 볼 때, 약 30%가 개선되었다고 발표하였다.

한편, 9월 15일 산림청은 산림부문 탄소중립 민관협의회와는 별개로 매년 진행되던 모두베기(일정 범위 내의 나무를 일괄적으로 베는 것)의 면적을 기존 50ha에서 30ha로 줄이기로 했다고 발표하였다.

3기는 이슈가 점차 감소하는 시기로 볼 수 있다. 2기에서 산림 벌채문제로 인해 발생한 다양한 논란이 산림부문 탄소중립 민관협의회가 출범한 이후 특정 이슈를 제외하고는 감소하는 것을 확인할 수 있다.

---

3) https://www.youtube.com/watch?v=3PY_3_wDTC4&t=589s(검색일: 2021.12.22)

4. 4기: 10월 27일~11월 30일

7월 8일 출범한 '산림부문 탄소중립 민관협의회'는 총 22회의 논의를 거쳐 10월 27일에 '산림 분야 탄소중립 전략(안)'을 수정하여 발표하였다. 수정된 전략(안)의 주요 내용은 다음과 같다.

1. 당초 전략(안)에서 제시한 「30억 그루 나무심기」 목표는 산림의 다양한 가치를 고려하여 「산림의 순환경영과 보전・복원」으로 변경한다.
2. 탄소흡수량이 최대가 되는 시점으로 벌기령을 낮추는 것과 이 벌기령을 적용하는 탄소순환림의 구획・지정 내용은 삭제하고, 경제림육성단지와 목재생산림을 중심으로 산림순환경영을 강화한다.
3. 위 제2항의 산림순환경영을 위해 임도와 임업 기계 등 인프라의 확충이 필요하며, 이를 위하여 적극적으로 노력한다.
4. 탄소흡수원 확충을 위한 조림 수종은 환경 적응성, 목재자원 가치, 탄소흡수능력, 자생 수종을 고려하고, 새로운 수종의 도입이 필요한 경우 생태계 영향을 검토하여 선정한다.
5. 2050년 목재 수확량은 목재자급률 제고와 탄소흡수량・저장량 확대를 목표로 하고, 목재제품 이용 촉진을 위하여 공공기관의 국산목재 이용 의무화를 적극적으로 실시한다.
6. 생산된 목재는 부가가치가 높고 수명이 긴 제품으로 우선 이용하고, 미이용바이오매스는 재생에너지원으로서 점진적으로 소규모 분산형 산림에너지 공급을 위한 연료로 지역 내에서 우선 활용하도록 노력한다.
7. 산림 분야 온실가스 흡수량 통계는 IPCC 지침에 따라 산정되고 있으며, 숲의 나이가 증가함에 따라 산림의 연간 생장량이 감소하고, 이로 인해 2050년 온실가스 순흡수량도 감소한다는 점을 확인하였으나, 통계의 완결성과 추정의 불확실성 해소를 위한 노력이 필요하다.
8. 탄소흡수원 확충을 위하여 유휴토지에 숲을 조성하거나 도시숲을 늘려가는 등 신규 조림을 확대하고, 관리를 강화한다.
9. 사유재산인 사유림에서 발생하는 공익적 가치를 합리적으로 평가하고, 이에 대해 산림청은 합당한 지원과 보상방안을 마련하도록 노력한다.
10. 산림부문 탄소중립 실현을 위해 생태・경관・재해 등에 대한 장기조사 및 모니터링, 통계 산정의 고도화, 학제 간 공동연구 등을 실행한다.

출처: 산림부문 탄소중립 민관협의회 보도자료.

수정된 전략(안)의 내용을 살펴보면, 당초 1월 20일 발표에 대해 반론의 중심 대상이었던 산림의 노령화 및 탄소흡수량 감소에 따른 벌채와 산림바이오매스의 실효성에 대해 환경단체의 요구가 상당수 수용된 것을 확인할 수 있다. 먼저, 수정된 전략(안) 2를 통해 탄수흡수량이 최대가 되는 시점으로 벌기령을 낮추는 것이 삭제되었으며, 6을 통해 미이용바이오매스에너지가 점진적으로 소규모 분산형 산림에너지 공급을 위한 연료로 지역 내에서 우선 활용되도록 수정되었다. 또한 2기 때 이슈가 되었던 산림 벌채문제와 관련하여 기존의 지역 단위로 나무를 수확하는 것이 아니라 산림 순환경영을 통해 수확한다고 수정된 전략(안) 1~3에 걸쳐 설명하고 있다. 즉, 벌기령을 기준으로 지역 단위의 나무를 대규모로 벌채하는 것이 아니라 나무의 종류별로 경제성이 있는 단계에 선별적으로 벌채하여 활용하기로 합의하였다(중앙일보, 2021.11.10). 그러나 일부 환경단체는 목재생산량과 바이오매스 연고 공급량의 실현 가능성, 경제림윤석단지 내 보소/보전림에 대한 집약적인 산림경영 문제, 탄소중립 기여목표량의 적절성 등의 문제가 남아있다고 성명서를 발표하였다(환경운동연합 홈페이지).

한편, 산림부문 탄소중립 민관협의회와 별개로 11월 2일 영국 글래스고에서는 COP26(기후변화당사국회의)이 개최되었다. 이 회의에서 문재인 대통령은 남북 간 산림협력을 통해 한반도 온실가스 배출을 감축하겠다고 발표하였으며, 각국의 정상들은 벌채중단에 합의하였다. 4기는 산림부문 탄소중립 민관협의회가 종료된 이후의 시기로 COP26을 제외하고는 산림정책과 관련한 이슈가 두드러지게 나타나지 않았던 것을 확인할 수 있다.

제 4 절 텍스트 분석

1. 분석 개요

텍스트 분석은 두 범주로 나누어 수행되었다. 첫 번째 범주는 기간별 언론보도 경향의 변화를 포착하기 위한 분석으로서, 산림청의 탄소중립 정책과 관련하여 언론에서 어떤 주제들을 다루었고 초점이 어디에 맞추어져 있었는지를 확인하고자 하였다. 언론보도 경향을 확인하기 위해 토픽모델링을 실시하여 다루어진 주제를 확인하고 월별로 주제별 비중을 분석하였다. 또한 4기로 구분된 기간별로 사용된 단어의 빈도와 중요성을 확인하기 위한 분석을 실시하였다. 주제의 확인과 월별 주제 비중 분석은 빅카인즈에서 중앙지로 분류된 11개 언론사에서 보도한 산림청의 탄소중립 정책

관련 기사들을 대상으로 실시하였다.[4)]

두 번째 분석 범주에서는 기간별 여론 동향을 확인하기 위해 긍정여론과 부정여론의 비중 변화를 분석하였다. 여론분석을 위한 자료는 소셜미디어(트위터)로부터 추출하였다.[5)] 또한 여론 동향과 기사 논조 간 관계 탐색을 위해 경향신문, 동아일보, 오마이뉴스, 조선일보, 중앙일보, 한겨레에서 보도한 관련 기사들을 별도 분석하였다. 산림청의 탄소중립 정책과 관련된 트윗들 중 단순 기사인용 등을 제외한 후 긍정, 중립, 부정으로 극성분석을 실시하였고, 같은 방식으로 추출된 기사들에 대한 분석을 실시하였다.

부정적 의견의 경우 정책 내러티브의 관점에서 '정책대리(Policy surrogate)'와 '의도적 인과기제(Intentional causal mechanism)'가 사용되었는지 여부에 따라 저강도와 고강도로 극성을 구분하였다. 정책대리는 다루어지는 정책문제를 더 광범위하고 감정적으로 격렬한 정책문제와 의도적으로 관련짓는 내러티브 전략을 말한다(Veselkova, 2017).[6)]

인과기제는 정책문제의 원인을 제시하는 방식에 관한 내러티브 전략이다(Stone, 1989). 의도적 인과기제가 사용된 내러티브에서는 정책문제로 인해 야기될 피해를 예상했음에도 의도적으로 그것을 무시하고 문제를 발생시켰다고 주장한다. 이와 달리 '부주의함 인과기제(inadvertent causal mechanism)'가 사용된 내러티브에는 무지나 부주의함으로 문제가 발생했다는 주장이 포함된다.

정책대리와 의도적 인과기제의 공통점은 반대되는 정책적 선호를 갖는 상대방에 대한 강한 비난이나 정책문제의 범위를 확대함으로써 갈등을 확장시키는 데 사용된다는 점이다. 이러한 논의를 바탕으로 두 번째 분석 범주에서는 정책대리 또는 의도적 인과기제를 포함하는 기사들이 실제로 갈등을 확장시키는 데 관련되었는지를 검토하고자 하였다.

4) 빅카인즈는 한국언론진흥재단의 뉴스 빅데이터 분석시스템이다. 빅카인즈에서는 경향신문, 국민일보, 내일신문, 동아일보, 문화일보, 서울신문, 조선일보, 중앙일보, 한겨레, 한국일보를 중앙지 범주로 분류한다.

5) 트위터는 공통된 관심사와 이슈를 중심으로 이용자들을 연결하는 실시간 정보 네트워크로서 사회적 이슈에 대한 여론을 반영하는 자료라고 할 수 있다(박준형 외, 2017).

6) 이와 반대로 복잡한 정책문제를 단순하고 논쟁의 여지가 적은 정책문제와 관련짓는 경우를 정책대리가 사용된 것으로 보기도 한다(McBecth et al., 2010).

2. 분석결과

1) 언론보도 의제 분류

분석의 시간적 범위(2021년 1월 20일~11월 30일)에 포함된 산림 분야의 탄소중립 추진전략 관련 기사를 대상으로 토픽모델링을 실시하였다. 분석에 포함된 기사는 총 508개이며, 월별 기사 분포와 언론사별 기사 분포는 [표 11-2]와 같다.

[표 11-2] 분석 대상 기사의 분포

구분	기사 수
월별 기사 수	1월(18), 2월(25), 3월(31), 4월(44), 5월(88), 6월(54), 7월(27), 8월(45), 9월(26), 10월(48), 11월(102)
언론사별 기사 수	중앙일보(70), 한겨레(69), 경향신문(60), 내일신문(54), 서울신문(53), 국민일보(45), 세계일보(42), 동아일보(40), 조선일보(36), 한국일보(21), 문화일보(18)

모델 적합도를 고려하여 8개 토픽으로 최초 모델링한 후 산림청의 탄소중립 정책과 무관한 1개 토픽을 제외하여 최종적으로 총 7개 토픽으로 모델링되었다. 각 토픽은 토픽에서 상위 비중을 차지하는 키워드들을 검토하여 바이오매스, 기후협약, 기후변화, 2050 탄소중립 시나리오, REDD+, 임업직불제, 산림탄소흡수력 강화(벌채논란)로 명명하였다. 각 토픽의 비중과 토픽별 상위 키워드는 [표 11-3]과 같다. 1월 20일부터 11월 30일까지의 전체 기간 동안 가장 큰 비중으로 다뤄졌던 주제는 11월 영국 글래스고에서 개최되었던 유엔기후변화협약 당사국총회(COP26)에 관한 토픽(24.9%)이었다. 산림탄소흡수능력을 강화하기 위한 산림 분야의 탄소중립 정책, 그리고 그와 관련된 벌채 논란은 21.8%로 두 번째로 많이 다루어졌다. 바이오매스(14.7%), 임업직불제(11.3%), 2050 탄소중립 시나리오(10.8%)도 각각 10%를 넘는 비중으로 다루어졌고, 기후변화에 관한 토픽과 REDD+(해외 온실가스 감축사업)에 관한 토픽은 10% 미만으로 큰 비중을 차지하지는 않았다.

[표 11-3] 토픽모델링 분석결과

토픽	비중	토픽별 상위 5개 키워드
토픽1: 바이오매스	14.7%	바이오매스, 펠릿, 생산, 바이오, 폭스바겐
토픽2: 기후협약	24.9%	대통령, 유엔, 정상, 글래스고, 협력
토픽3: 기후변화	8.0%	식목일, 기온, 빙하, 기상청, 지구
토픽4: 2050 탄소중립 시나리오	10.8%	탄소중립위원회, 시나리오, 정부, 석탄, 발전
토픽5: REDD+	8.5%	아까시나무, 레드플러스, 캄보디아, 밀원, 미세먼지
토픽6: 임업직불제	11.3%	산불, 임업, 농업, 진화, 임업직접지불제
토픽7: 산림탄소흡수능력 강화(벌채논란)	21.8%	벌채, 흡수량, 생태, 갯벌, 능력

2021년 1월부터 11월까지 월별 토픽 비중 변화는 [그림 11-2]와 같다. 주목할 만한 점은 1월과 5월, 그리고 11월에 각각 하나의 토픽이 50%가 넘는 비중을 차지했다는 점이다. 월별 경향을 살펴보면, 1월에 가장 높은 비중을 차지한 토픽은 산림탄소흡수력 강화(벌채논란)인 것을 확인할 수 있다. 이는 1월 20일에 산림청이 발표한 '2050 탄소중립 산림부문 추진전략'의 주요 내용이 영급조절을 통해 산림탄소흡수력 강화를 담고 있기 때문이다. 2월의 경우 임업직불제, 5월 REDD+가 가장 높은 비중

[그림 11-2] 월별 토픽 비중 변화

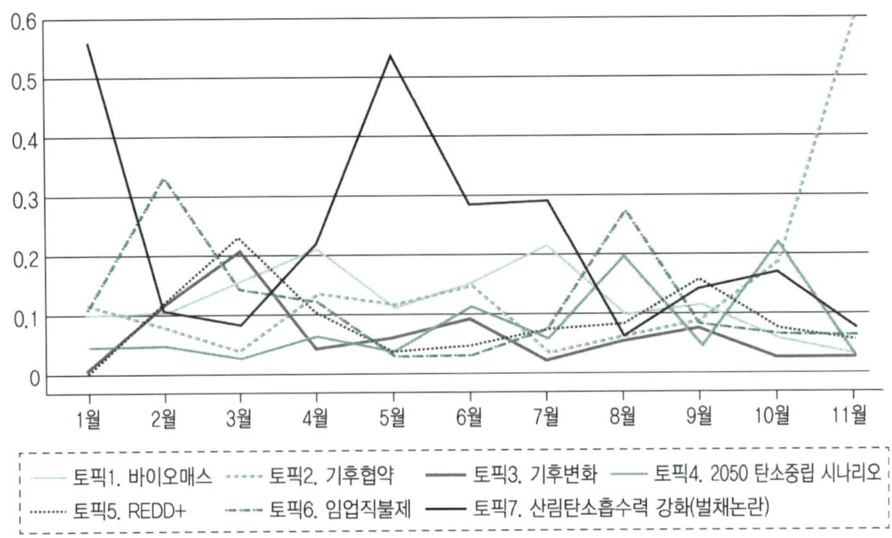

을 차지한 것으로 분석되었다. 이 후 산림탄소흡수력 강화(벌채논란)는 4월부터 시작하여 7월까지 다시 한 번 높은 비중을 차지하는데, 산림벌채와 관련한 '오마이뉴스'의 기사로 산림 벌채에 관한 이슈가 다방면으로 확산되었기 때문으로 보인다. 8월에 가장 높은 비중을 차지한 토픽은 2월과 마찬가지로 임업직불제였으며, 9월에는 3월과 유사하게 REDD+가 가장 높은 비중은 차지한다. 한편, 10월의 경우 10월 27일에 2050 탄소중립 시나리오가 발표되어 이와 관련된 토픽이 가장 높은 비중을 차지하는 것을 확인할 수 있다. 11월에는 기후협약과 관련한 토픽이 가장 높은 비중을 차지했다. 이는 11월 영국 글래스고에서 개최된 COP26(기후변화당사국회의)에 문재인 대통령이 참석하여 남·북한 산림협력에 관한 내용을 발표했기 때문으로 보인다.

다음으로, 기사에서 언급된 단어의 빈도와 중요도는 1기부터 4기까지 기별로 구분하여 분석하였다.[7] '2050탄소중립 산림부문 추진전략'이 발표된 1월 20일부터 '오마이뉴스'의 산림 벌채에 관한 기사가 기고되기 전인 5월 13일까지인 1기 동안 가장 많이 나온 단어와 중요도가 높은 단어 5개씩 살펴보면 다음과 같다. 먼저, 가장 많이 나온 단어는 계획으로 총 234번 등장하였다. 그다음으로는 산불 221번, 환경 201번, 조림 195번 산업 191번 등장한 것을 확인할 수 있다. 중요도의 경우 산불(.2048), 식목일(.1925), 바이오매스(.1604), 조림(.1398), 계획(.1211) 순으로 높은 것을 확인할 수 있다. 이러한 분석결과는 1기의 주요 이슈가 '2050 탄소중립 산림부문 추진전략' 발표로 인한 산림의 조성을 통한 이산화탄소 흡수량 강화, 그리고 산림바이오매스의 실효성 논란과 연결되어 있기 때문인 것으로 보인다.

7) 중요도의 경우 단어 빈도-역 문서 빈도(Term Frequency-Inverse Document Frequency: TF-IDF)를 통해 산출하였다. TF-IDF에서 TF는 각 문서(기사)에서 각 단어의 등장 빈도이고, IDF는 각 단어가 등장한 문서의 수인 DF의 역수이다. 따라서 TF-IDF의 직관적인 의미는 다른 문서들에서 잘 등장하지 않는 단어의 중요도를 높게 평가한다는 것이며, 이 글에서는 다른 시기(phase)에 등장하지 않는 단어를 해당 시기를 특징짓는 단어로서 큰 중요성을 갖는 것으로 평가하는 것이다. 빈도만으로 중요도를 판단할 경우 모든 시기에 등장하는 의미 없는 단어의 중요성을 크게 평가하는 오류를 범할 수 있기 때문에 빈도와 중요도(TF-IDF)를 종합적으로 고려하고자 하였다.

[그림 11-3] 1기 단어 빈도(좌) 및 중요도(우) 워드클라우드

[표 11-4] 1기(1월 20일~5월 13일) 단어 빈도 및 중요도

단어	빈도	단어	빈도	단어	중요도	단어	중요도
계획	234	국민	157	산불	0.2048	활용	0.0969
산불	221	경제	156	식목일	0.1925	경제	0.0968
환경	201	확대	140	바이오매스	0.1604	청장	0.0957
조림	195	흡수량	135	조림	0.1398	환경	0.0951
산업	191	정부	129	계획	0.1211	일자리	0.0938
정책	175	가능	124	산업	0.1163	갯벌	0.0935
바이오매스	164	한국	124	조성	0.1133	확대	0.0888
조성	164	식목일	123	흡수량	0.1115	박종호	0.0879
활용	159	기술	119	국민	0.1042	기후변화	0.0844
기후변화	158	생태	117	정책	0.0998	생태	0.0801

2기는 '오마이뉴스'에 산림 벌채 관련 기사가 기고된 5월 14일부터 산림부문 탄소중립 민관협의회가 출범하기 이전인 7월 7일까지이다. 해당 기간 동안 가장 많이 나온 단어와 중요도가 높은 단어 5개씩 살펴보면 다음과 같다. 먼저, 단어의 빈도를 살펴보면 벌채 422번, 환경 251번, 계획 248번, 정부 209번, 정책 181번인 것으로 나타났다. 한편, 중요도를 기준으로 살펴보면 벌채(.3230), 계획(.1309), 환경(.1259), 임업(.1227), 협의(.1107)인 것을 확인할 수 있다. 2기의 경우 벌채가 가장 많이 나오고 중

요한 것을 확인할 수 있다. 이는 2기 기간 동안 다수의 이슈들이 '오마이뉴스'에 기고된 기사를 시작으로 벌채 이슈를 다루는 데 치우쳤기 때문으로 보인다.

[그림 11-4] 2기 단어 빈도(좌) 및 중요도(우) 워드클라우드

[표 11-5] 2기(5월 14일~7월 7일) 단어 빈도 및 중요도

단어	빈도	단어	빈도	단어	중요도	단어	중요도
벌채	422	생산	130	벌채	0.3230	기후변화	0.0902
환경	251	경영	121	계획	0.1309	전략	0.0901
계획	248	산업	119	환경	0.1259	한국	0.0867
정부	209	국가	118	임업	0.1227	서울	0.0854
정책	181	발전	117	협의	0.1107	정상	0.0841
기후변화	172	위기	117	정부	0.1067	태양광	0.0835
한국	150	협력	117	정책	0.1063	녹색	0.0808
가능	144	전략	114	경영	0.0934	흡수량	0.0792
목표	135	협의	110	논란	0.0923	협력	0.0790
임업	132	관리	107	생산	0.0912	구성	0.0787

3기는 산림부문 탄소중립 민관협의회가 출범한 7월 8일부터 산림 분야 탄소중립 전략(안)이 발표되기 전인 10월 26일까지이다. 해당 기간 동안 가장 많이 언급된 단어와 중요가 높은 단어를 살펴보면 다음과 같다. 먼저, 가장 많이 언급된 단어는 정

부 265번, 목표 253번, 산업 218번, 환경 213번, 기후변화 210번으로 조사되었으며, 중요도가 가장 높은 단어는 탄소중립위원회(.1555), 산불(.1369), 레드플러스(.1315), 아까시나무(.1299)로 조사되었다. 이는 3기 동안 산림과 관련된 이슈가 나오기보다는 탄소배출과 관련된 논의들이 주로 나타났기 때문으로 보인다.

[그림 11-5] 3기 단어 빈도 워드클라우드

[표 11-6] 3기(7월 8일~10월 26일) 단어 빈도 및 중요도

단어	빈도	단어	빈도	단어	중요도	단어	중요도
정부	265	위기	161	탄소중립 위원회	0.1555	기후변화	0.1031
목표	253	한국	156	산불	0.1369	벌채	0.1003
산업	218	발전	153	레드플러스	0.1315	환경	0.0956
환경	213	활용	151	아까시나무	0.1299	발전	0.0931
기후변화	210	국내	144	정부	0.1259	해외	0.0869
기술	173	탄소중립 위원회	143	목표	0.1254	가능	0.0865
산불	173	정책	139	산업	0.1235	위기	0.0862
가능	168	국가	138	석탄	0.1171	후보	0.0857
벌채	166	개발	137	기술	0.1111	활용	0.0853
석탄	161	계획	136	시나리오	0.1054	한국	0.0840

마지막으로, 4기는 산림 분야 탄소중립 전략(안)이 발표된 10월 27부터 11월 30일까지 기간을 의미한다. 이 기간 동안 가장 많이 언급된 단어는 대통령 318번, 목표 257번, 한국 252번, 협력 217번, 영국 210번인 것을 확인할 수 있다. 중요도의 경우 글래스고(.2515), 대통령(.2313), 합의(.1875), 영국(.1709), 메탄(1641)순으로 조사되었다. 이러한 결과는 11월 2일 영국 글래스고에서 개최된 COP26(기후변화당사국회의)에 문재인 대통령이 참석하여 남·북 산림협력을 강조하였기 때문으로 보인다.

[그림 11-6] 4기 단어 빈도 워드클라우드

[표 11-7] 4기(10월 27일~11월 30일) 단어 빈도 및 중요도

단어	빈도	단어	빈도	단어	중요도	단어	중요도
대통령	318	기후변화	178	글래스고	0.2516	정상	0.1320
목표	257	정부	175	대통령	0.2313	목표	0.1304
한국	252	환경	173	합의	0.1875	기후변화협약	0.1257
협력	217	정상	166	영국	0.1709	회의	0.1195
영국	210	위기	162	메탄	0.1641	중국	0.1136
국가	208	회의	160	석탄	0.1491	인도	0.1091
석탄	201	기후변화협약	146	협력	0.1436	국가	0.1086
글래스고	197	당사국총회	144	유엔	0.1425	개도국	0.1078
유엔	194	선언	136	당사국총회	0.1410	기조연설	0.1027
합의	188	메탄	131	한국	0.1360	북한	0.1001

2) 언론보도 논조와 소셜미디어 여론 동향

다음으로, 언론보도 논조와 소셜미디어 여론 동향을 비교하여 내러티브 전략의 효과를 확인하기 위한 분석을 수행하였다. 언론보도 논조는 여론에 미치는 영향력을 고려하여 상대적으로 중요도가 큰 5대 중앙지(경향신문, 동아일보, 조선일보, 중앙일보, 한겨레)와 벌채 논란 기사로 이슈 확산을 주도했던 '오마이뉴스'의 기사 총 146건을 분석하였다. 또한 소셜미디어 여론 확인을 위해서 트위터로부터 산림청의 탄소중립 정책에 관한 689개의 게시물을 추출하여, 단순 기사인용과 공공기관, 언론, 환경단체 등의 계정에서 등록된 게시물을 제외한 후 최종적으로 251개의 게시물을 분석 대상으로 확정하였다. 해당 기사와 게시물을 대상으로 긍정, 중립, 반대(고강도, 저강도)로 극성분석을 실시하였다.

산림청의 탄소중립 정책에 관한 긍정적 또는 찬성하는 태도를 보이는 기사는 긍정적 논조의 기사로 분류하였다. '중앙일보'의 9월 17일자 사설은 REDD+ 사업의 긍정적인 측면을 부각하며 REDD+ 사업의 발전을 위해 협력해야 한다는 주장을 담고 있다.

> "… 한국이 가지고 있는 산림녹화 경험을 공유하는 것은 개발도상국에 큰 선물이다. 한국이 이 선물을 아시아에서 시작해 아프리카 · 중남미 등 더 많은 국가에 나누어 줄 수 있는 포용성을 지닌 국가가 되기를 바란다. 환경단체 역시 이해관계자로서 REDD+ 사업이 더 발전해 나가는 데 함께 협력해가는 것이 개발도상국의 산림을 보호하는 길일 것이다."
>
> "REDD+ 사업에 대한 올바른 시선이 필요한 순간"(중앙일보, 2021년 9월 17일)

중립적인 논조의 기사에는 단순히 정보전달을 주된 목적으로 하는 기사나 찬성과 반대 양측의 관점을 비교적 균등하게 제시하는 기사가 포함되었다. 5월 20일자 '한겨레' 기사는 민관협의체 출범에 관한 정보전달을 목적으로 특별히 긍정적인 또는 부정적인 논조가 보이지 않는다.

> "산림청이 추진하는 대규모 벌채 · 식목 계획의 적절성을 논의할 민관협의체가 구성된다. 산림녹화 및 조림은 그동안 국가가 큰그림을 그려왔다. 나무를 얼마나 심고 베어낼지, 이를 어떻게 관리할지를 민관이 함께 논의하는 사실상 첫 자리가 될 전망이다. …"
>
> "산림청 '대규모 벌채 식목' 논의할 민관협의체 구성"(한겨레, 2021년 5월 20일)

부정적인 논조의 기사는 정책대리 또는 의도적 인과기제의 포함 여부에 따라 고강도와 저강도로 세분화하였다. '한겨레'의 5월 20일자 사설에서는 의도적 인과기제가 나타난다. 이해관계자들이 산림청의 탄소중립 정책이 야기할 부정적인 결과를 의도적으로 무시했다는 이야기는 문제의 원인을 야기한 이해관계자들의 악의적 의도를 강조한다.

> "… 어째서 자신의 억울한 죽음에 항변할 수 없는 나무가 온실가스 감축의 선봉에 서야 하는가. … 확실한 건 이 모든 계획에는 해당 부문 이해관계자들의 이해가 반영되었다는 것이고, 그들의 탄소 배출 감축 의무를 줄여주기 위한 탄소 흡수원으로서의 산림이 필요했다는 점이다. 산림청 뒤에 숨어 웃고 있는 자는 누구인가. …"
>
> "행동대장 산림청 뒤엔 누가"(한겨레, 2021년 5월 7일)

저강도의 부정적 기사에서는 정책대리나 의도적 인과기제 같은 내러티브 전략의 사용이 두드러지지 않는다. 저강도의 부정적 기사의 특징은 대체로 산림청에서 탄소중립 정책 추진과 함께 제시한 근거에 상반되는 증거를 제시하는 방식으로 반론한다는 점이다. 이러한 방식의 반론을 제시하는 기사에는 무지나 부주의함에 의해 문제가 발생했다는 부주의함 인과기제가 포함되거나 아무 인과기제도 포함되지 않으며, 다른 이슈에 문제를 관련짓는 정책대리의 사용도 나타나지 않는다.

> "… 하지만 전문가들은 "오래된 숲의 탄소 저감 기능이 둔화한다는 건 과학적으로 입증된 바 없다"고 지적한다. 오히려 나이 든 나무가 더 많은 탄소를 왕성하게 저장한다는 최근 국내·외 연구 결과가 있다. … 네이처 연구에 따르면 아주 큰 나무 한 그루는 숲에 있는 모든 중간 크기 나무를 다 합친 만큼 이산화탄소를 잡아두기도 한다. 고목(古木)이 비생산적이라는 논리는 산림청 자체 연구와도 배치된다. …"
>
> "네이처 '오래된 나무가 더 많은 탄소 흡수'"(조선일보, 2021년 5월 17일)

트위터 게시물 또한 동일한 방식으로 극성을 분석하였다. 4월 6일에 올라온 한 트윗은 산림청 정책에 대한 정보를 통해 자신이 몰랐던 사실을 알게 되었고 이에 동의한다는 입장을 나타내고 있다. 5월 15일에 올라온 트윗은 나무마다 각각의 수명과 성장의 한계가 있다며 산림청의 탄소중립 정책에 긍정적인 태도를 보여주고 있으며, 5월 16일에 올라온 트윗의 경우 산림청의 정책은 나무가 일정 시기를 놓치면 탄소흡수 능력을 상실하고 목재로서의 가치도 떨어져 적절한 벌채가 필요하다며 산림청의 정책이 단순히 경제적인 목적만을 위한 것이 아니라고 옹호하는 것을 확인할 수 있다.

> "몰랐던 사실이네. 나무도 나이를 먹으면 탄소흡수율이 급격히 떨어지고 잎과 가지가 많이 떨어져 산불에도 취약해진다 함. 지속적인 관리가 필요한 거구나."
>
> 2021년 4월 6일

> "산림 갱신하는 거 한 번도 안 봤나? 나무에도 수명이 있다는 거 몰라? 벚나무는 60년 살면 죽어. 나무가 오래 산다고 나무 키가 무한정 큼? 나무마다 성장의 한계가 있고 수명도 있고 뭐 나무에 대해서 뭘 안다고 기사 하나 보고 나무 전문가들인 산림청을 욕해? 무식한 거 자랑 좀 그만해."
>
> 2021년 5월 15일

> "나무가 늙으면 면적만 차지할 뿐 탄소흡수능력을 상실해요. 시기 놓치면 목재로조차 쓰일 수 없게 되니까 지금 베어서 활용하고, 그 자리에 어린 나무를 심어 산림 재조성하는 사업이라고요. … 목재가 값어치 때문에 베는 거면 이 나무 저 나무 다 베지, 나이 많은 경제림만 대상으로 벌채 할까요?"
>
> 2021년 5월 16일

중립적인 논조의 게시물에는 산림청의 탄소중립 정책에 대한 동의의 표현은 없지만 비판의 오류를 지적하거나 분명한 태도를 보이지 않았던 트윗들이 포함되었다. 2021년 5월 17, 18, 20일에 올라온 트윗은 산림청의 탄소중립 정책에 대한 동의를 표현하지는 않았지만 비판에 대한 반론을 보여주고 있다. 먼저, 5월 17일 트윗의 경우 추가적인 확인을 통해 경제림 벌목에 대한 비판이 적절하지 않다고 지적함과 동시에 선진국의 경우 우리나라와 달리 경제림이라 하더라도 숲의 형태를 유지한 채 벌목한다고 지적하고 있다. 5월 18일 트윗은 나무가 벌목된 산이 개인소유이고, 벌목에 대한 책임과 영향은 산림청과 관계가 없으며, 나무역시 수명이 정해져 있기 때문에 4대강 보를 들먹이는 비판은 적절하지 않다고 주장한다. 또한 5월 20일에 올라온 트윗은 일정량의 나무를 관리해야 건강한 자연이 형성된다며 벌목에 대한 비판이 갖는 오류를 지적한다.

"여긴 추가로 확인해보니 일반 산림이 아니라 원래 목재 공급을 위해 조성된 경제림을 대상으로 진행하는 거라고는 하네요. 원래부터 저렇게 키우고 한 번에 자르고 해온 거라고 하지만 이런 방식은 환경 선진국에서는 잘 하지 않는다고 합니다. 경제림도 숲의 형태를 유지하면서 벌목한다고…"

2021년 5월 17일

"일단 대규모 벌목한 것도 개인소유 산이었고, 시청이 허가를 잘못했다면 시청 잘못이겠고… 산사태도 기록적 호우 탓인데… 아니 가로수만 봐도 아주 애기때보던 가로수 그대로가 아님… 나무가 수명이 있고 전성기가 있는데 4대강 보랑 산림조성을 왜 비교해. 나무가 수백 수천 년 그대로 잘 살면 나무의사 왜 필요해."

2021년 5월 18일

"산림(임업)은 큰 나무나 빽빽한 임야, 눈이나 태풍 등에 잘려진 나무 등 간벌을 해 주어야만 다양한 수종이 생기고 숲이 생깁니다. 자연이 건강해지는 비결이기도 하지요."

2021년 5월 20일

트위터 역시 부정적인 논조의 트윗은 정책대리 또는 의도적 인과기제의 여부에 따라 고강도와 저강도로 세분화하였다. 먼저, 고강도의 부정적인 트윗을 살펴보면, 5월 15일 트윗의 경우 나무를 한 그루씩 벌목하는 것은 산림업자에게 이윤이 되지 않기 때문에 의도적으로 대규모 벌목하였다는 추측을 포함하고 있다. 여기에는 정책으로 인해 발생할 피해를 의도적으로 무시했다는 의도적 인과기제가 사용되었다고 볼 수 있다. 7월 20일 트윗은 산림청의 탄소중립 정책을 정부의 탄소중립 정책으로 확장하였고, 정부가 눈앞의 실적 때문에 산림을 파괴하였다고 주장하였다. 산림청 수준의 탄소중립 정책을 중앙정부 수준에서 더욱 두드러지게 나타나는 보수와 진보 간 이념 갈등과 연결 짓는 인식과, 실적 때문에 피해를 무시하고 의도적으로 문제를 발생시켰다고 주장하는 정책대리가 모두 사용되었다고 볼 수 있다.

"건강한 산림을 유지하려면… 나무와 나무 사이에 한 그루씩 벌목해야 하는데… 그러면 업자 입장에서 돈이 안 되요…. 그러니, 저렇게 싹 밀어 버리는 거야… 무슨 소릴 떠들어도… 저건 잘못된 거고… 누구 돈 벌이 밀어주려고… 산림 황폐화시킨거야…"

2021년 5월 15일

> "너무너무 멋진 장기 프로젝트다. 이렇게 우리나라 산을 다 살려놓았는데, 정작 문재인 정부 들어서 태양광 한답시고, 산림청은 탄소중립계획 세운답시고 산림을 다 밀어버리고… 눈앞의 실적에 매달리느라 이와 같은 나라의 몇 년의 미래를 내다보는 조치를 하지 못하고 있음. 정말 나라 걱정이 크다."
>
> 2021년 7월 20일

저강도의 부정적인 트윗은 고강도의 부정적인 트윗처럼 정책대리나 의도적 인과기제를 사용하기보다는 산림청의 탄소중립 정책의 근거나 맹점을 비판한다. 5월 16일에 올라온 두 트윗은 산림청이 탄소중립에만 매몰되어 산림을 통해 형성되는 생태계를 간과하였다고 주장한다. 5월 31일 트윗은 산림청의 전제를 비판한 트윗으로 어린 나무가 오히려 이산화탄소를 내뿜고 성장한 나무가 이산화탄소를 흡수할 수 있다고 주장한다.

> "산림을 미는 게 탄소중립에는 도움이 되는 게 사실이지만 거기 사는 생물들에게는 터전이 없어진다… 원시림을 정해놓고 거기만큼이라도 그냥 유지하면 좋겠다. 그리고 서로 산림으로 이어져 쉽게 건너갈 수 있어야 해."
>
> 2021년 5월 16일

> "가장 큰 문제는 기후위기에 대한 대응을 '탄소배출량'이라는 정량적 수치를 기준으로 이 수치를 줄이는 것에만 초점을 맞추고 있단 지점이겠다. 산림이 탄소배출 저하에 기여하는 것은 산림을 구성하는 수종 자체의 탄소배출량뿐만 아니라 표토의 탄소 저장을 비롯해 해당 산림을 이루는 생태계 내에서의 탄소 순환(또는 탄소 저장)도 큰 역할을 하는데 이를 고려하지 않고 30년 된 나무를 탄소저장량이 떨어진다는 이유로 싹 다 베어낸다는 것이 과연 '탄소중립'이란 목적에 부합하는가?"
>
> 2021년 5월 16일

> "나무심기 그러니까 산림조성도 이산화탄소를 흡수하는 데에는 난맥상이 있었다. 나무가 성장하는 시간에 약 15~30년 간은 나무도 이산화탄소를 내뿜는다. 나무가 성장한 이후로 이산화탄소를 흡수할 수 있다는 것이다."
>
> 2021년 5월 31일

언론보도의 기간별 논조 분포는 [그림 11-7]과 같다. 산림청이 정책을 발표한 1기에는 정보전달 위주의 중립기사가 가장 많았고, 긍정기사보다 부정기사가 다소 큰 비중을 차지했다. 고강도 부정기사는 1기 중반까지도 보이지 않다가 1기 말이 되어서야 2건 보도되었다. 2기 기간 구분의 기준이 고강도 부정기사인 '오마이뉴스' 기사 보도이었기 때문에, 2기에는 시작과 함께 고강도의 부정적 논조를 담은 기사들이 대거 보도되는 경향이 보인다. 1기와 달리 긍정적 기사는 보도되지 않았고, 부정기사의 경우에도 저강도 부정기사보다 고강도 부정기사가 더 많이 보도되었다. 중립기사는 1기와 유사한 경향을 보였다. 또한 논란이 컸던 2기 초반에 기사가 집중된 경향이 관찰된다.

민관협의회가 출범한 3기부터는 2기만큼 집중적인 보도 경향이 보이지 않았다. 부정적 논조 위주였던 보도 경향이 약화되었고, 1기와 마찬가지로 중립적 논조의 기사의 비중이 가장 컸다. 또한 고강도 부정기사의 비중이 저강도 부정기사보다 컸던 2기와 달리 3기에는 저강도 부정기사의 비중이 더 크게 나타났다. 2기에는 거의 보이지 않았던 긍정적 논조의 기사도 2건 보도되었다. 4기에는 긍정 또는 부정 논조의 기사의 비중이 매우 낮았고, 중립적 논조의 기사가 대부분을 차지했다. 4기의 중립적 논조기사는 대부분 민관협의회의 수정안 발표와 COP26의 결과에 대한 중립적인 정보전달 위주의 기사들이었다.

[그림 11-7] 시간 흐름에 따른 기사 논조 분포

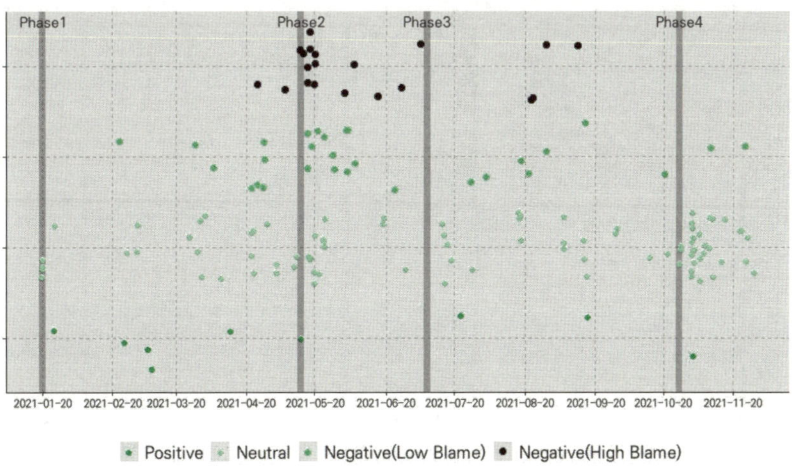

[그림 11-8]에 제시된 소셜미디어(트위터)의 의견 분포는 대체로 기사논조 분포와 유사한 경향을 보인다. 1기에는 중립적 의견이 가장 많았고 긍정 의견과 부정 의견의 비중에는 차이가 없었다. 주목할 만한 점은 1기의 기사 수(38개)와 2기의 기사 수(41개) 간에는 양적으로 큰 차이가 없지만, 트위터 게시물의 경우 1기(21건)보다 2기(189건)에 압도적으로 많았다는 점이다. 트위터 게시물의 수가 폭발적으로 증가하는 시기는 2기의 시작 지점인데, 이는 앞서 언급했던 '오마이뉴스'의 기사와 같은 고강도 부정기사가 다수 등장했던 시기와 일치한다. 이는 산림청의 탄소중립 정책의 이슈화를 견인한 것은 기사의 양적 증가가 아니라 내러티브 전략의 사용 여부였을 가능성을 시사한다. 자료의 한계로 영향관계를 확인하긴 어렵지만, 정책대리나 의도적 인과기제와 같은 갈등 확산을 위한 내러티브 전략을 포함한 기사들이 실제로 갈등 확산을 야기하였다고 짐작할 수 있다.

또 하나 특징적인 것은 이처럼 부정적 논조의 기사에 의한 갈등 확산이 부정적 견해를 확산시키는 방향으로 나타났다는 점이다. 2기의 트위터 의견 분포는 1기와 단절적인 경향을 보이는데, 중립 또는 긍정 의견이 더 많았던 1기와 달리 2기에는 긍정의견보다 부정의견이 훨씬 더 빈번하게 나타났다. 이러한 경향은 내러티브 전략을 포함한 고강도 부정기사의 영향으로 이슈화가 진행되었고, 그 결과 긍정의견보다는 부정

[그림 11-8] 시간 흐름에 따른 트위터 의견 분포

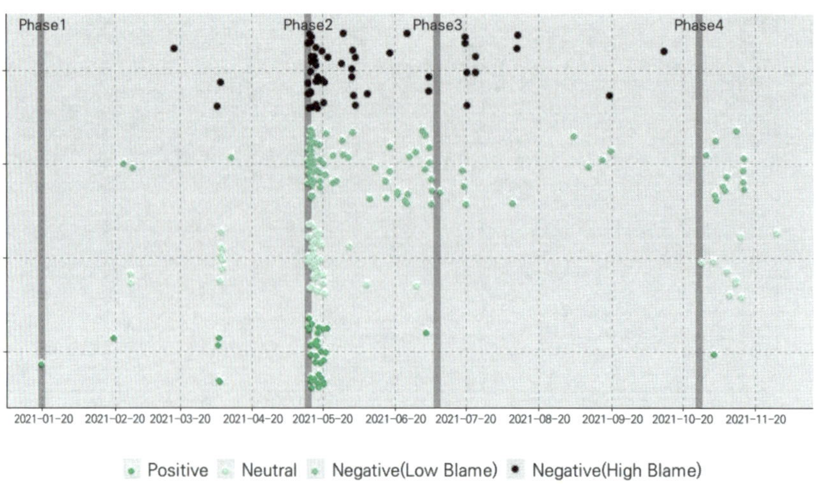

의견의 확산이 더 크게 나타났을 가능성을 보여준다. 즉, 언론보도와 트위터 게시물의 극성분석 결과는 산림청의 탄소중립 정책에 반대하는 정책집단이 내러티브 전략을 사용하여 갈등을 확산시키고 특정한 정책 이미지를 설득하는 데 성공하였음을 짐작하게 한다.

제 5 절 결론

산림청의 탄소중립 정책을 둘러싼 논쟁은 전형적인 양극화의 양상을 보였다. 심화된 갈등은 쉽게 봉합될 수 없는 것처럼 보였고 민관협의회의 활약에 의해 어느 정도 봉합되는 양상을 보이고 있지만 언제든 다시 확산될 수 있는 잠재적 갈등으로 남아 있다. 이 글의 분석결과는 정책의 의제설정, 설계, 집행, 평가로 구분되는 정책과정의 틈에 정책홍보라는 간과되기 쉽지만 큰 중요성을 갖는 단계에 주목할 필요성을 보여주었다. 정책의 성패는 정책설계나 집행 단계에서 나타날 수 있는 정책 자체의 결함뿐만 아니라 홍보전략에 의해서도 결정된다. 설계나 집행에 기울이는 관심만큼 정책의 홍보에도 관심을 기울이고 체계적이고 전략적으로 접근해야 한다.

문화체육관광부에서는 2014년에 『정책홍보 매뉴얼』을 발간한 바 있다. 매뉴얼은 정책발표 후 부정적인 프레임이 한 번 형성되면 쉽게 바꾸기 어렵고 수습이 곤란함을 주지시키고 있다. 레이코프(Lakoff, 2004)는 프레임을 “우리가 세계를 바라보는 방식을 형성하는 정신적 구조”로 정의한다. 이 글에서 주목한 정책 내러티브 역시 프레임과 유사한 개념으로서 정책실재(policy reality)의 사회적 구성을 위한 주된 도구로 사용된다. 즉, 정책 내러티브는 정책의 이미지를 이해하는 방식을 제공하며, 특정한 이해의 틀을 대변하는 내러티브가 정책문제를 이해하는 지배적인 내러티브로 한 번 자리 잡게 되면 해체하기가 매우 어렵다. 따라서 정책 자체의 결함과 상관 없이 형성될 수 있는 부정적 내러티브를 사전에 차단함으로써 양질의 정책이 좌초되지 않도록 하기 위해서는 정책과정의 모든 단계에 있어서 적절한 홍보전략을 수립하고 실행해야 한다.

이러한 홍보전략에는 일방향의 커뮤니케이션뿐만 아니라 이해집단 또는 일반국민과의 양방향 커뮤니케이션도 포함된다. 이해집단 커뮤니케이션에는 공청회, 공개토론회, 워크숍, 간담회, 전문가 의견수렴, 민관협의체 등 다양한 방식이 동원될 수 있다(문화체육관광부, 2014). 2021년 7월에 출범한 산림부문 탄소중립 민관협의회도 이와 같은 이해집단 커뮤니케이션의 기능을 위한 것이었지만, 이미 부정적 프레임이 굳건히 자리 잡은 뒤였기 때문에 큰 효과를 기대하기는 어려웠던 것이 사실이다. 게다가 민관협의회 논의과정의 폐쇄성으로 사안에 큰 관심을 가졌던 일반국민들의 참여에는 제약이 많았다. 이슈 확산으로 정책이 이해관계집단 위주가 아니라 일반국민의 관심사안으로 떠올랐기 때문에 논의의 깊이만을 고려하는 논의 방식이 효과적이지 못했을 수 있다.

마지막으로, 산림청의 탄소중립 정책을 둘러싼 갈등은 숙의 민주주의가 현대 민주주의 사회에서 나타나는 정책갈등의 관리에 대해 어떤 가치를 지닐 수 있는지를 보여준다. 갈등은 산림의 탄소중립에 대한 기여를 쟁점으로 불거졌기 때문에, 산림이 탄소중립에 미치는 영향에 관한 공동의 사실 확인이 필요했다. 대립하는 찬반 양측은 서로 다른 증거를 내세울 뿐 상대가 제시하는 증거를 객관적인 자세로 검토할 기회를 얻지 못했다. 사실관계에 관한 쟁점뿐 아니라 탄소중립 관점에 지나치게 치우친 산림정책이 근본적으로 바람직한 것인지에 관한 가치관 차이도 큰 쟁점이었다. 이러한 두 가지 주요 쟁점에 관한 공론 형성은 내러티브 전략에 의해 찬반 양측의 이성적이고 합리적인 대화가 불가능하게 되면서 요원해졌다. 숙의 민주주의가 기여할 수 있는 지점은 여기에 있다. 숙의를 통한 공론 형성은 찬반 양측의 관점과 관련된 정보를 객관적이고 균형 있게 제공받은 뒤 충분한 토론을 통해 이루어진다. 때문에 공동의 사실 확인에 있어서 기여할 수 있는 바가 크다. 뿐만 아니라 가치관의 차이를 좁히는 데도 큰 역할을 할 수 있다. 선호집합적 의사결정을 지양하는 숙의적 의사결정 방식은 나와 다른 관점에 대한 이해를 전제로 한다. 그리고 무엇이 공동체를 위해 유익한 것인지를 고민하게 만든다. 다행스럽게도 우리나라는 다수의 국가적 수준의 공론화 경험을 갖고 있고, 최근에도 중앙 또는 지방 수준에서 크고 작은 다양한 숙의적 참여 기법이 시도되면서 그 경험이 어느 정도 누적되어 있다. 이러한 숙의적 참여의 경험이 정책홍보의 과정에서 적극적으로 활용된다면, 산림청의 탄소중립 정책과정에서 나타났던 것과 같은 갈등이 확산·심화되기 전에 효과적으로 해결될 수 있을 것으로 기대한다.

참고문헌

권숙도(2016). 국민대토론회를 통해 본 숙의 민주주의의 발전 가능성. 『사회과학연구』, 42(3): 355-377.

김정인(2018). 정책결정 과정에서의 공론화 적용 가능성에 관한 연구: 공론조사의 국가적 특수성, 대표성과 집합적 합리성을 중심으로. 『정부학연구』, 24(1): 343-375.

박준형·류법모·오효정(2017). 사회적 재난에 대한 트위터 여론 수렴 모델: '가습기 살균제' 사건을 중심으로. 『정보처리학회논문지』, 55: 177-184.

산림청(2021a). "민관협의회 논의에 따라 산림분야 탄소중립 전략안 수정." 산림청 보도자료(2021.10.27).

산림청(2021b). 해외온실가스감축사업(REDD+). https://www.forest.go.kr/kfsweb/kfi/kfs/cms/cmsView.do?mn=NKFS_02_14_02_04&cmsId=FC_003547(검색일: 2021.12.22)

오마이뉴스(2021.5.14). "산림청이 저지른 엄청난 사건, 국민 생명 위험하다."

이상명(2019). 공론화위원회와 민주주의. 『법과 정책연구』, 19(1): 1-24.

조선일보(2021.5.17). "네이처 '오래된 나무가 더 많은 탄소 흡수.'"

중앙일보(2021.5.20). "나무 3억 그루 벌채 논란 환경부, 산림청에 협의체 제안."

중앙일보(2021.9.17). "REDD+ 사업에 대한 올바른 시선이 필요한 순간."

중앙일보(2021.11.10). "싹쓸이 벌목 지적에 대규모 벌채 계획 바꾼 산림청."

한겨레(2021.5.7). "행동대장 산림청 뒤엔 누가."

한겨레(2021.5.20). "산림청 '대규모 벌채 식목' 논의할 민관협의체 구성."

환경부(2000). 기후변화에 관한 국제연합 기본협약에 대한 교토의정서[번역본(안)]

환경운동연합(2021). http://kfem.or.kr/?p=219526(검색일: 2021.12.22)

Fisher, W. R.(1984). Narration as a human communication paradigm: The case of public moral argument. *Communications Monographs*, 51(1): 1-22.

Frey, Bruno S.(2003). Direct Democracy for Transition Countries. *Institute for Empirical Research in Economics*. Zurich: University of Zurich.

Fulton, H., Huisman, R., Murphet, J., & Dunn, A.(2005). *Narrative and Media*. Cambridge: Cambridge University Press.

George Lakoff(2004). *Don't Think of an Elephant! Know your Values and Frame the*

Debate. White River Junction, Vt.: Chelsea Green.

Layzer, J.(2006). Fish stories: Science, advocacy, and policy change in New England Fishery Management. *Policy Studies Journal*, 34(1): 59-80.

McBeth, M. K., Shanahan, E. A., Arnell, R. J., & Hathaway, P. L.(2007). The intersection of narrative policy analysis and policy change theory. *Policy Studies Journal*, 35(1): 87-108.

McBeth, M. K., Shanahan, E. A., Hathaway, P. L., Tigert, L. E., & Sampson, L. J.(2010). Buffalo tales: interest group policy stories in Greater Yellowstone. *Policy Sciences*, 43(4): 391-409.

McComas, K. & Shanahan, J.(1999). Telling stories about global climate change: Measuring the impact of narratives on issue cycles. *Communication Research*, 26(1): 30-57.

Polletta, F.(2006). It was like a fever. *Storytelling in Protest and Politics*. Chicago.

Stone, D. A.(1989). Causal stories and the formation of policy agendas. *Political Science Quarterly*, 104(2): 281-300.

Veselková, M.(2017). Narrative Policy Framework: Narratives as heuristics in the policy process. *Human Affairs*, 27(2): 178-191.

찾아보기

ㄱ

ㄴ

ㄷ

ㄹ

ㅁ

저자 소개

- **홍형득(洪熒得)**: 영국 맨체스터대학교에서 정책학 박사학위를 취득하고, 강원대학교 행정학과 교수로 재직 중이다. 2021년 한국정책학회장을 역임하고, 국가과학기술심의회 평가전문위원회 위원장(2017~2019)과 강원도 4차산업혁명위원회 위원장(2017~2020)을 역임하였다. 『과학기술정책론』(2016) 등의 저서가 있고, 주요 관심 분야는 과학기술정책, 연구개발 평가, 정보화 정책 등이다(hdhong@kangwon.ac.kr).

- **우수영(禹秀泳)**: 미국 워싱턴대학교에서 박사학위를 취득하고, 서울시립대학교 환경원예학과 교수로 재직하고 있다. 한국산림과학회 회장, 한국산삼학회 부회장, 한국원예학회 이사, 한국포플러위원회 감사, 한국농림기상학회 이사를 맡고 있고, *Forest Science and Technology* 편집위원장을 역임했다. 『수목환경생리학』(2021), 『산림탄소경영의 과학적 근거』(2022, 공저), 『숲의 생태적 관리』(2012, 공저), 『북아프리카 튀니지 지중해 식물』(2012, 영어, 프랑스어, 아랍어, 한국어 4개 언어, 공저) 등의 저서가 있고, 주요 관심 분야는 수목생리학, 수목환경스트레스 생리학 등이다(wsy@uos.ac.kr).

- **민경택(閔庚鐸)**: 서울대학교 산림자원학과를 졸업하고 도쿄대학에서 농학 박사학위를 취득하였으며, 현재 한국농촌경제연구원 산림정책연구부 연구위원으로 재직하고 있다. 한국산림과학회 기획재정위원장, 한국산림경제학회 회장 등으로 활동하고 있다. 『산림경영의 수익성 개선을 위한 정책과제』(2017, 공저), 『산림바이오매스의 지역 에너지 이용 확대방안』(2020, 공저), 『기후위기 대응 탄소중립 시대 산림탄소경영의 과학적 근거』(2022, 공저) 등의 저서가 있고, 주요 관심 분야는 산림정책, 임업과 목재산업, 산촌진흥 등이다(minkt@krei.re.kr).

- **박승규(朴承奎)**: 미국 일리노이 주립대(UIUC) 지역경제분석연구실 방문학자 후 연세대학교 도시계획 및 공학박사와 서울대학교 경제학박사를 취득하고, 현재 한국지방행정연구원 지역포용발전실 실장으로 재직 중이다. 대통령직속일자리위원회 공공일자리, 상생형일자리 전문위원, 통계청 국가통계위원, 행정안전부 정부종합합동평가위원, 한국은행 지역경제분과 자문위원, 입법고시 출제위원 등으로 활동하고 있다. 주요 관심 분야는 지역경제 및 산업, 응용경제 및 계량분석이며, 주요 논문 및 단행본으로 "소비재 지출 변화로 인한 산업 및 지역경제 성장 변화"(2021, 단독), "COVID-19 발생 전·후의 소비행태 변화 실증 분석"(2021, 단독), 『지역개발론』(2017, 공저) 등이 있다(seungkpark@gmail.com).

■ **배재수(裵在洙)**: 서울대학교에서 「일제의 조선 산림정책에 관한 연구(1997)」로 박사학위를 취득하였고, 현재 국립산림과학원 미래산림전략연구부장으로 재직 중이다. 한국산림과학회 부회장, 한국산림경제학회 부회장을 맡고 있다. 『한국근대임정사』(2001, 편역), 『조선의 임수』(2007, 공역), 『산림행정 이해와 관리』(2017, 공저), 『조선후기 산림과 온돌』(2020, 공저), 『일제강점기 산림정책과 산림자원의 변화』(2021, 공저), 『광복 이후 산림자원의 변화와 산림정책』(2022, 공저) 등의 저서가 있다. 주요 관심 연구 분야는 산림계획제도, 산림탄소정책, 산림역사문화 등이다(forestory@korea.kr).

■ **사득환(史得煥)**: 고려대학교에서 행정학 박사학위를 취득하고, 현재 경동대학교 행정학과 교수로 재직하고 있다. 미국 University of North Texas 방문교수, 한국국정관리학회 부회장, 한국정책학회 부회장 · 지식정보위원장, 한국행정학회 대외협력위원장, 한국농업법학회 부회장 등을 역임했으며, 행정안전부 지방공기업경영평가위원, 보건복지부 사회복지시설평가위원, 산림청 책임운영기관 운영심의회 위원, 민주평화통일자문위원 등으로 활동하고 있다. 『정책학으로의 초대』(2019, 공저), 『물과 기후변화』(2016, 공저), 『지속가능발전과 환경거버넌스』(2002, 공저), 『한국 환경정책의 이해』(1997) 등의 저서가 있고, 주요 관심 연구 분야는 정책학, 분쟁조정, ESG 경영 등이다(sdwhan@kduniv.ac.kr).

■ **양세훈(梁世勳)**: 한국외국어대학교에서 행정학 박사학위를 취득하고, 한국정책분석평가원 원장과 숲해설가(산림교육전문가)로서 '숲으로' 이사장을 맡고 있다. 행정안전부 지역일자리 코칭그룹 전문위원, 서울시의회 정책연구위원회 위원, 경기도 사회적경제육성위원회 위원을 맡았고, 경기도평생교육진흥원 정책본부장으로 재직했다. 광운대학교, 한국외국어대학교, 한세대학교, 현재는 겸임교수로 경희대학교에서 활동하고 있다. 『마을기업과 사회적기업의 거버넌스』(2012, 단독), 『생산과 소비의 플랫폼 협동조합』(2017, 단독), 『마을기업: 지역공동체 회복 정책수단』(2017, 단독) 등의 저서가 있고, 주요 관심 분야는 사회적경제, 조직문화, 생태환경 등이다(kbc8927@naver.com).

■ **오수길(吳洙吉)**: 성균관대학교에서 행정학 박사학위를 취득하고, 현재 고려사이버대학교 정보관리보안학과 교수로 재직하고 있다. 한국정책학회 연구위원장, 한국환경사회학회 부회장, 한국NGO학회 부회장 등을 맡았고, 전국지속가능발전협의회 정책위원장, 한국환경민간단체진흥회 이사장, SDSN Korea 사무총장 등으로 활동하고 있다. 『공공가치 이론과 실제』(2022, 공저), 『살며 사랑하며 고양시 길라잡이』(2021, 공저), 『지구별 생태사상가』(2020, 공저) 등의 저서가 있고, 주요 관심 분야는 지속가능발전, 거버넌스, 행정철학 등이다(soogiloh@cuk.edu).

■ **유정모(俞正模)**: 성균관대학교 국정전문대학원에서 「한국 장기이식 거버넌스의 변화」로 행정학 석사학위를 취득하고, 현재 성균관대학교 국정전문대학원 박사과정에 재학 중이다. 주요 관심 분야는 거버넌스 이론, 공공선택론 등이다(jungmo@skku.edu).

■ 윤종한(尹鐘漢): University of North Texas에서 정치학 박사학위를 취득(Ecological Sustainability and Peace: The Effect of Ecological Sustainability on Interstate and Intrastate Environmental Conflict)하고, 현재 생태평화연구소장 및 고려대학교 공공정책대학 겸임교수로 재직하고 있다. 논문으로 "Information Equality and Democracy in the Information Age"(2019), "Decentralization, Government Capacity, and Environmental Policy Performance"(2018), "Why Is South Korea's Renewable Energy Policy Failing?"(2015), "Conditions for Successful Public Policies of Sustainable Development"(2014), "환경갈등해결방안으로서의 지속가능발전"(2013), "The Effect of US Foreign Policy on the Relationship Between South and North Korea"(2011) 등을 발표했다. 주요 관심 분야는 환경정치와 정책, 평화와 갈등 연구, 국제개발협력, 정책과 철학 등이다(jhyoon.epi@gmail.com).

■ 허태욱(許兌旭): 영국정부장학생(Chevening Scholarship)으로 브리스톨대학교(Univ. of Bristol)에서 정책학 박사학위를 취득하고, 현재 경상국립대학교 행정학과 부교수로 재직(기술경영학과 대학원 겸무)하고 있다. 기획재정부 공공기관 경영평가단 위원, 환경부 지속가능발전위원회 전문위원, 부울경 특별지자체 설립단 자문위원, (사)한국정책학회 정부거버넌스위원장 등으로 활동하고 있다. 저서로 『Green Transition: Towards Carbon Neutral Society』(2021, 단독), 『휴머노믹스: 사람중심정책, 대한민국을 말하다』(2021, 공저), 『2030 카이스트 미래 경고』(2020, 공저) 등이 있으며, 해외 SSCI 저널 등에 기후변화/에너지 정책, 디지털 사회혁신, 블록체인 거버넌스 등 연구주제로 다양한 논문을 게재하고 있다(huh9595@naver.com).

■ 황태연(黃泰淵): 성균관대학교 국정전문대학원에서 행정학박사를 취득하고, 현재 한국행정연구원에 재직하고 있다. 최근 주요 논문으로는 "협력을 위한 의사소통 전략 탐색"(2021), "정책내러티브 영향력과 전략에 대한 탐색"(2020), "사례연구와 과정추적법(process tracing): 새로운 인과관계 추론논리"(2019) 등이 있다. 주요 관심 분야는 협력적 거버넌스, 숙의 민주주의, 정책과정론, 정책 내러티브, 연구방법론 등이다(hty0528@naver.com).

산림정책의 쟁점과 과제

펴낸날 제1판 제1쇄 2022년 6월 15일
지은이 홍형득 외
펴낸이 임춘환
펴낸곳 도서출판 **대영문화사**
주소 (본사) 사무실: 경기도 고양시 일산서구 주화로 70
우신프라자 307호 (우) 10387)
(본사) 물류센터: 경기도 고양시 일산서구 덕산로
107번길 68-50 (우) 10205)
등록 1975년 12월 26일 제3-16호
전화 (031) 913-3062, (031) 914-3884~5
팩스 (031) 913-3839
홈페이지 http://www.dymbook.co.kr

ISBN 978-89-7644-866-8
값 19,000원